土压平衡与 TBM 双模盾构隧道施工技术

李志刚　龚秋明　吴　帆　著

中国建筑工业出版社

图书在版编目（CIP）数据

土压平衡与TBM双模盾构隧道施工技术/李志刚，龚秋明，吴帆著.—北京：中国建筑工业出版社，2022.3
ISBN 978-7-112-27175-7

Ⅰ.①土… Ⅱ.①李…②龚…③吴… Ⅲ.①盾构-隧道施工 Ⅳ.①U455.43

中国版本图书馆CIP数据核字（2022）第040713号

本书旨在全面解决双模盾构施工过程中遇到的问题，形成一整套适用于复杂地质条件下的双模盾构隧道施工技术，有利于提高双模盾构施工效率、降低施工成本、保障施工安全，同时也为今后国内类似工程施工提供技术参考。

责任编辑：杨　允
责任校对：赵　颖

土压平衡与TBM双模盾构隧道施工技术
李志刚　龚秋明　吴帆　著

*

中国建筑工业出版社出版、发行（北京海淀三里河路9号）
各地新华书店、建筑书店经销
霸州市顺浩图文科技发展有限公司制版
北京盛通印刷股份有限公司印刷

*

开本：787毫米×1092毫米　1/16　印张：14　字数：346千字
2022年3月第一版　2022年3月第一次印刷
定价：75.00元
ISBN 978-7-112-27175-7
（38789）

版权所有　翻印必究
如有印装质量问题，可寄本社图书出版中心退换
（邮政编码　100037）

序 一

辛丑岁末,闻新书编撰成稿,将于明春刊印,特先阅书稿并作此序,引以共鉴。

2018年,中国水电一局联合北京工业大学,会同电建铁路公司共同开展"复杂地层双模式盾构施工关键技术研究",由此开启了中国电建土压平衡-TBM双模式盾构的技术攻关之门。科研项目集合了研发单位的优势力量,依托深圳市城市轨道交通12号线怀德站至福永站区间隧道工程,研究解决盾构法同区间穿越软土、土岩复合、全断面岩石复杂地层技术难题。对比于当时同类地层普遍采用的复合盾构施工技术,通过对大量前沿技术的调研分析,围绕适用性更强的双模盾构技术,大量引入并开展施工规划、状态预测、参数优化、试验及模型验证、模式转换等技术研究,研究成果在怀福区间工程施工中得到了很好的应用。本书在研究成果的基础上,对土压平衡-TBM双模式盾构的技术发展、盾构选型、刀盘信息化监测、施工参数预测优化、工效对比分析、全断面围岩掘进渣料环保处理再利用等进行了更加深入的总结,系统阐述了双模式盾构的技术原理和创新做法,其中亮点值得大家共同参考。

中国电建作为国家基础设施建设的主力军,通过近十年的努力,快速在城市轨道交通工程领域实现由技术引进吸收到自主研发、创新突破,取得了显著的成绩,并逐步形成了电建核心技术和比较优势。此次双模式盾构施工技术的研究和本书的出版,进一步完善了中国电建盾构施工技术阵列,也为后续盾构技术的核心攻关起到了良好的开端。

千日攻关,一朝集成。本部专著是对过去三年双模式盾构技术研究成果的集结和升华,其中融入了研发单位和技术团队大量的投入和努力,期待本书刊出之日能够得到同业专家和广大技术人员的关注,更希望能以此为同类工程提供电建智慧,共同为国家城市轨道交通工程建设贡献卓越力量。

中国电力建设集团有限公司总工程师:宗敏峰

2021年12月

序　二

受邀作序，欣贺专著付梓！

志合者，不以山海为远。中国水电一局由深圳地铁 7 号线首次进入城市轨道交通工程领域，已历十年。一秩间，工程足迹北至冰城哈尔滨，南至鹏城深圳，走过岛城青岛、江城武汉、古都南京、榕城福州，先后承担十余项城市轨道交通工程施工任务。通过多年积累，水电一局已具备车站、区间、车辆段等土建工程全链条施工能力。一局铁路人敢于挑战、勇于突破、志合趋齐，为公司转型升级和高质量发展做出了重大贡献。

惟保守也，故永旧；惟进取也，故日新。2018 年，公司承担了深圳地铁 12 号线四站四区间施工任务，首次面临怀德站至福永站区间隧道工程盾构法穿越由软土、土岩复合、全断面围岩组成的复杂地层技术难题。公司技术团队与北京工业大学研发团队强强联合，开展"复杂地层土压平衡/TBM 双模式盾构施工关键技术研究"，并于当年获得中国电建集团科技立项。研究团队密切结合工程实施，开展了一系列具有行业代表性的技术攻关。研究过程得到公司内外的高度关注，中国工程院杜彦良院士、陈湘生院士亲莅咨询指导，充分肯定技术研究进展并提出宝贵意见，集团公司宗敦峰总工程师、股份公司科工部、电建铁路公司及南方公司、深圳地铁集团等单位和专家多次现场调研并指导技术攻关，为该项目研究的顺利推进和成果应用起到了至关重要的作用。三年已过，如今技术研究工作已全面结束，收获不小，研究团队合力完成研究成果报告的编制；申报专利成果 10 项、工法 2 项；撰写高质量论文 7 篇，并获 SCI 收录 3 篇，整体技术成果得到实践检验，取得了显著的技术经济和社会效益，填补了中国电建在此项技术上的空白。

本部专著，又在诸多成果的基础上做了更加系统的集结，书中内容从土压平衡与TBM 盾构的技术发展起笔，沿研究脉络对盾构选型、施工参数预测和优化、双模式快速转换、刀盘信息化监测、技术对比分析、应用效果总结和岩石地层盾构施工渣料的环保处理再利用技术探索进行了著述。全书倾注了公司和北工大技术专家及研究团队的大量精力，是对双模式盾构施工技术的充分归纳，也履行了技术人的责任和使命，殊为不易，值得赞喝！

载誉不辍而求索向前。十年来，一局城市轨道交通工程业务从寂寂探求到品牌树立，付出艰辛也得到诸多肯定，先后取得国优金奖、发明专利、省部级工法等创新创优成果近 40 项，本书的集成更是其中浓墨重彩的一笔，也是一局技术沿革中的闪亮记录。如今刊印出版，如能为行业和从业者提供一些参考和借鉴则甚以为慰，更期待专家读者的不吝赐教。一局技术人亦当深受鼓舞，接励前行，再创佳绩！

中国水利水电第一工程局有限公司党委书记、董事长：

2022 年 1 月

前　　言

此书稿从起意到成稿也快两年时间了，为什么要写这本看上去研究面比较窄的书呢？首先是在实践中确实是遇到了问题，在隧道开挖地质剖面上包含有软土地层、土岩复合地层与全断面岩石地层的项目越来越多，尤其在深圳、广州、青岛、厦门等地，在工期规划、盾构选型、优化施工等方面争议都比较大，这些问题需要逐一回答。其次随着传感器、信息、人工智能等技术的发展，我们研发了一些新的监测手段与数据处理技术，如盾构刀盘状态监测系统与振动监测系统，并应用于TBM与土压平衡双模盾构隧道施工，从机理上获得了一些新的认识，可以推而广之，为盾构施工服务。再次就是随着绿色施工理念的推广，城市建筑垃圾及废水限排会越来越严格，天然建材的获取也会越来越困难，如何对渣土进行资源化利用在本书研究的项目中做了有益的尝试。上述三个层次回答的问题不仅是针对土压平衡与TBM双模盾构，也是目前土压平衡盾构与TBM隧道施工面临的共性问题，虽然本书的看上去研究面仅针对TBM与土压平衡双模盾构，但其技术具有通用性。

本书主要结合深圳地铁12号线六工区怀福区间TBM与土压平衡双模盾构隧道施工为例而写，六工区四站三区间施工任务皆由中国水利水电第一工程局有限公司（简称水电一局）承担，因而有机会对本工区另外两个区间的复合盾构隧道施工进行总结，并与双模盾构施工进行对比分析。从水电一局的角度，系统性总结复合盾构、双模盾构施工技术，将其转化成为公司的技术积累与技术成果，一方面利用本书对公司从事盾构施工的技术人员进行系统培训，另一方面通过对成果的总结共同推动行业进步。

双模盾构或多模式盾构的出现其实不是什么新鲜事物，也不是技术上太大的突破，顶多只能算是技术应用层面的改进而已。主要得益于我国掌握了盾构设计制造与施工的关键技术，可以根据地层条件按施工方与制造方的意图来进行盾构选型，实现更有针对性的盾构设计，使盾构隧道施工精细化，更好地控制工期与成本。技术总是在积累中突破，在突破中积累。书中提到的关键技术有些是突破，如盾构/TBM振动监测系统的研制、长距离监测与分析成果，刀盘工作状态监测系统的工程化应用等；有些是原有技术积累后的工程应用，如土压平衡盾构施工渣土改良、土压力取值、TBM模式下的施工预测与施工优化等；有些技术则是新的尝试，如土压平衡模式与TBM模式的相互转换优化技术，渣土的资源化利用技术等。本书力求呈现工程、机理、技术与价值的完整链条，使不同类型与层次的读者都有所受益。

本书共10章，分为5部分内容。第1部分为双模盾构发展、怀福区间盾构选型及设计参数优化，包括第1章土压平衡与TBM双模盾构概述、第2章区间隧道概况及盾构选型，由李志刚、吴帆编写。第2部分为双模盾构施工技术，包括第3章土压平衡模式参数设置与地面沉降、第4章TBM模式下施工预测与施工参数优化技术、第5章盾构施工模式快速转换技术，其中第3章由龚秋明、吴帆编写，第4章由吴帆、龚秋明编写，第5章由李志刚、孙前伟编写。第3部分为盾构信息化施工，包括第6章双模盾构隧道施工刀盘状态传感及评价、第7章双模盾构掘进振动状态监测，由龚秋明、吴帆编写。第4部分为双模盾构施工效果分析，包含第8章双模盾构隧道施工效果、第9章岩石地层双模盾构与复合土压平衡盾构施工对比分析，由吴帆、李志刚、龚秋明编写。第5部分是第10章岩石地层盾构施工渣料再利用，由李志刚、吴帆、孙前伟编写。全书由李志刚、龚秋明策划，由龚秋明对全书进行统稿。

书稿即将付梓之际，掩卷而坐，脑海浮现一幕幕为本书完成提供帮助的画面。首先感谢水电一局对本书出版的支持和资助，感谢中铁装备对实现双模盾构顺利施工的配合，感谢水电一局深圳地铁12号线六工区项目部对本书研究工作提供不设限的帮助，感谢北京玖瑞科技对现场盾构施工监测不计成本的系统改进。感谢中国电建宗敦峰总工程师对本项目高屋建瓴的指导。感谢水电一局项目部尚衍广局长、杨永杰书记、刘秋雨项目经理、孙前伟项目总工、甘志强盾构经理对本书现场数据采集与试验提供的大力帮助。感谢北京玖瑞科技邱海峰技术总监及王海龙、朱玉东两位工程师在现场盾构施工监测系统改进所付出的努力。感谢北京工业大学龚秋明课题组的学生金成、黄流、谢兴飞、吴忧、刘东鑫、王磊磊为项目现场工作开展付出的努力。感谢本书的责任编辑李静伟女士和水电一局赵军峰高工对本书顺利出版所做的贡献。

尽管本书的主题明确，但书中涉及的知识面较广，包括工程地质、岩石力学、机械、传感、信号处理、建材等内容，由于著者水平有限，难免存在一些错误，恳请读者指正。

著　者

2021年11月8日

目 录

第1章 土压平衡与TBM双模盾构概述 ··· 1
- 1.1 双模盾构的发展 ·· 1
- 1.2 双模盾构地层适应性 ··· 12
- 1.3 土压平衡与TBM双模盾构的特点 ··· 14
- 1.4 土压平衡与TBM双模盾构隧道施工关键技术 ·································· 18
- 参考文献 ··· 20

第2章 区间隧道概况及盾构选型 ··· 22
- 2.1 隧道设计条件 ·· 22
- 2.2 隧道沿线工程地质条件 ·· 25
- 2.3 双模盾构选型 ·· 31
- 参考文献 ··· 40

第3章 土压平衡模式参数设置与地面沉降 ································ 41
- 3.1 掌子面土压力计算方法与土压力值确定 ·· 41
- 3.2 渣土改良试验与优化添加剂配比 ··· 54
- 3.3 渣土改良现场掘进试验与跟踪研究 ·· 71
- 3.4 土压平衡模式参数设置与地面沉降 ·· 72
- 参考文献 ··· 80

第4章 TBM模式下施工预测与施工参数优化技术 ······················ 82
- 4.1 滚刀破岩试验 ·· 82
- 4.2 TBM掘进试验 ··· 92
- 4.3 TBM施工模式下施工预测 ··· 107
- 4.4 TBM模式下施工参数优化 ··· 113
- 参考文献 ·· 115

第5章 盾构施工模式快速转换技术 ··· 117
- 5.1 转换场地选择与转换准备 ·· 118
- 5.2 模式转换流程 ··· 121
- 5.3 模式转换技术优化 ··· 126
- 参考文献 ·· 129

第6章 双模盾构隧道施工刀盘状态传感及评价 ... 130
6.1 盾构刀盘状态监测系统 ... 131
6.2 刀盘状态监测数据分析 ... 138
6.3 盾构滚刀磨损规律 ... 144
参考文献 ... 151

第7章 双模盾构掘进振动状态监测 ... 153
7.1 刀盘振动监测系统研制 ... 154
7.2 刀盘三轴振动规律分析 ... 159
7.3 刀盘振动影响参数分析 ... 162
7.4 盾构振动传递规律分析 ... 169
参考文献 ... 171

第8章 双模盾构隧道施工效果 ... 173
8.1 施工进度分析 ... 173
8.2 掘进参数分析 ... 177
8.3 滚刀磨损分析 ... 180

第9章 岩石地层双模盾构与复合土压平衡盾构施工对比分析 ... 186
9.1 双模盾构与复合盾构设计参数比较 ... 186
9.2 施工参数对比分析 ... 188
9.3 刀具磨损对比分析 ... 196
9.4 岩渣筛分结果对比 ... 198
参考文献 ... 199

第10章 岩石地层盾构施工渣料再利用 ... 201
10.1 渣料的可利用性评估 ... 202
10.2 渣土筛分处理系统应用 ... 204
10.3 渣料再利用 ... 208
参考文献 ... 213

第 1 章　土压平衡与 TBM 双模盾构概述

1.1　双模盾构的发展

1.1.1　盾构机的简介

盾构机是用于隧道暗挖施工的机械，依靠液压千斤顶推进，由刀盘旋转切削岩土体，采用螺旋输土器或泥浆管运送渣土，在盾体内拼装预制管片，从而使隧道一次成形的大型机械[1]。盾构机具有机械化程度高、施工速度快、成洞质量好、施工扰动小、综合经济效益高、施工安全等显著优势，已被世界许多国家广泛应用于铁路隧道、公路隧道、城市地铁、综合管廊、地下通道、煤矿巷道等方面的地下工程施工。

盾构机具有开挖、出渣、导向以及支护四大基本功能[2]。开挖功能主要通过推进系统和扭矩系统的共同作用带动刀盘系统的刮刀或滚刀切削掌子面的岩土体来实现。出渣功能主要是将刀盘切削后的渣土通过螺旋输土器或泥浆管运出刀盘，最终输送至洞外。导向功能主要包含确定方位、调整方位、调整偏转。支护系统是隧道最内层屏障，承担着抵抗土层压力、地下水压力以及一些特殊荷载的作用。一般通过拼装预制管片来实现隧道的支护。

随着隧道及地下空间的迅速发展，隧道开挖中遇到的地层条件也越来越复杂，开挖断面形式更加多样，对盾构的制造及施工技术提出了更高的要求。目前，国内外已发展了土压平衡盾构、泥水平衡盾构、复合式盾构、双模式盾构以及异形盾构等各种类型盾构，扩展了盾构机在复杂地质条件下的适应性，为隧道的顺利开挖打下坚实基础。

1.1.2　盾构机的发展

1.1.2.1　盾构机的出现及发展

盾构机的起源最早可追溯到 19 世纪初，为实现英国泰晤士河隧道工程的顺利开挖，1816 年，法国工程师 Brunel 受小虫腐蚀木船底板成洞的启发，最早提出了盾构开挖隧道的施工原理并注册相关专利。该盾构最外层为盾壳，内部设置有多个单元格，每个单元格可满足一个工人独立作业并对工人起到保护作用，液压千斤顶推进盾壳以实现盾构前进，见图 1-1。1825 年，Brunel 第一次采用方形铸铁框盾构对伦敦泰晤士河隧道进行开挖，盾构断面高 6.8m，宽 11.4m。开挖期间多次遇到地表沉降及大涌水等事故，历经 18 年最终于 1843 年实现全长 458m 隧道的贯通。

自 Brunel 的方形盾构顺利施工以来，盾构技术又经过了 23 年的改进，Greathead 于 1869 年首次采用圆形断面盾构加铸铁管片建造横贯泰晤士河的第二条隧道，隧道开挖直

图 1-1　Brunel 提出盾构施工工法

图 1-2　圆形断面盾构

径 2.18m，见图 1-2。由于隧道开挖地层基本上是不透水的黏土层，掘进过程中在控制地下水方面没有遇到什么困难。而后，1886 年，Greathead 首次使用压缩空气与盾构掘进相结合的工法，实现了南伦敦铁道隧道的顺利开挖。压缩空气在盾构掘进中的使用，标志着在承压水地层中隧道掘进的一个重大进步，填补了隧道施工的空白，为现代盾构工法奠定了基础。

1876 年，英国 Brunton 最早申请机械化盾构的专利。盾构采用半球形旋转刀盘，刀盘切削后的渣土落入刀盘的料斗中，并转运到皮带输送机上。1896 年，英国 Price 在此基础上开发了一种辐条式刀盘盾构，并于 1897 年成功地应用于伦敦的黏土地层隧道施工中。它第一次将 Greathead 圆形盾构与旋转刀盘结合在一起，在 4 个辐条式刀盘上装有切削工具，刀盘通过一根长轴由电机驱动。

最初的泥水盾构基于喷射水流与刀盘切削的渣土混合形成泥浆并排出，不利于保持开挖面的稳定性。此后，通过在封闭的刀盘内注入膨润土泥浆支护开挖掌子面，最终产生了泥水加压平衡盾构。1964 年英国 Hay 等申请了泥水加压平衡盾构的专利，但该种隧道施工技术在英国的发展受到限制。直到 1967 年，第一台用刀盘切削土体并混合泥浆出渣的泥水盾构由日本三菱公司制造，并在日本首先投入使用，该盾构直径为 3.1m。1970 年日本铁道建设公司设计了直径为 7.29m 泥水盾构，成功开挖长 1712m 的羽田隧道，该盾构为当时世界上直径最大的泥水盾构。随后，德国 Wayss & Freytag 公司开发了德国的第一台泥水盾构，并于 1974 年成功应用于德国汉堡污水管道工程。

土压平衡盾构最早于 1963 年由日本 Sato Kogyo 公司开发，见图 1-3。1974 年，日本

IHI（石川岛播磨）公司制造了世界上第一台土压平衡盾构，盾构外径为 3.72m，用于日本东京长 1900m 的某隧道开挖。土压平衡盾构自 1974 年在日本首次使用以来，以其独特的优势广泛应用于世界各地的隧道工程中。

(a) 土压平衡盾构实物图

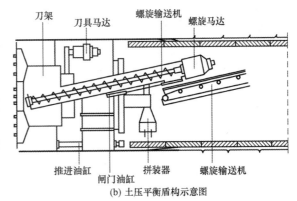
(b) 土压平衡盾构示意图

图 1-3 Sato Kogyo 公司开发的土压平衡盾构

传统的土压平衡盾构及泥水平衡盾构一般适用于软土地层开挖，针对复杂多变的隧道开挖地层条件，形成了可同时用于软硬岩土地层隧道开挖的复合式盾构[3-4]。复合式盾构是以土压平衡盾构为基础，结合硬岩掘进机的原理及优点后形成的一种新型盾构。该类型盾构刀盘同时配置有滚刀及刮刀，最早生产于 20 世纪 80 年代的德国，经过几十年的工程实践和改进，复合式盾构的结构越来越先进，功能也不断增多，可适应的地质条件更加丰富。

多模式盾构最早由德国开发以应对欧洲复杂地质条件。1985 年，Wsyss & Freytay 公司和海瑞克公司申请了多模式盾构的专利，该盾构具备泥水平衡与土压平衡两种工作模式，两种模式间可进行转换。1993 年 9 月，第 1 台外径为 7.4m 的多模式盾构应用于巴黎长 1600m 的隧道工程开挖，期间穿越三种性质迥异的地层，实现了从泥水平衡模式转换到土压平衡模式。此后，逐渐出现了泥水与 TBM 双模式盾构机及土压平衡与 TBM 双模式盾构。

盾构机发展至今已有 200 年历史，随着材料科学、信息技术、传感技术以及设计制造技术的不断发展以及盾构应用中遇到的各类地层条件的挑战，盾构的设计理念得以不断更新，结构不断完善，其地层适用性也在不断加强。目前，盾构工程主要趋于以下几个发展方向：

1）盾构隧道长距离化、大直径化

随着跨江越海隧道、公路隧道等项目的增多，盾构开挖直径在不断地增大、开挖距离也不断增长。目前世界上最大的盾构于 2012 年由日本日立造船公司制造，该盾构是一台直径 17.45m、总重量 7000t 的土压平衡盾构机——Bertha（贝莎），用于美国西雅图 SR99 大型立体隧道的开挖。国内直径最大的盾构为中交天和制造的"聚力一号"，其开挖直径达 16.09m，长 140m，重 5000t，用于江阴靖江长江隧道工程施工。

2）盾构机型多样化

从隧道开挖断面形状分为矩形、马蹄形、椭圆形和多圆搭接形等多种异形断面盾构。

从功能上分为球体盾构、母子盾构、扩径盾构、变径盾构、分岔盾构等多种盾构。从盾构机的开挖方式上出现了摇动、摆动开挖方式的盾构，打破以往的传统旋转开挖方式。

3) 盾构施工自动化、智能化

施工设备中出现了管片供给、运送、组装自动化装置。盾构机掘进过程中发展了姿态自动控制系统。盾构施工智能化、信息化、自动化的管理系统及施工故障自诊断系统也在不断发展。

1.1.2.2 盾构机在我国的研发与应用

盾构技术起源于欧美国家，我国于20世纪50年代开始进行盾构技术的研究及应用，目前盾构制造、设计及施工技术日趋完善和成熟。

我国盾构技术发展大致可以分为以下3个阶段[6-7]：1953～2002年为初步探索阶段，2003～2008年为消化吸收阶段，2009年起为跨越式发展阶段。

1) **盾构技术的初步探索阶段**

1953～2002年是我国盾构技术的探索时期，相继研制了多种类型的盾构，逐渐开始盾构设备的自主生产制造。

我国盾构的发展与应用最早可追溯到1953年，采用一台直径2.6m的手掘式盾构机成功开挖辽宁阜新煤矿疏水巷道。1962年，上海城建局隧道工程公司为应对上海软土地层的开挖，研制了一台直径4.16m的手掘式敞胸盾构，在两种有代表性的地层进行掘进试验，用降水或气压来稳定粉砂层及软黏土地层。

1965年3月，由上海隧道工程设计院设计和江南造船厂制造的2台直径5.8m的网格挤压盾构，于1966年完成了长660m的上海地铁试验隧道开挖，地面最大沉降达10cm。1966年5月，中国第一条水底公路隧道——上海打浦路越江公路隧道工程主隧道开挖，采用直径10.22m的网格挤压盾构施工，辅以气压稳定开挖面，敞开式施工可转换为闭胸式施工。隧道最终于1970年底建成通车。而后于1980年和1982年多次采用网格挤压式盾构，实现了上海地铁1号线、上海外滩越江隧道工程的顺利开挖。

1986年，中铁隧道集团研制出半断面插刀盾构，通过将盾构法与浅埋暗挖法相结合，在盾构壳体和尾板的保护下，进行地铁隧道上半断面的开挖。半断面插刀盾构能全液压传动、电控操作、可自行推进、转向、调头，能有效控制地面沉降，减轻工人劳动强度，施工速度较快，日均进尺达3～4m。该方式成功应用于北京地铁复兴门至八王坟区间隧道的开挖[8]。

1987年，我国自主研制了首台4.35m的泥式土压平衡盾构，成功应用于上海市南站过江电缆隧道工程，开挖长度583m，穿越黄浦江底粉砂层。随后在1990年和1995年，采用多台土压平衡盾构相继成功贯通上海地铁1号线和地铁2号线，其中地铁1号线的7台盾构机月掘进200m以上，地表沉降控制在-3～+1cm。2001～2003年，中铁隧道集团从德国海瑞克公司引进多台直径为6.25m和6.39m土压平衡盾构，用于广州地铁2号线和南京地铁1号线施工，单台盾构最高月掘进超过400m。

2) **盾构技术的消化吸收阶段**

2003～2008年是我国盾构技术的消化吸收阶段，国家科技部将盾构技术研究列入国家高科技研究发展计划（"863"计划），致力于制造中国的盾构，实现盾构从有到优的发展。列入国家"863"计划的盾构相关课题见表1-1。基于"863"计划的推动和资助，我国不断引进、消化和吸收国外先进技术，并进行创新，提高盾构技术国产化程度。现已成功研制具有"国内设计，国内总装，国际采购，国内配套"的盾构产品，结束了我国盾构长期依赖国外进口的历史。

2002～2008年国家"863"计划盾构相关课题[7]　　　表1-1

课题名称	牵头单位	起止时间
全断面隧道掘进机设计制造	上海隧道	2002～2005
盾构掘进机刀盘刀具与液压驱动系统关键技术研究及其应用	中铁隧道集团	2003-01～2004-12
砂砾复合地层盾构切削与测控系统关键技术研究及应用	中铁隧道集团	2005-07～2006-09
大直径泥水盾构消化吸收与设计	中铁隧道集团	2005-07～2006-12
土压平衡盾构主轴承	洛阳LYC轴承公司	2007-08～2010-08
土压平衡盾构大功率减速器	中信机械有限公司	2007-10～2010-08
土压平衡盾构大排量液压泵	贵阳力源液压厂	2007-10～2010-08
掘进机综合试验平台	沈阳重型机械集团	2007-10～2010-08
复合盾构样机研制	中铁隧道集团	2007-10～2009-09
大直径泥水盾构样机研制	上海隧道	2007-10～2010-08

2001～2002年，在国家科技部的引导下，中铁隧道集团有限公司和上海隧道工程股份有限公司承担国家"863"计划第一批3项设计课题和第二批4项课题，课题包括盾构机试验研究、关键技术攻关、样机研制和标准规范编制等。两家企业成立联合攻关组，组织包括浙江大学、同济大学、华中科技大学、东南大学、煤炭科学研究院、北京城建、中信重工机械有限责任公司和洛阳九久技术开发有限公司等单位参加的产、学、研结合课题组。最终完成：(1) 6.3m土压平衡盾构的结构设计、盾构控制原理流程图设计、盾构液压系统、电气系统、流体输送系统以及元器件的选型；(2) 盾构系统刀具的研究设计、开发与制造；(3) 盾构泡沫添加剂、盾尾密封油脂的开发应用研究。通过上述研究，实现了盾构产品化。

2002年8月，中铁隧道集团在河南新乡投资3500多万元建立盾构产业化基地，成立了以盾构研究开发中心、盾构组装调试中心、盾构制造维修中心为主要发展方向的中铁隧道股份制造公司。而后，上海隧道工程股份有限公司也在上海建立了盾构产业化基地。

2004年5月，中铁隧道集团有限公司组装了一台6.3m土压平衡盾构，并成功应用于广州地铁4号线小新区间。2004年7月15日，中铁隧道集团研制的刀盘、刀具、液压系统成功用于上海地铁2号线，实现连续掘进2650m，平均月掘进331m，最高月掘进470m，达到了项目要求的各项指标。2004年10月下旬，由上海隧道工程股份有限公司牵头负责，制造了一台直径为6.3m的土压平衡盾构"先行号"，并应用于上海地铁2号线西延伸隧道工程，见图1-4。2005年3月26日，上海地铁2号线西延伸工程盾构区间隧道成功贯通，标志着中铁隧道集团承担的国家"863"计划《土压平衡盾构关键技术研究》取得阶段性胜利。

在"863"计划课题基础上，为扩大土压平衡盾构适用地层范围，中铁隧道集团有限公司以北京地铁4号线工程为研究对象，研究适合砂砾复杂地层的刀盘刀具技术。基于砂

图 1-4 "先行号"土压平衡盾构[9]

砾复杂地层的掘进模拟试验以及室内原状土性质模拟研究，研制出具有自主知识产权的复合式刀盘刀具切削系统及其磨损检测装置，完成了适应砂砾复杂地层的刀具、刀盘方案设计。

针对泥水加压平衡盾构，此阶段主要依赖于国外进口。2003～2005年，中铁隧道集团有限公司先后于德国海瑞克公司和法国 NFM technologies 公司引进多台不同直径的泥水加压平衡盾构，用于西气东输城陵矶长江穿越隧道、重庆主城排水长江隧道以及武汉长江公路隧道施工。直至 2008 年，由我国自主设计制造、具有自主知识产权的直径 11.22m 的大型泥水平衡盾构"进越号"才成功应用于上海打浦路隧道工程，见图 1-5。与"先行号"相比，"进越号"盾构直径更大、地层适应性更强，具有穿越复合地层的能力[10]。

2002 年 8 月，"中铁装备"成立一支由 18 人组成的研发团队。经过 6 年的技术攻坚，于

图 1-5 "进越号"泥水平衡盾构

2008 年 4 月 15 日，国内首台具有自主知识产权的复合式土压平衡盾构机在中国中铁隧道股份机械制造分公司成功下线，应用于天津地铁项目，填补了我国该类盾构机的空白，见图 1-6。

3）盾构技术的跨越式发展期

2009 年至今为中国盾构技术发展的跨越式发展期，中国盾构自主创新能力显著提升，致力于"造世界最好的盾构"，盾构技术发展从跟跑到引领，国产盾构开始走向世界。盾构行业经过多年的合纵连横，涌现了中铁工程装备集团有限公司（简称中铁装备）、中国铁建重工集团股份有限公司（简称铁建重工）、上海隧道工程股份有限公司（简称上海隧道股份）和北方重工集团有限公司（简称北方重工）等几十家掘进机制造企业，实现了土

图 1-6 "中铁 1 号"复合式盾构[11]

压平衡盾构、泥水平衡盾构、复合式盾构、双模式盾构、异形盾构、岩石隧道掘进机（TBM）以及顶管掘进机等系列产品的产业化生产，产品性能指标达到或者超过了国际同类产品[7,12]。

2015 年 4 月，当时亚洲最大直径 14.1m 的土压平衡盾构在北方重工下线，用于香港莲塘公路隧道开挖，整机重量约 3370t，配备有 Mobydic 蛇形探测臂及 Telemac 三维模拟系统，可实时勘察开挖面[13]，见图 1-7。2016 年 10 月，由中铁装备设计制造的直径 12.14m 的大直径土压平衡盾构用于太原枢纽西南环线铁路隧道开挖，该设备独头掘进 4850m，穿越卵石、圆砾、黄土、粉土地层。同年，铁建重工制造了全球首台采用永磁电机驱动的盾构机，在武汉地铁 27 号线成功始发，标志着在盾构机节能技术研究上，中国已处于行业领先地位。2020 年 9 月 27 日，由中国铁建重工集团、中铁十四局集团联合研制的直径 16.07m 的超大直径盾构机"京华号"在湖南长沙下线，整机长 150m，总重量 4300t，见图 1-8。

图 1-7 亚洲最大土压平衡盾构[13]

图 1-8 中国最大直径盾构"京华号"[14]

随着土压平衡盾构的不断推广,土压平衡盾构的地质适应能力逐渐提升,其施工关键技术如冷冻换刀技术、刀具状态监测系统、压力动态平衡技术、盾构姿态纠偏技术等都取得重大进展。此外,国产土压平衡盾构开始走向世界舞台,如阿联酋、卡塔尔、法国、意大利、阿尔及利亚、丹麦等国家及地区都出现中国盾构身影。

从第一台具有完全自主知识产权的国产泥水平衡盾构成功制造以来,国产泥水平衡盾构迎来了跨越式发展时期。泥水平衡盾构朝着长距离、大埋深、高水压、大直径的方向发展[15]。如已贯通的广深港客运专线狮子洋隧道、苏通电力管廊隧道,施工压力约达到 0.8MPa。俄东线天然气管道工程盾构独头掘进里程约 10.3km、净水头压力达 0.73MPa。未来的烟大渤海海峡、琼州海峡隧道工程压力将超过 1.4MPa,隧道设计、盾构设计与施工都将面临巨大的挑战。国产泥水平衡盾构也不断提出针对性的创新技术,如常压换刀刀盘、高精度保压、主驱动补偿式高承压密封系统、刀具状态智能监测、双破碎渣土分级处理等技术在多个项目中均得到了工程应用,不断拓宽泥水平衡盾构的地质适应性[6]。

2019年8月13日,中铁装备专为深圳春风隧道开挖研制的直径为15.8m的超大直径泥水平衡盾构"春风号"顺利始发,见图1-9。盾构机总长130m,重达4500t,配置有常压换刀刀盘、伸缩摆动式主驱动、刀具状态实时监测等技术。此外,该项目还搭载了双破碎分级处理渣土技术。

图1-9 "春风号"泥水平衡盾构

近年来,还涌现出了一些新型的隧道掘进机。2013年12月,中铁装备研制出超大断面矩形盾构,主要用于城市下穿隧道和地下停车场的施工。2013年,铁建重工集团成功研制煤矿斜井双模盾构,通过模式转换可实现土压平衡与TBM两种施工模式自由切换。2016年,中铁装备为蒙华铁路白城隧道专门定制的马蹄形盾构——"蒙华号"盾构机顺利始发掘进,标志着中国在异形盾构领域处于世界领先水平。

虽然近些年国内盾构制造及设计水平在不断提高,但依旧存在如下问题:(1)工业设计软件发展滞后,目前用于盾构设计的相关软件如 SolidWorks、AutoCAD、ANSYS 等均为国外进口,极易被"卡脖子";(2)关键部件制造能力弱,目前每台盾构的进口零件成本约占整机原料成本 25%,虽然我国已具备隧道装备的设计、制造和集成能力,但如大直径重载轴承、减速机、大排量液压泵、液压马达、电动机、刀具、关键紧固件、齿轮、电气控制元件等关键零部件存在可靠性问题。

1.1.3 双模盾构的应用

可转换的多模式盾构机的发展最早可追溯到20世纪80年代。通过对设备的支护系统及出渣系统进行修改可实现不同模式间的互换。目前国内外常见的双模盾构机主要有土压平衡与TBM双模盾构、土压平衡与泥水平衡双模盾构以及TBM与泥水平衡双模盾构,且在多个工程中得到应用,但非常成功的案例不多。

1.1.3.1 土压平衡与TBM双模盾构应用

2014年南京地铁机场线开建,其中1号风井至禄口机场站区间隧道长1999m,隧道拱顶埋深5.6~19.4m。区间隧道需要穿越的地层有:(1)微风化安山岩地层,长度约173m,单轴抗压强度约141MPa;(2)中风化安山岩地层,长度364m,单轴抗压强度在30~82MPa之间;(3)土岩复合地层,长度约370m。考虑到复合式土压平衡(EPB)盾构不适合长距离穿越硬岩地层,项目决定采用2台土压平衡与TBM双模式盾构机施工[16]。盾构刀盘开口率设置为36%,开口主要分布在中心部位,以降低刀盘中心"结泥饼"风险,见图1-10。刀盘布置41个可配置滚刀和齿刀共用的可互换刀箱。刀盘最大转速3.5r/min,刀盘扭矩6300kN·m,脱困扭矩7875kN·m,管片宽度1.2m。2台双模盾构均以TBM模式始发,掘进100m后,考虑隧道断面前上方有大水塘,将盾构转换成土压平衡模式,模式转换流程见图1-11,2台盾构模式转换分别耗时24d和26d[17]。TBM掘进模式在中、微风化安山岩地层中平均每天进度分别在4~5环和7~8环。

与同一工程中海瑞克复合式盾构机施工相比,双模式盾构具有如下优点:(1)换刀少,滚刀损耗量减少31%,刮刀损耗量减少42%;(2)掘进速度更快,最高月推进纪录为252环,平均日推进8.2环;(3)推力扭矩更小、更节能,总推力保持在1200t以内,扭矩范围在25%~70%之间,土压平衡模式下与同类机型相比可节约5%电力,TBM敞开模式下可节约15%电力。双模盾构施工中同样存在一些问题:(1)TBM掘进中风化破碎岩层时,因刀盘开口较大,经常性出现大块中风化岩石卡在皮带机的出口处,人工清理费时费力;(2)TBM模式下滚刀破岩温度高,仓内注水降温效果不明显;(3)注水降温造成皮带出渣打滑。

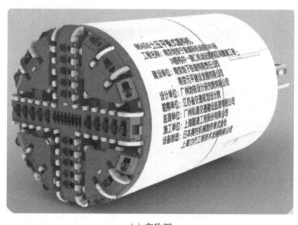
(a) 实物图

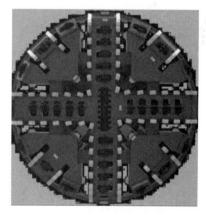
(b) 模型图

图1-10 南京地铁机场线双模式盾构机[16]

新街矿区煤矿斜井隧道[18-20]采用铁建重工集团有限公司生产的双模式盾构进行施工。斜井隧道设计最大深度达660m,隧道长度约为6km,坡度6°。区间隧道穿越地层主要包括砂质泥岩、粉砂岩及中细粒砂岩,以及弱胶结砾石层。岩石的单轴抗压强度在7~70MPa之间,围岩完整性较好。双模盾构刀盘结构见图1-12,盾构直径7.62m,刀盘开口率为35%,EPB模式下刀盘最高转速2.9rpm,TBM模式下刀盘最高转速6.4rpm。滚刀、切刀和刮刀数量分别为47把、66把和12把。滚刀直径17in,刀间距100mm。盾构

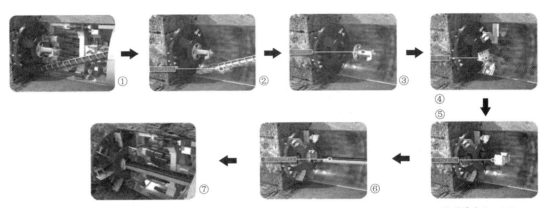

注：EPB 模式转换至 TBM 模式步骤：①由软土层推进至岩石地层，停机、清渣；②移除螺旋输土器；③移除中心回转节；④安装刀盘刮泥板；⑤安装中心集土槽；⑥安装中心排土皮带机；⑦TBM 模式推进。

图 1-11　南京地铁机场线双模式盾构机模式转换流程[16]

(a) TBM 模式盾构刀盘

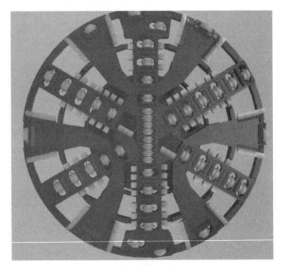
(b) 土压平衡模式盾构刀盘

图 1-12　煤矿斜井双模式盾构刀盘示意图

总装机功率 4900kW，额定推力 42378kN，额定扭矩 8300kN/m。盾尾底部管片采用豆砾石和双液浆稳固。由于施工调整原因，盾构机至今未投入使用。

重庆轨道交通环线[21-22]穿越地层主要为砂岩、砂质泥岩、局部地段有粉质黏土层。中风化砂岩强度在 28～68MPa 之间，部分地段砂岩岩体中含钙质结核，其强度可达 101.5MPa，同时石英含量较高。此项目采用重庆建工集团与中铁装备集团联合制造的土压平衡与 TBM 双模盾构进行开挖，盾构机整机及刀盘结构见图 1-13。盾构刀盘直径为 6885mm，刀盘最大转速 6rpm，带双向旋转功能。装机功率 1963.55kW，最大推力 4650t，最大推进速度 80mm/min，最小转弯半径 250m，管片后注浆采用厚浆形式。整条隧道掘进期间仅使用 TBM 模式进行开挖，实现正面刀具无更换，边刀仅更换 6 把。根据项目部初步预估，相比于同项目土压平衡盾构掘进，耗材成本（电力、油品、刀具）可以降低 60% 以上，设备耗材费用大大降低，刀盘刀具及整机适应性得到了充分验证。

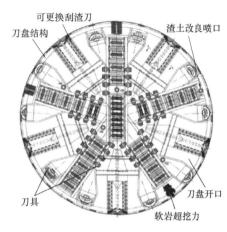

(a) 双模式盾构机　　　　　　　　　(b) 刀盘结构示意图

图 1-13　重庆轨道交通环线双模盾构

中铁十九局承建的广佛环线铁路隧道[23] 区间工程地质条件复杂，穿越全风化粉砂岩、强风化泥质板岩及花岗岩与片麻岩地层等，岩石最大抗压强度达 155MPa。项目采用铁建重工集团有限公司生产的在线式土压与 TBM 双模盾构施工。盾构开挖直径 9.15m，整机长度 115m，总重约 1350t，装机功率 5700kW。由于双模盾构同时安装螺旋出渣及皮带机出渣两种出渣方式，故仅需 72h 即可完成土压平衡模式与 TBM 模式的转换。

法国西部的 De Saverne 铁路隧道[24] 由两条 3.8km 的平行隧道组成，隧道穿越岩层为软—中硬岩地层，包括高磨蚀性的砂岩地层。由于区间含有断层构造带，必须采用封闭模式进行掘进。区间采用直径为 10.01m 的土压平衡与 TBM 双模盾构开挖，盾构同时安装有两套出渣系统。敞开模式下，盾构集成了一个可伸缩中央刮渣漏斗和中心皮带机，封闭模式下，盾构配备了一套可伸缩式螺旋输土器。该盾构模式转换仅需要不到一周时间。两条隧道分别于 2012 年 6 月和 2013 年 2 月洞通。

1.1.3.2　土压平衡与泥水平衡双模盾构应用

佛莞城际铁路狮子洋隧道[25] 需穿越第四系沉积层、软硬不均地层和全断面岩层，局部为破碎带。区间隧道最大覆土深度 64m，最大水深 17m，岩石抗压强度最高 75.7MPa。该隧道采用外径 13.46m 的土压平衡与泥水平衡双模式盾构施工，EPB 模式用于地下水压力较小的软土地层、破碎岩层地段和软硬不均段掘进，泥水模式用于地下水压力较高的软土地层、复合地层以及裂隙水发育的基岩地层掘进。

广州市轨道交通地铁 9 号线 2 标[26] 区间工程地质条件较复杂，主要以中粗砂层和淤泥质土层为主，部分隧道底部存在风化岩层，而且强度较高。区间隧道采用两台直径 6.26m 的土压平衡与泥水平衡双模盾构进行开挖。设计最快掘进速度为 50mm/min，电机总功率 960kW、刀盘最大扭矩 6528kN·m、刀盘转速最高 3.0rpm，总推力最大 3600t，刀盘同时安装滚刀及刮刀。双模盾构机两种模式可相互配合利用，如在土压模式下利用泥水系统稳压、造泥膜气压开仓等；泥水模式下利用土压的泡沫系统注水防泥饼、利用螺旋机排大粒径渣土等。广州轨道交通 8 号线北延段工程[27] 采用了一台土压平衡与泥水平衡双模盾构对上软下硬地层进行开挖，盾构直径 6.28m，总长 101m，总重 520t，总功率1560kW。

1.1.3.3 TBM与泥水平衡双模盾构应用

TBM与泥水平衡双模盾构最早应用于1989年开挖瑞士的Grauholz隧道[28]，而后在瑞士的Thalwil和Önzberg项目以及德国的Finne隧道[29]也得到了很好的应用，遗憾的是上述区间隧道详细开挖资料较难查询。

瑞典的Hallandsås铁路隧道项目[30]始建于1991年，区间隧道内地质条件十分复杂，岩体主要包括片麻岩、角闪岩岩脉和粗粒岩岩脉。岩石单轴抗压强度最高可达250MPa。部分区间段岩体节理裂隙发育，包含3条主要断层构造带，宽度达数百米。地下水压力高达15bar。前两次先后采用敞开式TBM和钻爆法开挖都相继以失败告终。第三次于2004年采用海瑞克公式生产的TBM与泥水平衡双模盾构掘进方案才最终得以贯通。该盾构开挖直径10.6m，总功率8600kW。采用17in滚刀，刀间距85mm。刀盘最高转速5rpm，适用最大水压15bar。

综上所述，各种类型的双模式盾构机在国内外均有应用，这些工程实例为双模盾构的发展积累了一些设计和施工经验，证明了双模盾构在复杂地层中掘进的可行性。遗憾的是，对于双模盾构整个施工过程的优缺点并没有进行系统性总结，且部分区间隧道虽采用双模盾构设计及施工，但在施工过程中并没有应用双模式开挖。

1.2 双模盾构地层适应性

常见的护盾式掘进机主要有单护盾TBM，土压平衡盾构和泥水平衡盾构，见图1-14。随着隧道建设项目增多，盾构开挖遇到的地层条件越来越复杂。盾构在掘进长距离隧道时，隧道沿线可能同时出现软土地层、岩石地层以及土岩复合地层等，为盾构的设计和制造带来了新的挑战。一般而言，不存在哪种类型地层不能采用盾构进行掘进，但单一掘进模式的盾构往往只适用于某特定类型地层。目前，针对同时存在软土与硬岩地层的隧道，常采用复合式土压平衡盾构开挖，该类盾构采用复合刀盘设计，刀盘同时配备有滚刀与刮刀。为满足刀盘出渣流畅，防止刀盘结泥饼，刀盘需要具备较高的

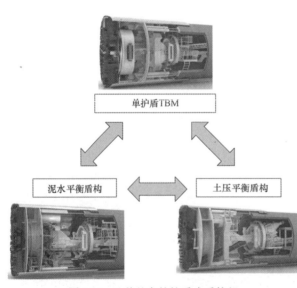

图1-14 3种基本的护盾式盾构机

开口率[32]。因此刀盘安装的滚刀数量及尺寸受到限制，造成滚刀间距相对较大。虽然可同时满足土层、岩层及复合地层隧道施工，但当隧道沿线岩层段达到一定长度后，刀具磨损快、掘进效率低等缺点将逐渐突出[33-35]。

无论是单一模式的盾构还是复合盾构都无法很好满足不同地质条件下的安全高效掘

进，而根据相应地层选用两台或多台盾构掘进，对于短距离隧道很不经济，或由于条件限制无法满足多台盾构布置的要求。为满足不同地质条件下盾构机都能安全高效的掘进需要，设计和开发了双模式盾构机[36-37]。通过将以上不同类型的盾构或TBM进行组合，在结构空间允许的情况下，将不同类型盾构的功能部件同时布置在一台盾构上，掘进过程中可根据地质条件变化进行功能或工作模式的切换，选择最合适的工作模式进行隧道开挖。通过对双模盾构的支护系统及出渣系统等进行修改，可将掘进模式调整为泥水平衡施工模式、土压平衡施工模式或单护盾TBM施工模式，从而达到特定地质条件下的最佳掘进方式。

土压平衡施工模式主要适用于相对软弱的地层，如粉土层、砂土层、黏土层以及高含水地层、断裂破碎带等[38]。掘进过程中刀盘旋转切削渣土进入土压仓内，土仓内渣土经渣土改良后形成理想塑流性渣土，具备良好的传力性和流动控制性。通过控制盾构的推进速度、螺旋输土器的转速来控制土仓内土压力水平，从而平衡掌子面的水压力和土压力，保障掌子面的稳定性及地层变形。保持土仓内渣土的塑流状态是盾构顺利掘进的关键，即渣土需要具备如下条件：(1) 良好的塑性变形特性；(2) 优良的黏稠性能；(3) 较小的内摩擦角；(4) 较低的渗透性。如果开挖土层达不到以上条件，则需要通过向刀盘前方、土仓内和螺旋输土器中注入泡沫或膨润土等添加剂进行渣土改良。此种模式对开挖土层扰动较小，但刀具更换较为复杂。

泥水平衡施工模式适用于软弱的淤泥质黏土层、松散的砂土层、砂砾层、卵石层等地层，尤其适用于地层含水量大、上方存在水体的越江隧道和海底隧道施工。掘进过程中通过进料管向泥水仓内注入泥水，使用加压机来控制浆液的压力，平衡开挖面的水压力和土压力，刀盘在泥水环境中切削土层，渣土与泥水充分混合后通过出料口排出并输送至地面的泥水处理系统。泥水处理系统将泥浆与渣土分离，实现泥浆的循环使用。此种模式由于使用泥水泵和泥水处理系统，能够有效地控制开挖面的泥水压力，保持开挖面稳定，但是泥水处理系统占地面积大，而且泥水处理容易造成环境污染。

TBM施工模式主要运用于含水量不大且稳定性较好的岩石地层掘进。掘进过程中依靠刀盘的滚刀破碎掌子面岩体，刀盘通常与外界连通，为常压状态，不需要对掌子面施加外力以维持其稳定。岩石破碎形成的岩渣通过刀盘上的开口进入刀盘内，刀盘旋转中将岩渣带入高处，岩渣在重力作用下落入中心皮带机上并运出洞外。此种模式下工作人员可随时进入刀盘观察掌子面岩体条件、刀盘及刀具磨损以及岩渣输送等，便于及时进行刀盘维修和刀具更换，合理调整掘进参数。

土压平衡与泥水平衡双模盾构可以在土压平衡模式和泥水平衡模式之间相互切换，两种模式下工作面都处于带压工作状态，土压仓或泥水仓内保留有渣土。两种模式的差异在于仓内渣土的特性（密度、剪切强度、渗透性等）、工作面压力控制类型、出渣方式等。盾构机可同时安装螺旋输土器和泥水系统两种不同的出渣系统，地面上需设置泥水处理站，以满足渣土和泥水的分离及循环再利用，见图1-15。掘进过程中，通过关闭泥浆加压系统停止泥浆泵送，并伸出螺旋输土器切换至土压平衡模式，相反可切换至泥水平衡模式。

TBM与泥水平衡双模盾构特别适用于较高地下水位、卵石地层、岩层及松散岩土体的长距离隧道开挖，见图1-16。两种模式的出渣系统同时安装在盾构上，TBM模式下安

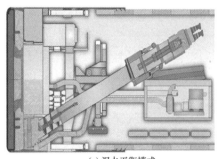 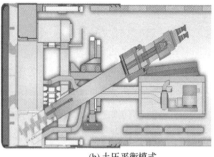

(a) 泥水平衡模式　　　　　　　　(b) 土压平衡模式

图 1-15　土压平衡与泥水平衡双模盾构示意图[36]

装中心溜渣槽和伸出皮带输送机,并关闭泥浆系统。通过开启浆液回路、压缩空气供应和地面泥水处理站,收回中心溜渣槽和皮带输送机,在短时间内进行施工模式的快速转换。

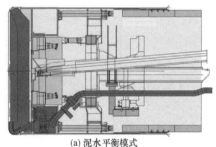 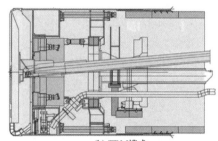

(a) 泥水平衡模式　　　　　　　　(b) TBM 模式

图 1-16　TBM 与泥水平衡双模盾构示意图[36]

土压平衡与 TBM 双模盾构可用于黏土层、岩层、断层破碎带、复合地层等的开挖。盾构直径较大时,可以选择同时安装皮带输送机和螺旋输土器两种出渣方式,最快可在 72h 完成模式转换,见图 1-17。盾构直径较小时,只能安装其中一种出渣方式,模式转换时需要对出渣系统和支护系统等进行更换,模式转换耗时较长。

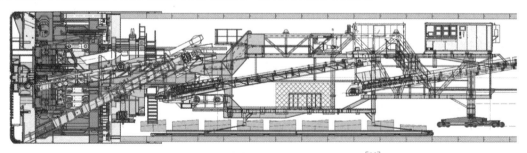

图 1-17　土压平衡与 TBM 双模盾构示意图[36]

1.3　土压平衡与 TBM 双模盾构的特点

土压平衡模式掘进软土地层时刀盘刮刀切削土体,需要满足较大的刀盘开口率和较高的刀盘扭矩。TBM 模式掘进岩石地层时刀盘滚刀破碎岩体,需要具备较高的刀盘刚度、推力和转速以及较低的滚刀磨损速度。为同时满足软土与岩石地层的高速掘进,需要对双模盾构整机进行针对性设计，如刀盘系统设计、出渣系统设计、稳定器设计、主驱动方案设计等。

1.3.1 刀盘系统设计

刀盘是隧道掘进机的关键组成部分，不仅负责旋转切削岩土体，还对掌子面起到一定支撑作用，维护掌子面稳定。刀盘结构一般由若干个辐条和圆形壳板组焊成盘体。辐条板和周边壳板厚度一般在50～70mm。土压平衡与TBM双模盾构在刀盘同时配备有刮刀及滚刀，两种掘进模式下一般不对刀盘结构进行修改。在进行刀盘设计时，需要结合开挖区间隧道沿线地质条件，对刀盘形式、刚度、强度以及耐磨性进行针对性设计，满足掘进过程中的最大推力和扭矩需求，同时又有利于开挖面稳定性及顺畅排渣需求。刀盘形式一般采用面板面积较大的辐板式刀盘或者面板式刀盘。为提高刀盘刚度以适应岩石地层中高转速、强冲击，可通过增大刀盘主梁钢板厚度及部分结构整体加工等措施，提高刀盘整体结构强度及抵抗变形能力。通过在刀盘四周增加耐磨板可有效降低刀盘磨损，见图1-18。

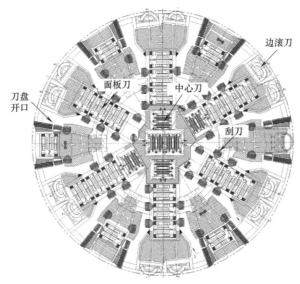

图1-18　土压平衡与TBM双模盾构辐板式刀盘设计

盾构掘进中刀盘切削岩土体，渣土通过刀盘开口进入土压仓内，较高的刀盘开口率便于渣土通过，但也直接影响安装滚刀的直径与刀间距，造成岩石地层中滚刀破岩能力降低，增加滚刀磨损。为在岩石地层中获得较高的推进速度，一般采用更大直径的滚刀以承受更高的推力，以及采用较小的刀间距来提高滚刀破岩效率。因此土压平衡与TBM双模盾构的刀盘设计需要平衡刀盘强度、滚刀布局以及刀盘开口率。与普通的复合式土压平衡盾构相比，双模盾构的刀盘开口率一般较小，滚刀尺寸更大及滚刀间距更小，如刀盘开口率在30%左右，刀间距70～80mm。

此外，为保护刮刀在岩石地层中不被损坏，通常会增加刮刀的宽度或在刮刀后部设置保护块，增强刮刀的抗冲击能力，并且增加刮刀与滚刀之间的高差。

1.3.2 出渣系统设计

出渣系统主要是将刀盘切削的岩土体排出土仓外，然后通过皮带机或渣土车运出洞外。土压平衡与 TBM 双模盾构在两种施工模式下的出渣系统完全不同。

应用土压平衡模式时,螺旋输土器除了具备排出土仓渣土功能外,还有建立掌子面水土压力平衡的主要设备,由液压驱动装置、套筒、螺旋、添加剂注入孔、出渣口、压力监测传感器等部件组成,见图 1-19。螺旋输土器安装于盾构掘进机前体底部和管片拼装机之间,具有一定的安装倾角。螺旋输土器工作时,伸入前体土仓内的螺旋轴和螺旋叶片在液压马达驱动下旋转,土仓内的渣土在螺旋轴、螺旋叶片的共同作用下,沿螺旋输土器输送、提升至出渣口处排出。添加剂注入孔与压力监测传感器可以对螺旋输土器内渣土进行改良以及出渣过程压力进行监测,从而降低螺旋输土器磨损及控制出渣口喷渣。为了保障整个出渣过程的顺畅,刀盘前方配有泡沫、膨润土等渣土改良添加剂注入孔,刀盘后方和土压仓仓壁安装有 1~2 对搅拌棒。

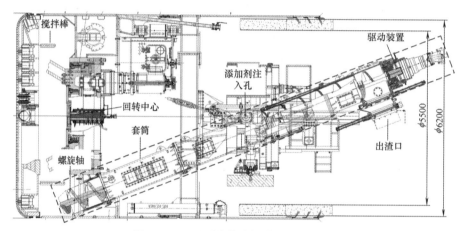

图 1-19　土压平衡模式螺旋输土器设计

TBM 模式的主机皮带机布置在主梁内,主要由头部驱动滚筒、尾部从动滚筒、皮带架、托辊、皮带、渣斗等组成,见图 1-20。TBM 模式的出渣过程除主机皮带机外,还包括溜渣槽以及刮渣板。盾构掘进中滚刀破岩产生的岩渣通过刀盘开口进入土压仓内,刀盘旋转时刮渣板带动土压仓底部渣土至高处,然后在重力作用下落入溜渣槽中,最终通过皮带机运出仓外。

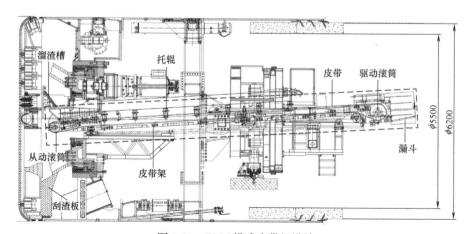

图 1-20　TBM 模式皮带机设计

对于直径较小的双模盾构，受空间限制无法同时安装两套出渣系统，在切换模式时需要对出渣系统进行改造。由土压平衡模式切换至 TBM 模式时，需要移除螺旋输土器、搅拌棒以及回转中心，而后安装主机皮带机、刮渣板和溜渣槽，该过程可能需要耗时近半个月时间。

1.3.3　稳定器设计

双模盾构以 TBM 模式掘进时，最高设置转速可以达到 4～5rpm，较高刀盘转速会增加主机振动和盾体扭转趋势。为降低盾体转动造成的设备异常停机，前盾上半部分对称布置两组稳定器。稳定器油缸伸出并作用于洞壁，通过施加不同等级的压力，可有效吸收主机传来的振动，对刀盘形成半刚性约束，从而降低盾体振动和滚动幅度。此外，稳定器需进行密封设置，以适应土压平衡模式。稳定器布置见图 1-21。

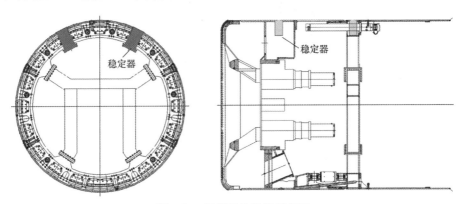

图 1-21　双模盾构稳定器布置

1.3.4　主驱动方案设计

刀盘的转动一般为液压驱动，通过改变液压泵的流量实现无级调速，使刀盘转速和扭矩遵循其性能曲线关系。双模盾构的主驱动要适应两种模式下的掘进需求，刀盘驱动性能曲线见图 1-22。土压平衡模式掘进软土地层时，刀盘在保持工作面稳定的状态下转动切削土体。刀盘扭矩不仅包括切削土体消耗力矩，还包括摩擦力矩以及带动土仓内土体转动产生的力矩等，所以刀盘转动所需扭矩较大，此时刀盘的转速一般维持在较低的水平，如 1～2rpm，以满足刀盘在扭矩和转速性能曲线上运转。而 TBM 模式掘进岩石地层时，土仓为空仓状态，刀盘扭矩主要是提供滚刀破岩所需的滚动力，刀盘的转动扭矩较小，刀盘转速可提高到 3～5rpm。

为满足 TBM 模式下主机皮带机的安装，主驱动处需要更大的中心开口，见

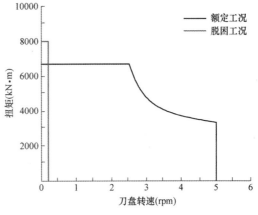

图 1-22　土压平衡与 TBM 双模盾构
刀盘驱动性能曲线

图1-23。盾构在土岩复合地层与岩石地层掘进，刀盘会承受较大的偏心力矩，主轴承的直径一般要高于复合式土压平衡盾构设计，且需要具备较强承受偏载的能力。

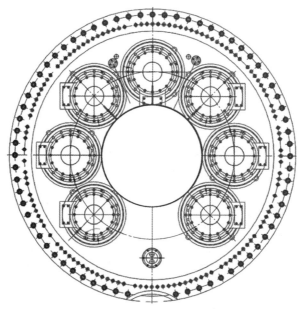

图1-23 土压平衡与TBM双模盾构主驱动结构

1.4 土压平衡与TBM双模盾构隧道施工关键技术

土压平衡与TBM双模盾构依托于深圳轨道交通12号线怀德站至福永站区间（"怀福区间"）工程。怀福区间隧道穿越地层复杂多变，包含有软土地层、岩石地层、土岩复合地层以及断裂构造带。由于区间隧道岩石地层段长度超过1000m，如采用传统的复合式土压平衡盾构开挖，受机器性能及刀盘结构限制，无论是从经济性还是工期上来讲都存在不确定性。本区间隧道拟采用双模式盾构机开挖，以适应区间隧道不同地质条件下高速掘进的要求。

然而，在国内外地铁隧道施工使用土压平衡与TBM双模式盾构开挖案例较少，特别是在同一施工区间内进行两次模式转换的隧道施工工程。由于双模式盾构机施工经验不足，掘进过程中各个方面都存在大量的施工难题。从双模盾构选型设计阶段关键参数的论证，到双模盾构的不同施工模式的参数设置、施工预测、施工参数优化以及模式快速转换技术，再到双模盾构施工效果的对比及评价，以及盾构渣土的处理及再利用等方面的难题直接影响整个盾构工程施工效率及成本。此外，盾构掘进过程中刀盘的工作状态及振动状态同样与整个盾构设备的运行状态息息相关，对滚刀磨损及刀盘振动等信息的监测可直接用于换刀规划及掘进参数优化。结合深圳轨道交通12号线怀德站至福永站区间工程，土压平衡与TBM双模盾构施工中存在的难题可归纳为以下几点：

1）双模盾构关键设计参数的确定

区间隧道确定采用双模盾构进行掘进后，双模盾构关键设计参数的选择直接影响后续施工效率及成本。盾构机需要满足土压平衡模式下高扭矩需求，又要满足 TBM 模式下高推力、高转速要求，对刀盘结构设计及主驱动设计是较大的考验。刀盘开口率的选择直接影响刀盘出渣顺畅、刀盘"结泥饼"问题，但开口率较大又将造成刀盘刚度不足、滚刀刀间距过大，进而影响岩石地层盾构掘进效率。此外，主轴承大小、稳定器设计、壁厚注浆的选择等问题同样不容忽视。

2) 土压平衡模式下参数设置与地面沉降

双模盾构以土压平衡模式掘进软土地层及土岩复合地层时，最大的难题在于土压力的设置、渣土改良以及掘进中引发的地层变形与地面沉降等。随着隧道埋深、土层性质以及地下水位的变化，需要对土仓压力进行动态调整，不合适的土压力设定容易造成地面沉降或隆起，进而引发工程事故。不同地层条件下渣土改良最优配比差异较大，渣土改良的优劣直接影响到掌子面稳定性、螺旋输土器出渣效果、刀盘"结泥饼"、刀盘与刀具磨损等问题。特别是在土岩复合地层中，土压力的建立及渣土改良依旧是难点，不同掌子面土体占比下的土压力设定及渣土改良配比有必要进行深入研究。

3) TBM 模式下施工预测与施工参数优化

双模盾构以 TBM 模式掘进岩石地层时，区间隧道沿线岩体节理裂隙发育不均，TBM 模式穿越不同岩性与不同节理特征的岩体时需采用的施工参数差异较大。施工参数不匹配容易加剧刀具磨损、降低掘进进度，最终增加施工成本并影响工期。因此，有必要开展双模盾构 TBM 模式下施工预测及参数优化方面的研究。

4) 双模盾构施工模式快速切换技术

区间隧道双模盾构施工中需要进行两次模式转换，包括土压平衡模式转 TBM 模式和 TBM 模式转土压平衡模式。模式转换点的确定直接影响到施工安全及施工效率，包括进入岩石段长度或距离软土段长度、围岩稳定性、地下水条件、上部覆岩深度等。模式转换时间也是影响施工进度的一个重要因素，在模式转换过程中对转换工序进行优化、对转换工装进行设计及改进以及施工管理优化等都可缩短模式转换时间，提高模式转换效率。

5) 双模盾构掘进中滚刀及刀盘磨损问题

双模盾构在掘进软土地层时，刀盘后方为土压仓，滚刀磨损达到阈值、滚刀发生异常破坏、刀盘结泥饼等问题往往无法及时发现，易造成周边滚刀及刀盘面板的磨损，而带压开仓换刀费时费力，严重影响施工效率及施工安全。岩石地层中，滚刀磨损速度较快，异常磨损较多，特别是边刀更换不及时会造成盾构卡机等故障。因此，对滚刀磨损状态的监测及滚刀磨损速度的预测显得尤为重要。

6) 双模盾构掘进中设备振动问题

盾构掘进岩石地层时，在较大的刀盘推力作用下，岩片形成过程造成滚刀刀圈应力快速释放产生振动，进而引发刀盘振动。土岩复合地层中，滚刀的破岩模式在软土地层及岩石地层中快速变换，滚刀及刀盘需承受较高的横向冲击荷载，振动工况更加复杂。刀盘系统的振动常诱发螺栓松动、刀具异常磨损、刀盘面板焊缝开裂等问题，严重的甚至导致刀盘解体，故盾构掘进中刀盘系统振动监测及振动控制非常有必要。

7) 双模盾构隧道施工效果

双模盾构的两种施工模式最大的差异在于出渣方式和掌子面支护形式，特别是在岩石地层，两种施工模式下的滚刀磨损机理、掘进参数、施工过程等方面差异明显，造成其施工效果不同。双模盾构和复合式盾构虽然都可用于不同地层开挖，但两种盾构设计侧重点不同，针对岩石地层表现出较大的性能差异。综合分析双模盾构不同施工模式及双模盾构与复合式盾构的施工性能差异，全面评价两种施工模式及两种类型盾构的优缺点，为类似地层盾构选型以及双模盾构施工模式的选择提供参考。

8）盾构渣土处理及再利用

盾构开挖岩石地层会产生大量的岩渣，目前普遍对岩渣进行弃置处理，耗费大量人力和财力，而区间隧道岩石地层中管片壁后充填需要大量豆砾石，车站建设、地面道路铺设等同样需要大量粗骨料及砂粒。开展盾构渣土处理及再利用技术研究，可有效解决上述两方面的问题，符合绿色发展需求。

参 考 文 献

[1] 王成. 盾构掘进过程中影响刀盘磨损因素研究 [D]. 沈阳：东北大学，2009.
[2] 龚秋明. 掘进机隧道掘进概论 [M]. 北京：科学出版社，2014.
[3] 肖广良. 浅析复合式盾构机的作业模式 [J]. 隧道建设，2002（1）：10-13.
[4] 郭磊. 复合式盾构应用技术分析 [J]. 现代隧道技术，2005（6）：36-42.
[5] 陈馈，杨延栋. 中国盾构制造新技术与发展趋势 [J]. 隧道建设，2017，37（3）：276-284.
[6] 李建斌. 我国掘进机研制现状、问题和展望 [J]. 隧道建设（中英文），2021，41（6）：877.
[7] 陈馈，杨延栋. 中国盾构制造新技术与发展趋势 [J]. 隧道建设，2017，37（3）：276-284.
[8] 张敏. 半断面插刀盾构姿态调整的原理及实施方法 [J]. 隧道建设，1997（2）：53-58.
[9] 高瑞华. 国产地铁盾构——"先行号"突破重围纪实 [J]. 机械设计与制造工程，2005（11）：28-31.
[10] 黄晓蕾. 国产盾构"进越号"通过验收 [J]. 华东科技，2009（12）：10.
[11] https：//news.d1cm.com/20191212111348.shtml.
[12] 洪开荣，王杜娟，郭如军. 我国硬岩掘进机的创新与实践 [J]. 隧道建设（中英文），2018，38（4）：519.
[13] 刘晓东. 北方重工生产出亚洲最大盾构机 [J]. 中国机电工业，2015（5）：30-31.
[14] https：//baijiahao.baidu.com/s？id=1705331681013274830&wfr=spider&for=pc.
[15] 王吉云. 近十年来中国超大直径盾构施工经验 [J]. 隧道建设，2017，37（3）：330.
[16] 陈伟国. TBM 和 EPB 双模式可转换盾构施工技术在复合地层中的应用 [J]. 路基工程，2015，（3）：210-212.
[17] 陈铁. 奥村盾构机 TBM/EPB 模式转换技术总结 [C] //城市轨道交通技术和管理创新论坛. 中国：深圳，2013.
[18] 管会生，张玛，杨延栋. 新街台格庙矿区斜井隧道双模式盾构关键掘进参数配置研究 [J]. 隧道建设（中英文），2015，35（4）：377-381.
[19] 管会生，杨延栋，郭立昌，等. 煤矿斜井双模盾构推力计算 [J]. 矿山机械，2013，41（7）：123-127.
[20] 龙斌. 新街台格庙矿区长距离大坡度斜井 TBM 设备选型探讨 [J]. 铁道建筑技术，2012（10）：25-27.
[21] 陈勇，马勤义. 敞开式-土压式双模式 TBM 模式转换分析 [J]. 重庆建筑，2017，16（12）：34-36.
[22] 叶蕾，袁文征，卓兴建. 单护盾-土压平衡双模式 TBM 设计及模式转换分析 [J]. 建筑机械化，2013（12）：63-66.
[23] http：//crchi.crcc.cn/art/2018/4/22/art_2137_1864230.html.
[24] CUCCARONI A，VEYRON P，LACROIX A，et al. Eastern European High Speed Rail Line：Stretch 47 and Saverne Tunnel [C]. AFTES Conference，Scotland：Lyon，2011.
[25] 佛莞城际铁路狮子洋隧道的几个关键技术问题 [J]. 铁道工程学报，2015，32（3）：62-66.
[26] 凌波，史雪珊，杨孟，等. 国内首台泥水、土压双模式盾构机的设计 [J]. 中国科技投资，2014（A18）：2.
[27] http：//crchi.crcc.cn/art/2016/11/3/art_2676_510167.html.
[28] STEINER W，BECKER C. Grauholz Tunnel in Switzerland：Large Mixed-Face Slurry Shield [C]. RETC Con-

ference,Seattle,1991.
- [29] RIEKER K. Construction of Long Tunnels Using Mix-shields in Slurry and Hard-Rock Mode-Finnetunnel [C]. ITA Conference,Vancouver 2010.
- [30] BURGER W,DUDOUIT F. The Hallandsas dual mode TBM [C]. Proceedings of 2009 Rapid Excavation and Tunneling Conference. Littleton:Soc. of Mining,Metallurgy and Exploration,2009,416(22):416.
- [31] 曹铭,王文莉. 土压平衡盾构机主体部分介绍 [J]. 中国新技术新产品,2011(17):103-104.
- [32] 杨志勇,江玉生,张晋勋. 土压平衡盾构刀盘环向开口率研究 [J]. 岩土工程学报,2018,331(12):164-169.
- [33] GONG Q M,YIN L J,MA H S,ZHAO J. TBM tunnelling under adverse geological conditions:An overview [J]. Tunnelling and Underground Space Technology,2016,57:4-17.
- [34] MA H S,YIN L J,GONG Q M,WANG J. TBM tunneling in mixed face ground Problems and solutions [J]. Int. J. Min. Sci. Technol. 2015,25(4):641-647.
- [35] SHIRLAW J N. Pressurised TBM tunnelling in mixed face conditions resulting from tropical weathering of igneous rock [J]. Tunnelling and Underground Space Technology,2016,57:225-240.
- [36] BURGER W. Multi-mode tunnel boring machines/Multi-Mode Tunnelvortriebsmaschinen [J]. Geomechanics and Tunnelling,2014,7(1):18-30.
- [37] STEINER W. Dual-mode machine for the Grauholz Tunnel [J]. Tunnels & Tunnelling International,1992,24.
- [38] 白云,丁志诚,刘千伟. 隧道掘进施工技术 [M]. 北京:中国建筑工业出版社,2013.

第 2 章　区间隧道概况及盾构选型

为了缓解深圳地区的交通拥堵状况，大力发展地下交通工程成为深圳市城市发展规划的重要一环。根据《深圳市轨道交通线网规划（2016—2030）》，深圳到 2030 年全市共规划城市轨道线路 32 条，总规模约 1142km（含弹性发展线路约 53km），由市域快线和普速线路两个层次构成。其中，市域快线 8 条，总规模约 412km，普速线路 24 条，总规模约 730km。深圳轨道交通 12 号线是深圳市近期建设规划中唯一自南向北串联深圳市南山中心区、宝安中心区、福永片区、大空港及会展片区的轨道交通骨干线，也是支撑深圳市西部发展轴带建设，支撑前海（蛇口）自贸区、空港新城地区城市发展，缓解南山中心区、宝安中心区交通拥堵的普速线路。因此，该线路的建成将对城市发展规划至关重要。

深圳轨道交通 12 号线的怀德站至福永站区间（以下简称"怀福区间"）位于深圳市宝安区福永街道，区间隧道穿越地层复杂，包括软土地层、岩石地层、土岩复合地层以及断层带等。针对上述地层，目前施工普遍采用复合式土压平衡盾构进行开挖，但在长距离岩石地层掘进中，滚刀磨损快、施工速度慢、异常停机时间长等问题尤为突出，最终造成施工工期延长、施工成本提高。随着具有土压平衡模式和 TBM 模式的双模盾构设计和制造，不同地层下皆可安全高速掘进成为可能。因此，怀福区间采用土压平衡与 TBM 双模盾构开挖方案，针对此区间复杂地质条件下双模盾构施工技术进行研究，有利于推动其更加安全、高效的施工，也为国内类似地质条件下地铁建设提供技术参考。

由水电一局承建的深圳地铁六工区包含四站四区间，怀福区间采用双模盾构施工，怀德站至翠岗工业园站区间（以下简称"翠怀区间"）和福永站至永和站区间（以下简称"福永区间"）皆采用复合式土压平衡盾构进行开挖。两区间所用的复合式盾构整机设计与双模盾构的土压平衡模式设计基本一致，并且两区间盾构均需穿越较长距离的花岗岩段。为了系统性的研究双模盾构的施工技术及施工效果，本书不仅对怀福区间双模盾构在施工中的各个重难点进行深入研究，而且还综合性的比较双模盾构在不同施工模式下的施工效果差异。并结合三区间盾构施工过程，横向对比双模盾构与复合盾构在岩石地层中的施工性能，全面评价两种类型盾构的优缺点，为类似地层下盾构选型提供参考。

本章主要介绍工区隧道设计条件和工区隧道沿线工程地质条件。重点针对怀福区间复杂地质条件，在盾构选型设计阶段对双模盾构关键参数进行了论证。

2.1　隧道设计条件

深圳轨道交通 12 号线线路起自左炮台站，途经蛇口招商局片区、南山中心区、宝安中心区、机场东、福永、新会展中心、海上田园等地区，主要沿南海大道、南山大道、前进一路、前进二路、107 国道、怀德南路、福州大道、同富路、桥和路下穿，终至海上田园东站。线路全长约 40.54km，全线采用地下敷设方式，共设地下站 33 座，其中换乘站 15 座，最大站间距 2.03km，最小站间距 0.75km，平均站间距约 1.24km，见图 2-1。

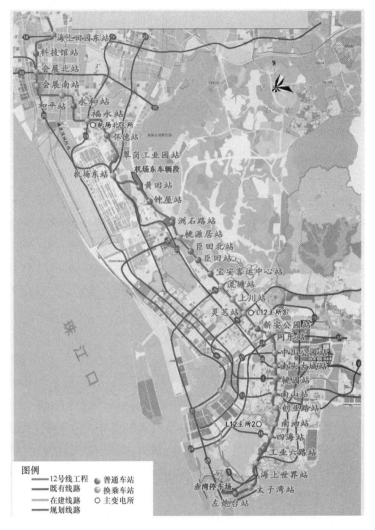

图 2-1 深圳市城市轨道交通 12 号线工程示意图

水电一局拟建深圳轨道交通 12 号线工程翠岗工业园站至永和站区间段，该区间段包括四车站四区间，均位于深圳市宝安区，见图 2-2。区间隧道断面外径 6.2m，管片厚度 350mm，管片环宽 1500mm，成洞内径 5.5m。

翠岗工业园站至怀德站区间线路总体走向呈"C"形。区间线路出翠岗工业园站后向北延伸，并以 340m 半径向西北转弯，下穿数栋的 3～8 层民房和工业厂房，然后沿着怀德南路向北到达怀德站。拟建区间左线设计起点里程 ZDK28+660.157，设计终点里程 ZDK29+669.712，区间长约 984.161m，右线设计起点里程 YDK28+661.500，设计终点里程 YDK29+711.209，区间长约 1049.709m。本区段采用两台复合式盾构机施工，由怀德站始发。

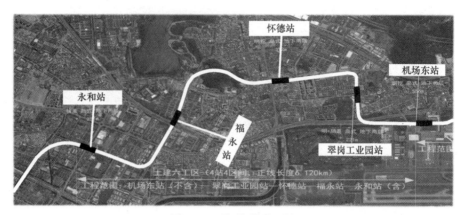

图 2-2　区间线路平面图

怀德站至福永站区间位于深圳市宝安福永片区。区间线路出怀德站后沿怀德站向北，侧穿怀德村民房，下穿 6 层德丰楼、福永小学操场及教学楼，之后下穿望牛亭公园山岭，出望牛亭公园后向西，下穿福永消防中队办公楼，沿福州大道侧穿周边民房后进入福永站，见图 2-3。拟建区间左线设计起点里程为 ZDK29＋981.811，左线设计终点里程为 ZDK31＋731.392，长约 1723.095m；右线设计起点里程为 YDK29＋981.804，右线设计终点里程为 YDK31＋731.392，长约 1749.588m，隧道覆土 10～110m。本区段采用两台双模式盾构机施工，由怀德站始发。

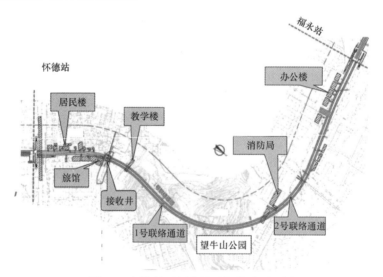

图 2-3　怀德站至福永站区间线路平面图

福永站至永和站区间线路大体呈南—北走向。区间线路出福永站后，沿福州大道前行，下穿既有 11 号线福永站，下穿和侧穿同富社区多栋工业厂房，沿同富路继续直行到达永和站。周边主要为市政道路、居民生活区和工业厂房。拟建区间左线设计起点里程为 ZDK31＋901.792，终点里程为 ZDK33＋479.564，左线长 1607.458m；右线设计起点里程为 YDK31＋901.792，终点里程为 YDK33＋479.564，右线长 1577.773m。本区间采用两台复合式盾构机施工，由永和站始发。

2.2 隧道沿线工程地质条件

2.2.1 地形地貌

深圳市位于广东省中南部沿海珠江三角洲平原上。南隔深圳河与香港毗邻，东接大亚湾，西接珠江的伶仃洋，北与东莞、惠州接界。全境地势东南高，西北低，大部分为低山丘陵区及平缓的台地，西部为滨海平原。境内最高山峰为梧桐山，海拔 943.7m。

深圳轨道交通 12 号线是支撑深圳市西部发展轴带建设的轨道交通骨干线，自南向北串联深圳市南山中心区、宝安中心区、福永片区、大空港及会展片区，途经的地貌类型主要有剥蚀残丘及沟谷、冲洪积平原、滨海滩涂和海陆交互沉积区地貌，总体地势平缓。

翠怀区间所在位置原始地貌为剥蚀残丘及沟谷地貌，原始地貌经过长期剥蚀和夷平，地势比较低缓平坦，局部地段为微弱起伏的地形。低洼地段覆盖有坡积物、残积物、冲洪积物。该地貌大部分已被城市开发推平。上覆第四系土层主要为人工填土层、全新统冲洪积层，下伏基岩为加里东期片麻状混合花岗岩。

怀福区间所在位置原始地貌为剥蚀残丘及沟谷地貌，原始地貌经过长期剥蚀和夷平，地形起伏较大。低洼地段覆盖有坡积物、残积物、冲洪积物，但该地貌大部分已被城市开发推平。上覆第四系土层主要为人工填土层、全新统冲洪积层、上更统冲洪积层，下伏基岩为加里东期片麻状混合花岗岩、燕山四期细粒花岗岩及碎裂岩。

福永区间所在位置场地原始地貌为剥蚀残丘及滨海滩涂，区内地势平坦，上覆地层主要为海相淤泥、淤泥质粉质黏土、有机质砂，上更新统冲洪积软土、黏性土、砂层、残积砂质黏性土组成，表层人工填土层较厚，主要为块石、黏性土及砂砾，局部含有建筑垃圾，下伏基岩主要为加里东期混合花岗岩、震旦系变粒岩、辉长岩岩脉及构造岩。

2.2.2 地质构造

深圳轨道交通 12 号线位于华南早期新华夏系莲花山断裂构造带 SW 段，高要—惠来东西向构造带中段南缘地带。它是在加里东褶皱基底的背景上发展起来的晚古生代凹陷，而后被中、新生代构造叠加、改造，形成比较复杂的地质构造特征。由于受多次断裂和岩浆作用的破坏，区内褶皱构造展布形式难以确定。区内深大断裂构造展布方向以北东向为主，其次为东西向，此外为北西及北东东向。

12 号线工程断裂构造格架主要受控于北东向莲花山断裂带南西段的深圳断裂束、赤湾断裂组、东西向的大㠙山断裂、北西向的蛇口断裂束和杨柳岗断裂束。北东向断裂隶属于早期新华夏系构造，为区内发育最好、分带性及连续性好、规模最大的构造体系，构成区内的主体构造骨架。北西向断裂的发育程度仅次于北东向断裂，是区内构造骨架的重要成分之一，一般具有较好的连续性和明显的分带性。它对地铁 12 号线工程沿线的微地貌、水系、沟谷、溪流及泉群有较明显的控制作用，多呈平直线状延伸。

根据区域地质资料及勘察报告，隧道沿线包含数条不同规模的断层带，断层带描述见表 2-1。

工区隧道沿线断层带特征　　　　　　表 2-1

区间	里程号	长度(m)	断层描述
翠怀区间	YDK29+428	12	断层带横跨隧道左右线，断裂带内构造岩为强风化碎裂岩，具明显碎裂结构，受构造影响，构造裂隙极发育
	ZDK29+400	3.5	
	YDK29+616	4	断层带横跨隧道左右线，断裂带内构造岩为强风化碎裂岩，具明显碎裂结构，受构造影响，构造裂隙极发育
	ZDK29+570	2.5	
怀福区间	YDK30+067	60	断层带横跨隧道左右线，断裂带内构造岩为强—中等风化碎裂岩，具明显碎裂结构，岩体极破碎
	ZDY30+055	60	
	YDK31+115	15	断裂带内构造岩为强—中等风化碎裂岩
	ZDK31+210	30	断裂带内构造岩为强—中等风化碎裂岩
福永区间	YDK32+400	12	断裂带位于震旦系变粒岩中，断裂带下盘岩石受剪切作用，发生了塑性变形，并伴生一系列次级裂面
	YDK33+370	15	断裂带内构造岩为全—中等风化辉长岩
	ZDK33+390	15	
	YDK33+420	28	断裂带内构造岩为强风化碎裂岩和中等风化碎裂岩
	ZDK33+455	5	

2.2.3 水文地质特征

根据其赋存介质类型，深圳轨道交通 12 号线工程沿线地下水主要有三种类型：第一种是赋存于第四系人工填土层中的上层滞水，主要赋存于填砂、填（碎）块石中；第二种是孔隙潜水，赋存于第四系海陆交互相沉积含有机质砂，第四系上更新统冲洪积中砂、粗砂层中，残积砂质黏性土及黏性土层中含少量孔隙潜水，具微承压性；第三种为基岩裂隙水和构造裂隙水，主要赋存于基岩中的强—中等风化带和断裂构造带中，为基岩裂隙承压水，富水性因基岩裂隙发育程度、贯通程度及胶结程度而变化。

区间地下水运动主要受地形、地貌控制。区间沿线总体地形较平坦、起伏较小，地下水水平运动较缓慢。地下水的渗流方向由较高水头处向较低水头处渗流，流速低，流量小。由于地层的渗透性差异，砂层及基岩中的水略具承压性，基岩裂隙发育，孔隙水与裂隙水局部具连通性。岩体节理裂隙发育的不均匀性导致其富水性和透水性变化较大。

12 号线工程隧道沿线地表水系发育，地表水有两种类型，一种是海水，一种是河流及少量池塘水、沟渠水。海水主要分布于蛇口太子湾段。该段沿填海海岸敷设，地下水与地表海水具有较强的水力联系。沿线周边包括两处水库，前进路东侧约 2km 为深圳铁岗水库，福州大道北侧约 200m 为立新湖水库，见图 2-4。

图 2-4　立新湖水库

2.2.4 地层特征

2.2.4.1 地层分层依据

据沿线收集的地质资料，结合钻探所揭露地层和室内土工试验成果、原位测试资料，按不同成因时代、不同土类别、不同状态，以及《岩土工程勘察规范》GB 50021—2001（2009）、《城市轨道交通岩土工程勘察规范》GB 50307—2012、《地基基础勘察设计规范》SJG 01—2010、《土的工程分类标准》GB/T 50145—2007等规范划分本场地各地层。

残积土、全风化和强风化层的判别、分层依据深圳市地区经验：标准贯入试验实测击数和野外鉴定综合判定，即 $N \geqslant 70$ 为强风化岩（强风化岩细分为2个亚层：$130 > N \geqslant 70$ 为砂土状强风化，$N \geqslant 130$ 为块状强风化岩），$70 > N \geqslant 40$ 为全风化岩，$40 > N \geqslant 18$ 为硬塑状残积土，$N < 18$ 为可塑状残积土。残积土根据含砾量分为砾质黏性土（含砾量>20%）、砂质黏性土（含砾量≤20%）和黏性土（不含砾）。

2.2.4.2 土层特征

根据钻探揭露与沿线既有工程资料，拟建三区间沿线场地范围内上覆人工填堆填层（Q_4^{ml}）、全新世冲洪积层（Q_4^{al+pl}）、晚更新世冲洪积层（Q_3^{al+pl}）、坡积层（Q^{dl}）、残积层（Q^{el}）。区间隧道沿线穿越土层及隧道上部部分揭露土层特征详细描述如下：

（1）素填土：灰黄、褐黄、褐红等杂色，稍湿，结构松散—稍密，主要由黏性土混少量砂砾组成，局部夹有碎块石，含量约为3%。属Ⅱ级普通土。标准贯入试验锤击数12.7。

（2）碎石填土：杂色、灰褐色、褐黄色，湿，松散—稍密状态，主要由中等—微风化岩块碎石组成，碎石直径一般为0.02~0.10m，局部粒径超过0.30m，夹有少量黏性土。属Ⅲ级硬土。

（3）块石填土：灰白、灰色等，主要由混合花岗岩质块石组成，结构松散。块石直径0.20~0.50m，含量大于50%，其余为碎石、角砾充填。属Ⅳ级软质岩。

（4）淤泥土：灰黑、深灰等色，饱和，流塑，底部混少量粗砾砂，含贝壳碎屑、有机质，具腥臭味，有机含量为3.10%~4.10%，平均3.6%。属Ⅱ级普通土。标准贯入试验锤击数2.3。

（5）粗砂：灰色、灰白色，主要成分为石英质，饱和，松散—稍密，不均匀含黏性土夹层，级配良好，分选性差，底部含较多砾砂和圆砾。属Ⅰ级松土。标准贯入试验锤击数7.8。

（6）可塑状砂质黏性土：褐黄、浅肉红、青灰夹灰白等色，可塑状态，由混合花岗岩风化残积而成，干强度中等，韧性中等—高。属Ⅱ级普通土。标准贯入试验锤击数14.0。

（7）硬塑状砂质黏性土：褐黄、褐红、灰黄夹灰白等色，硬塑—坚硬状态，由混合花岗岩风化残积而成，干强度中等，韧性中等—高。属Ⅱ级普通土。标准贯入试验锤击数27.3。

2.2.4.3 岩层特征

工区隧道沿线基岩主要有加里东期混合花岗岩、震旦系变粒岩、燕山期细粒花岗岩、断层构造岩、辉长岩岩脉。

1) 加里东期混合花岗岩

岩石为中粒变晶花岗结构,片麻状或条带状构造,主要矿物成分为石英、长石、黑云母等。根据钻孔岩芯及标准贯入试验结果等可将其分为全、强、中等、微风化四个风化带:

(1) 全风化混合花岗岩(W_4):褐红、灰褐、褐黄等色。原岩结构基本破坏,尚可辨认,岩芯呈坚硬土状,偶夹有少量强风化岩块,属Ⅲ级硬土,标准贯入试验锤击数51.9。

(2) 土状强风化混合花岗岩(W_3):灰黄、褐黄等色,岩石风化剧烈,裂隙极发育。岩芯呈坚硬土、砂砾状,夹少量碎块,碎块手折可断,遇水易软化,强度降低,属Ⅲ级硬土,标准贯入试验锤击数70.0。

(3) 块状强风化混合花岗岩(W_3):块状,褐黄色,灰褐色,局部灰白色,原岩结构清晰,原岩矿物除石英外,基本已风化,岩芯呈土夹碎块状,手掰不易断,锤击易碎,局部夹有少量中等风化岩石碎块,属Ⅳ级软石。

(4) 中等风化混合花岗岩(W_2):褐黄色,灰白色,粒状结构,片麻状或条带状构造,较破碎,裂隙较发育,裂面具铁染,岩芯主要呈碎块状,少量短柱状,岩芯锤击易碎,岩石属较软岩—较硬岩,较破碎,岩体基本质量等级为Ⅳ类。

(5) 微风化混合花岗岩(W_1):青灰色,灰白色,粒状结构,片麻状或条带状构造,较完整,裂隙稍发育,裂隙面呈闭合状,岩芯呈短柱—长柱状,少量碎块状,岩石锤击声脆,属坚硬岩,岩体基本质量等级为Ⅱ~Ⅲ类。

2) 细粒花岗岩

(1) 全风化细粒花岗岩:褐红、褐黄色,原岩结构基本破坏,但尚可辨认,具微弱的残余结构强度,岩芯呈砂土状,偶夹有强风化岩块,遇水浸泡易软化、崩解,属Ⅲ级硬土,标准贯入试验锤击数46.0。

(2) 砂土状强风化细粒花岗岩:褐红、褐黄色,岩石风化剧烈,裂隙极发育。岩芯呈砂砾状,干钻困难,遇水易软化。属Ⅲ级硬土,标准贯入试验锤击数81.7。

(3) 块状强风化细粒花岗岩:褐黄色,岩石风化剧烈,裂隙极发育。岩芯多呈碎块状,夹中等风化碎块,干钻困难,遇水易软化。岩体基本质量等级为Ⅴ类。

(4) 中等风化细粒花岗岩:褐黄、浅肉红色,裂隙发育,裂隙面见铁染。岩芯多呈碎块状—块状,少量短柱状,锤击易碎,岩体基本质量等级为Ⅳ类。

(5) 微风化细粒花岗岩:浅肉红色,裂隙稍发育—较发育,裂隙多呈闭合状,岩芯多呈短柱状—柱状,少数块状或长柱状,岩石锤击声脆,岩体基本质量等级为Ⅲ类。

3) 构造岩

区间揭露构造岩有断层碎裂岩,灰绿、灰黄、灰、紫红等色,岩石呈土状—块碎石镶嵌状,强度不均。构造破碎带中的构造岩受构造挤压强烈,部分矿物已定向排列,岩石多呈压碎构造,部分已角砾岩化或糜棱岩化,岩芯多呈碎块状,部分呈豆渣状。在构造带附近岩石裂隙极其发育,风化加剧,基岩风化界面埋深加大,岩芯多呈碎块状、块状,少数短柱状。

4) 辉长岩脉岩

基性浅成侵入岩,具辉绿结构,主要矿物为辉石和斜长石等。钻探深度范围内的辉绿岩可分为全、强、中等、微风化四类:

(1) 全风化辉长岩:灰黄、褐黄色,原岩结构基本破坏,岩芯呈坚硬土状或砂状,遇水浸泡易软化。属Ⅲ级硬土,标准贯入试验锤击数44.0。

(2) 砂土状强风化辉长岩：灰黄、褐黄色，岩芯呈土状、砂土状，遇水易软化，强度降低，属Ⅲ级硬土，标准贯入试验锤击数 75.0。

(3) 块状强风化辉长岩：褐黄色、青灰色，岩芯呈碎块状、块状，碎块手折可断，遇水易软化，强度降低，岩体基本质量等级为Ⅴ类。

(4) 中等风化辉长岩：青灰色，辉长结构，块状构造，裂隙发育，裂隙面见铁染，岩质较坚硬，岩芯破碎，多呈碎块状—块状，少量短柱状，锤击易碎。岩石属较硬岩，岩体破碎，岩体基本质量等级为Ⅳ类。

(5) 微风化辉长岩：青灰等色，辉长结构，块状构造，裂隙较发育，岩质坚硬，岩芯局部破碎，岩芯多呈短柱状，少量长柱状。岩石属坚硬岩，岩体较完整，岩体基本质量等级为Ⅲ类。

5）石英岩脉

灰白色，变晶结构，块状构造，主要矿物为石英，岩芯呈碎块状、块状，裂隙极发育，中等风化，岩体基本质量等级为Ⅳ类。

2.2.5 区间隧道穿越地层

2.2.5.1 翠怀区间隧道穿越地层

翠怀区间隧道穿越地层主要为全风化—微风化混合花岗岩地层，基岩起伏变化大，局部为硬塑粉质黏土地层及强风化碎裂岩。全断面硬岩地层主要分布于区间隧道中部，岩性为微风化混合花岗岩，岩石段长度约 270m。翠怀区间工程地质纵断面见图 2-5。

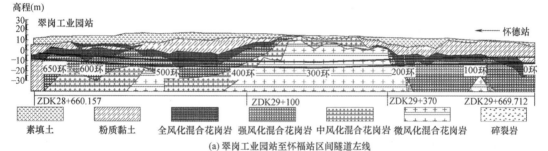

(a) 翠岗工业园站至怀福站区间隧道左线

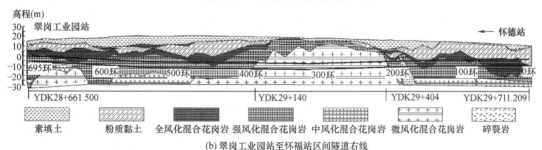

(b) 翠岗工业园站至怀福站区间隧道右线

图 2-5 翠怀区间工程地质纵断面

2.2.5.2 怀福区间隧道穿越地层

怀福区间隧道地质条件呈现基岩起伏变化大、地下水位高、岩体风化程度差异大等特点。区间隧道施工过程中需穿越软土地层、岩石地层、土岩复合地层以及断层带，地层条件相对复杂。区间隧道揭露地层包括为全风化—微风化混合花岗岩、全风化—微风化细粒花岗岩、强风化—中风化裂隙岩以及硬塑粉质黏土地层。软土地层覆土较浅，地下水水量丰富，施工开挖中易发生坍塌。岩石地层覆土较深，岩石强度较高，磨蚀性较强，需关注滚刀与刀盘磨损。区间隧道穿越全断面岩石段长度超过1000m，包括微风化混合花岗岩与微风化细粒花岗岩。区间工程地质纵断面见图2-6。

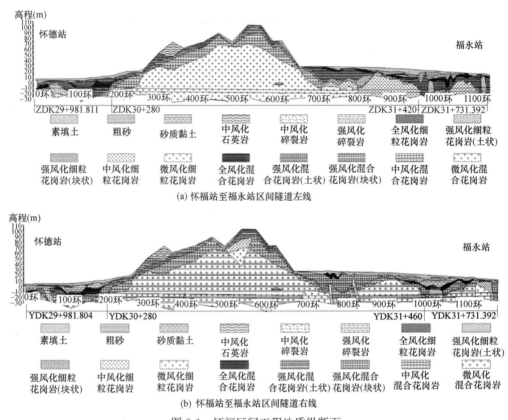

图2-6 怀福区间工程地质纵断面

2.2.5.3 福永区间隧道穿越地层

福永区间隧道穿越地层主要有全风化—微风化混合花岗岩地层、强风化辉长岩、中风化变粒岩等。全断面岩石地层主要位于福永站侧，长度约400m。福永区间工程地质纵断面见图2-7。

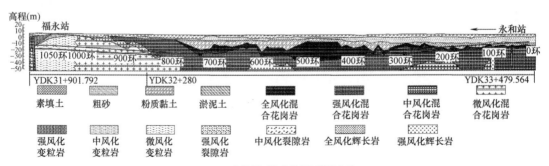

图2-7 福永区间工程地质纵断面（一）

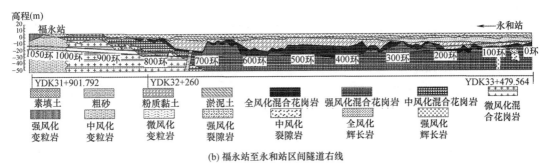

(b) 福永站至永和站区间隧道右线

图 2-7 福永区间工程地质纵断面（二）

2.3 双模盾构选型

2.3.1 双模盾构选型重难点

2.3.1.1 盾构选型是重点

根据区域地质资料及工程地质详细勘察报告，怀福区间隧道施工过程中需穿越软土地层、岩石地层、土岩复合地层以及断层带。软土地层及土岩复合地层以砂质黏性土、全风化—强风化混合花岗岩为主，且隧道需下穿交通干道、居民生活区、学校等，宜采用复合式土压平衡盾构施工以控制地面变形，并辅以必要的渣土改良措施。全断面岩石地层以微风化—中风化混合岩和细粒花岗岩为主，最大强度达 150MPa，长度超过 1000m，虽然也可采用复合式盾构机开挖，但长距离岩石地层掘进存在刀盘及刀具磨损严重、施工速度慢等问题。双模盾构虽然可在软土及岩石地层高效推进，但设备采购成本高、模式转换周期长。换句话说，双模盾构和复合式盾构都可用于本区间隧道开挖，选择合适的盾构是项目能否顺利开挖的关键。盾构机型的选择是本工程的重点，但具体采用何种盾构还需要从盾构性能、施工工期、经济性以及市场前景等多方面进行综合评估。

2.3.1.2 盾构关键设计参数确定是难点

盾构在黏性土或全风化地层掘进时刀盘易出现"结泥饼"问题，刀盘需具备合适的开口率及完善的渣土改良能力。在土岩复合地层及断层构造带中掘进时，刀盘扭矩的波动幅度较大，偏心扭矩及冲击荷载极易对刀盘及滚刀造成损伤。岩石地层中滚刀作为主要的破岩工具，刀型选择及刀间距确定直接影响到滚刀的破岩效率，需要综合考虑刀间距、刀盘开口率与刀盘刚度等多方面之间的关系。刀盘高速转动易造成盾体扭转，盾体稳定性设计不容忽视。此外，主轴承尺寸、管片壁后注浆、刀盘耐磨性、不同风化等级地层掘进时刀盘、刀具、螺旋输土器磨损等问题同样需要重视。合适的盾构设计参数是盾构安全高效掘进的关键，确定盾构关键设计参数是盾构选型的难点。

2.3.2 两种类型盾构机比选

2.3.2.1 两种类型盾构机性能差异

复合盾构采用螺旋输土器出渣，刀盘采用刚度较大的复合式刀盘，可同时安装滚刀及刮刀，兼具开挖土层、土岩复合地层与岩层的功能[1-2]。复合盾构采用封闭模式掘进，可有效防止土层开挖时地下水涌入，通过控制推进速度及螺机出渣速度平衡掌子面稳定性，控制地面沉降。由于复合盾构一般更加偏向于土压平衡盾构设计，刀盘开口率设置较大，造成刀盘上滚刀的布置会受到一定限制，滚刀刀间距往往较大，在岩石地层中开挖时滚刀破岩效率较低，盾构推进速度慢。采用螺旋输土器出渣，在岩石地层中容易造成刀盘底部岩渣堆积，刀具磨损严重，并且需要花费大量时间用于滚刀更换及刀盘维修，施工成本及工期难控制[3-4]。

TBM和土压平衡双模盾构具备两种出渣方式，在软土、破碎带及复合地层以土压平衡模式掘进，采用螺旋输土器出渣，可保证前方掌子面稳定及控制地面沉降。在岩石地层施工时可切换至TBM模式，滚刀破碎掌子面岩体，在刮渣板、溜渣槽及主机皮带机共同作用下出渣，土仓内基本没有渣土堆积，可有效提高盾构掘进速度和降低刀具磨损[5]。双模盾构刀盘具有足够刚度以适应土压平衡及TBM两种掘进模式，并且满足土压平衡模式大扭矩和TBM模式高转速要求。但双模式盾构的模式转换需要一定时间。复合式盾构与双模式盾构性能比较见表2-2。

复合盾构与双模盾构性能比较 表2-2

设备	复合盾构	土压平衡与TBM双模盾构
适应地层	适用于软土、土岩复合地层；岩石地层掘进效率低，刀具磨损快	适用于软土、土岩复合及岩石地层，两种模式可按需求切换
出渣方式	螺旋输土器	螺旋输土器或皮带机
模式转换时间	无	15d
最大转速	约3r/min	4～5r/min
岩石地层月进尺	100m	200～400m
刀盘检修	开仓检查频繁，维修费用高	开仓次数少，维修费用低
耗电量	高	低
总体评估	刀盘转速低，长距离岩石地层刀具损耗严重，刀盘检修费时	刀盘可达高转速，具备两种出渣方式，刀具损耗小，模式转换费时

2.3.2.2 两种类型盾构施工效益比较

针对怀德站至福永站区间隧道工程地质条件，从技术角度可采取复合盾构或双模盾构进行施工，但两种类型盾构施工在施工速度与施工成本上存在较大差异。现以区间隧道左线为例，从工期、经济性及市场前景三方面综合分析复合盾构与双模盾构的施工差异。

1）工期对比

方案一：采用土压平衡与TBM双模盾构隧道施工，中间需要两次模式转换。双模盾构施工工筹图见图2-8。

采用双模盾构进行施工，盾构机在施工过程中需要进行两次模式转换，每次模式转换预估工期15d左右。根据盾构施工经验，317m的软土地层段采用土压平衡模式施工，平均每月掘进约200m，1170m全断面岩石段采用TBM模式施工，平均每月掘进约300m，298m的土岩复合地层区间段采用土压平衡模式施工，平均每月掘进约150m，施工工期预估见表2-3。

第2章 区间隧道概况及盾构选型

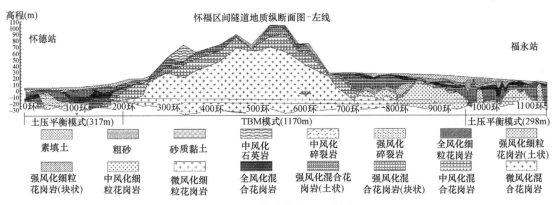

图 2-8 双模盾构施工工筹图

双模盾构施工工期预估				表 2-3
项目	土压平衡模式	TBM 模式	土压平衡模式	模式转换
掘进区段	317m	1170m	298m	2 次
需求工期	1.6 个月	3.9 个月	2.0 个月	1 个月
合计	8.5 个月			

方案二：复合盾构隧道施工。

区间隧道全长 1742m 皆采用复合盾构进行施工，317m 的软土地层段盾构平均每月掘进约 200m，1170m 全断面岩石区间段盾构平均每月掘进约 100m，298m 的复合地层区间段盾构平均每月掘进约 150m，施工工期预估见表 2-4。

复合盾构施工工期预估				表 2-4
项目	复合盾构			
掘进区段	317m	1170m	298m	
需求工期	1.6 个月	11.7 个月	2.0 个月	
合计	15.3 个月			

通过以上工期计算可知方案一中双模盾构隧道施工需求工期约 8.5 个月，方案二中复合盾构隧道施工需求工期约 15.3 个月，方案一比方案二节约工期 6.8 个月。

2) 经济性对比

复合盾构与双模盾构土压平衡模式掘进软土地层及土岩复合地层的施工原理基本相同，施工成本差异较小，两者的主要差异在岩石段的施工。针对 1170m 的全断面岩石段，结合以往盾构施工成本，从设备采购价格、刀具更换费用、耗材费用等方面对双模盾构和复合盾构的经济性进行比较，未考虑时间成本与人员费用，见表 2-5。

从表 2-5 中看出，因双模盾构含有土压平衡和 TBM 两种施工模式，设备造价远高于复合盾构。复合盾构掘进岩石地层滚刀磨损快，刀具消耗成本高，且每延米施工成本高于双模盾构。通过综合比较，双模盾构整体的经济成本高出复合盾构约 280 万元。

经济性比较　　　　　　　　　　　　　　　　表 2-5

序号	项目	复合盾构	双模盾构	备注
1	设备采购价格	4000 万元	5500 万元	
2	刀具更换估计	12 盘刀具	4 盘刀具	150 万元/盘,仅考虑刀具采购成本,未考虑换刀人工及时间消耗
	刀具更换费用	1800 万元	600 万元	
3	耗材消耗	约 574 元/m	419 元/m	施工管理对耗材有较大影响,统计数据仅为根据实际经验统计
	消耗费用	67 万元	49 万元	
	直接经济效益对比	5867 万元	6149 万元	

注：表中列出价格均为厂商给出的预估价,与实际价格可能存在误差。

3）市场前景

广州及深圳地区的工程地质条件多为局部硬岩、局部软土区,岩石强度从 20～200MPa 不等。地铁隧道开挖大多需要穿越软土地层、岩石地层及土岩复合地层,不同隧道穿越的各类地层长度占比存在较大差异。应用复合盾构开挖长距离岩石地层时,施工效率低、刀具磨损严重。双模盾构可适用于不同类型的复杂地层,在岩石地层也会有较高的掘进效率,特别是针对长距离岩石隧道段可以大幅度缩短工期,降低施工成本。随着广深地区轨道交通市场的蓬勃发展,如《深圳市轨道交通线网规划（2016—2030)》中提出,深圳地铁将建设 32 条地铁线路,与此区间地层条件相似的盾构标段较多。巨大的市场将进一步提高双模盾构设备的使用量,对类似工程地质条件下双模盾构施工技术进行研究,有利于推动双模盾构在复杂地层条件下施工向更加安全、高效、经济的方向发展,为深圳地区的隧道安全、高效建设提供必要的技术支持,同时,也为其他类似地质条件的地铁建设提供技术参考。

2.3.2.3 盾构选型结果

复合盾构虽然可适用于软土、土岩复合地层及岩石地层,但在开挖长距离岩石地层时,盾构施工效率低、刀具磨损严重。双模盾构在软土与岩层中施工,分别使用不同的施工模式,既可控制软土地层地表沉降,又可满足岩石地层高速推进。

针对此区间隧道的设计条件与工程地质条件,通过对复合盾构和双模盾构的经济性比较发现,双模盾构的设备采购价格较高,预估其直接经济成本比复合盾构高约 280 万元。从施工工期来看,双模盾构在岩石地层中施工效率高,可节省约 6 个多月工期,降低施工管理成本。从市场前景来看,双模盾构在广州及深圳等地区具有较大的市场,施工技术的积累可为后续项目的施工提供技术支持,并且后续直接经济效益会越来越突出。

通过工期、经济性及市场前景等方面比较,双模盾构比复合盾构更加适合本区间隧道开挖。

2.3.3 双模盾构参数确定

2.3.3.1 关键参数确定

双模盾构在 TBM 施工模式下最关键的参数在于刀盘滚刀布局,其中刀间距的大小直接决定滚刀破岩效率,进而影响岩石地层盾构施工速度,因此刀间距的选择非常重要。土压平衡模式下需要考虑刀盘推进及旋转阻力、盾构与岩土体之间摩擦力等因素,盾构总推力及扭矩一般处于较高的水平,推力及扭矩的设计关乎盾构推进性能,有必要进行详细的计算。

1) 滚刀间距确定

怀福区间隧道穿越岩石地层长度超过1000m,其中混合花岗岩比例超过85%。根据前述勘察成果,混合花岗岩的平均抗压强度在98.5MPa左右。受条件限制,盾构设计阶段较难获取现场完整的混合花岗岩大块样,选取抗压强度相近的甘肃省玉门市北山芨芨槽花岗岩进行不同刀间距下的滚刀破岩试验,探究刀间距对滚刀破岩效率影响,为双模盾构滚刀布局提供数据支持。

采用北京工业大学研制的机械破岩试验平台进行全尺寸的滚刀破岩试验[6],选取尺寸为980mm×980mm×600mm的5块完整花岗岩试样,刀具选用17in的常截面盘形滚刀。设计的5组刀间距S分别为60mm、70mm、80mm、90mm、100mm,每块岩样仅进行一种刀间距试验。每组刀间距依次采用0.5mm、1.0mm、1.5mm、2.0mm、2.5mm、3.0mm、3.5mm的滚刀贯入度进行破岩[7]。北山芨芨槽花岗岩物理力学参数见表2-6。

北山芨芨槽花岗岩物理力学参数　　　　表2-6

天然密度 (g/cm³)	弹性模量 (GPa)	泊松比	单轴抗压强度 (MPa)	抗拉强度 (MPa)	纵波波速 (m/s)
2.60	23.01	0.188	105.6	6.4	3345.72

试验正式开始前,先以0.5mm贯入度进行岩样表面处理,以还原真实破岩情况。正式试验时,同一刀间距下,每个贯入度需要进行4~6层切割,直到数据有重复规律为止,以检验数据的正确性。试验过程中采集滚刀三向力数据,每一层的切割后收集岩渣并进行筛分试验。试验结束后对数据进行处理。比能SE指破碎单位体积岩石所消耗的能量,是反映破岩效率的重要指标[8-9]。当破岩效率高时,产生的岩片较多,岩粉较少,比能越小。

$$SE = \frac{F_r L}{V} \quad (2-1)$$

式中,SE 为比能（MJ/m^3）;F_r 为滚动力（kN）;L 为滚刀切割距离（mm）;V 为破岩试验过程中产生的岩片体积（m^3）,可由岩渣质量除以密度得到。

不同刀间距下滚刀破岩试验数据见表2-7。

不同刀间距下滚刀破岩试验数据　　　　表2-7

刀间距	参数	$P=0.5mm$	$P=1.0mm$	$P=1.5mm$	$P=2.0mm$	$P=2.5mm$	$P=3.0mm$	$P=3.5mm$
$S=60mm$	F_n(kN)	90.8	112.1	126.9	142.9	157.9	173.8	183.2
	F_r(kN)	2.7	3.8	4.7	6.2	7.9	9.7	12.9
	SE(MJ/m³)	76.6	51.6	43.7	40.8	47.7	57.9	67.9
$S=70mm$	F_n(kN)	92.3	120.5	145.9	165.2	177.0	195.4	205.9
	F_r(kN)	2.9	4.2	5.7	7.0	9.0	11.4	14.9
	SE(MJ/m³)	78.1	51.2	44.3	41.6	45.5	53.3	60.4

续表

刀间距	参数	$P=0.5$mm	$P=1.0$mm	$P=1.5$mm	$P=2.0$mm	$P=2.5$mm	$P=3.0$mm	$P=3.5$mm
$S=80$mm	F_n(kN)	96.6	126.2	148.7	174.2	197.6	210.4	227.1
	F_r(kN)	2.9	4.1	5.7	7.9	10.1	12.5	16.7
	SE(MJ/m³)	82.1	52.0	45.0	42.9	41.5	48.9	55.4
$S=90$mm	F_n(kN)	98.9	127.9	160.0	190.2	216.7	236.5	255.0
	F_r(kN)	3.1	4.3	5.8	8.0	10.8	13.5	18.3
	SE(MJ/m³)	90.5	64.3	45.4	43.7	40.9	40.0	52.4
$S=100$mm	F_n(kN)	100.2	136.3	170.4	201.0	226.5	255.8	273.7
	F_r(kN)	3.5	4.7	6.3	8.3	11.0	15.9	21.0
	SE(MJ/m³)	104.9	70.4	48.1	44.4	41.3	41.6	49.6

注：P—贯入度；F_n—平均法向力；F_r—平均滚动力；SE—比能。

图 2-9～图 2-11 为不同刀间距下平均滚动力及比能与贯入度的关系曲线。同一刀间距下，平均法向力随贯入度增加呈现幂函数增长趋势，主要是因为贯入度增大后，较大的法向力促使滚刀下方裂纹扩展范围加大，相邻滚刀间裂纹贯通，提高法向力所需贯入度增长明显。平均滚动力与贯入度间呈现对数函数增长关系，贯入度超过某一临界值后，平均滚动力快速增大。刀间距对平均法向力及滚动力的影响规律类似，贯入度增大，相邻滚刀间的作用效果逐渐变弱，滚刀侵入岩石受到的抵抗增加，需要更高的平均法向力及滚动力才可形成相邻滚刀间裂纹的贯通，滚刀破岩相对困难。通过分析比能与贯入度关系可知，不同刀间距下皆存在一个最优的贯入度，此时滚刀破岩产生的大块岩片占比最高，破岩比能最小，滚刀破岩效率最高。随着刀间距增加，最优贯入度也呈现增大趋势，如刀间距为70mm 和 90mm 的最优贯入度分别为 2.0mm 和 3.0mm。

为达到更高进尺速度及更长的滚刀寿命，TBM 常采用大直径滚刀，如 17～20in 的常截面滚刀，其中 17in、18in 滚刀共用同一尺寸刀箱。为保证双模盾构在软土地层出渣顺畅及刀盘刚度要求，建议采用 17in 滚刀刀箱，配置 18in 滚刀。双模盾构的刀盘刚度相对较低，为降低刀盘形变以延长其寿命，实际掘进中滚刀往往无法使用最大承载力进行推进。此外，怀福区间隧道岩体的最大抗压强度可以达到 150～170MPa。滚刀破岩试验中，

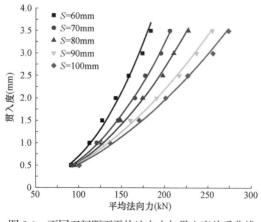

图 2-9 不同刀间距下平均法向力与贯入度关系曲线

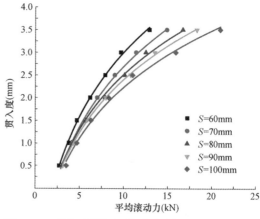

图 2-10 不同刀间距下平均滚动力与贯入度关系曲线

刀间距为 90mm 和 100mm 时，最优贯入度对应的平均法向力达到 250kN 左右，基本达到滚刀承载力上限值。考虑到本区间可能采用的滚刀直径更大、岩石最大抗压强度更高以及刀盘刚度限制，双模盾构选用的刀间距建议小于 80mm。另外，较小的刀间距对应的最优贯入度过小，实际掘进中容易造成岩石的过度破碎，降低破岩效率及掘进速度，故刀间距也不宜小于 70mm。综上所述，双模盾构的滚刀间距建议设置在 70~80mm，以实现滚刀的高效破岩，并可有效保护刀盘。

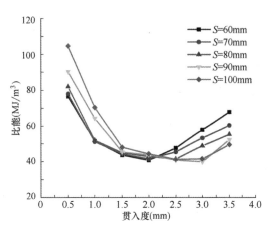

图 2-11 不同刀间距下比能与贯入度关系曲线

2) 总推力计算

双模盾构的总推力根据各种推进阻力的总和及所需的富余量系数 α 决定。一般而言，TBM 模式下的盾构总推力最大值一般小于土压平衡模式，所以总推力大小按照土压平衡模式计算。土压平衡模式下通常考虑的推进阻力有盾体的摩擦力 F_1、盾尾与管片间的摩擦力 F_2、开挖面的支撑压力 F_3、后配套的拖拉力 F_4、刀具的推力 F_5 等，具体计算公式如下：

$$F = \alpha \times (F_1 + F_2 + F_3 + F_4 + F_5) \tag{2-2}$$

$$F_1 = 0.25\pi DL(2P_e + 2K_0 P_e + K_0 \gamma D) \times \mu_1 + W \times \mu_1 \tag{2-3}$$

$$F_2 = n_1 \times W_s \times \mu_2 + \pi \times D_0 \times b \times p_2 \times n_2 \times \mu_3 \tag{2-4}$$

$$F_3 = \frac{\pi \times D^2}{4} \times P_s \tag{2-5}$$

$$F_4 = W_4 \times \mu_4 \tag{2-6}$$

$$F_5 = F_p \times n_c \tag{2-7}$$

计算所用参数见表 2-8，双模盾构设计总推力为：

$$F = 38012 \text{kN} \tag{2-8}$$

即双模盾构总推力应该大于 38102kN 才能满足不同工况下的推进需求。

盾构推进阻力计算参数　　　　　表 2-8

序号	项目	参数	序号	项目	参数
1	盾体直径 D(m)	6.47	12	盾尾内管片环数 n_1	1
2	盾构主机长度 L(m)	8.389	13	管片与盾尾间摩擦系数 μ_2	0.3
3	土与设备外壳间摩擦系数 μ_1	027	14	管片与密封刷间摩擦系数 μ_3	0.15
4	竖直土压力 P_e(kPa)	300	15	管片外径 D_0(m)	6
5	设计掘进土压 P_s(kPa)	200	16	盾尾刷与管片接触长度 b(m)	0.2
6	富余量系数 α	1.3	17	密封刷层数 n_2	3
7	静止土压力系数 K_0	0.5	18	密封刷内油脂压力 p_2(Pa)	500
8	单刀最大承载力 F_p(kN)	250	19	后配套自重 W_4(kN)	1800
9	滚刀数量 n_c	40	20	拖车与轨道摩擦系数 μ_4	0.15
10	管片重量 W_s(kN)	193	21	主机自重 W(kN)	3380
11	土的重度 γ (kN/m³)	23			

注：参考中铁装备报告。

3) 额定扭矩计算

双模盾构在土压平衡模式下刀盘扭矩达到最大值,刀盘额定扭矩 T 按下式计算:

$$T=T_1+T_2+T_3+T_4+T_5+T_6+T_7+T_8 \tag{2-9}$$

式中,T_1 为滚刀切削岩土体所需扭矩;T_2 为刀盘前面与渣土摩擦产生的扭矩;T_3 为刀盘背面与渣土摩擦产生的力矩;T_4 为刀盘四周与渣土摩擦产生的力矩;T_5 为土仓内搅拌棒搅拌时产生的力矩;T_6 为刀盘的主轴承旋转阻力矩;T_7 为刀盘受推力荷载产生的反力矩;T_8 为密封装置产生的摩擦力矩。

$$T_1 = n \times q_u \times h \times D^2 \times n^2 \tag{2-10}$$

$$T_2 = \frac{2}{3}(\alpha \times \pi \times \mu_p \times R^3 \times P_d) \tag{2-11}$$

$$T_3 = T_2 \times 0.5 \tag{2-12}$$

$$T_4 = R\pi \times D_d \times B \times P_z \times \mu_p \tag{2-13}$$

$$T_5 = \sum R_x P_h l_x h_x + \sum R_x \mu_p P_h l_x b_x + \sum R_c \mu_p P_h l_c b_c + \sum R_c P_h l_c h_c \tag{2-14}$$

$$T_6 = GR_1 \times \mu_g \tag{2-15}$$

$$T_7 = P_t \times R_1 \times \mu_g \tag{2-16}$$

$$P_t = \alpha \pi R^2 P_d \tag{2-17}$$

$$T_8 = \sum 2\pi \times \mu_m \times F_m \times n_i \times R_i^2 \tag{2-18}$$

计算所用参数见表 2-9,刀盘额定扭矩计算结果如下:

$$T = \sum_{i=1}^{8} T_i = 3112 \text{kN} \cdot \text{m} \tag{2-19}$$

即双模盾构额定扭矩应该大于 3112kN·m 才能满足不同工况下刀盘转动需求。

盾构刀盘额定扭矩计算参数　　表 2-9

序号	项目	参数	序号	项目	参数
1	刀盘转速 n(rpm)	2	14	刀盘扭腿长度 l_c(m)	0.9
2	贯入度 h(m)	0.02	15	刀盘扭腿高度 h_c(m)	0.42
3	刀盘直径 R(m)	6.47	16	刀盘扭腿宽度 b_c(m)	0.48
4	土的抗压强度 q_u(kPa)	100	17	刀盘扭腿安装半径 R_c(m)	1.47
5	刀盘不开口率 α	0.6	18	水平土压 P_h(kPa)	250
6	土和刀盘间的摩擦系数 μ_p	0.1	19	刀盘自重 G(kN)	600
7	刀盘中心土压力 P_d(kPa)	250	20	主轴承滚动半径 R_1(m)	1.4
8	刀盘边缘宽度 B(m)	0.35	21	滚动摩擦系数 μ_g	0.004
9	刀盘四周平均土压力 P_z(kPa)	250	22	密封与钢板间摩擦系数 μ_m	0.2
10	搅拌棒宽度 b_x(m)	0.2	23	密封的正压力 F_m(kPa)	2.5
11	搅拌棒长度 l_x(m)	0.72	24	密封数 n_1/n_2	4/3
12	搅拌棒高度 h_x(m)	0.08	25	密封安装半径 R_1/R_2(m)	1.568/0.893
13	搅拌棒安装半径 R_x(m)	2.1			

注:参考中铁装备报告。

2.3.3.2 其他参数论证

目前，国内双模盾构的设计及制造技术还不够成熟，实际施工中成功应用的案例也不多。双模盾构整机结构和相关参数的选择依旧存在较大难题。通过组织选型专家会和设计联络会对双模盾构关键参数进行论证，基于专家所提出意见及建议进行针对性改进设计。

施工单位在深圳地铁12号线六工区项目部多次邀请相关专家开展《双模式盾构技术方案研讨会》《双模式盾构机选型》等会议。与会专家针对双模盾构标段穿越地层的特点进行整体分析，对双模盾构设计参数进行评估，并给出专家意见，总体意见如下：

(1) 针对整机设计，设计方需要整体考虑盾构模式转换流程，尽量缩短模式转换的难度与转换时间。根据空间设计条件，主轴承的选择宜大不宜小。岩石地层可能存在小半径转弯卡顿问题，盾尾间隙最小应该在30mm左右。考虑到岩石地层TBM模式掘进可能带来的盾体旋转，需增加稳定器的对数。可考虑主动铰接形式，注意TBM的刀盘与轴承之间的偏心距。

(2) 针对刀盘设计，在TBM模式下，可以采用28%的开口率，但是EPB模式下该开口率排渣能力较差，需考虑解决刀盘结泥饼及渣土滞留等问题。刀间距是否存在调整空间，考虑调整至75mm以增大盾构的破岩能力。需要进行刀盘在岩层中掘进时，边缘滚刀耐磨性及尺寸分析。模式转换时，刀盘的刮刀与齿刀是否考虑更换。螺旋传送机的深入长度应尽可能地深入土仓，降低土仓残留渣量，可减少滚刀的二次磨损。

(3) 针对同步注浆与沉降控制，需进行TBM同步喷豆砾石可行性分析与TBM同步注浆中厚浆管片沉降分析。需考虑双模盾构在上软下硬地层中控制沉降问题及双模盾构在穿越建筑物时控制沉降问题。

2.3.3.3 双模式盾构机最终设计参数

通过参数计算与专家论证，双模盾构关键设计参数见表2-10。

双模盾构关键设计参数　　　　表2-10

盾构机组成	项目	双模盾构技术参数	单位
整机性能概述	开挖直径	φ6470	mm
	管片规格(外径/内径-宽度/分度)	φ6200/5500-1500/22.5°	mm
	整机总长	125	m
	装机功率	2942.4	kW
	水平转弯半径	250	m
刀盘及刀具	开口率	28	%
	总重	约75	t
	双刃/单刃滚刀数量	6/35	把
	滚刀尺寸	18	in
	中心刀刀间距	90	mm
	面板刀刀间距	75	mm
	刮刀数量	56	把
主驱动	驱动总功率	1750	kW
	最大转速	5	rpm
	额定扭矩	6686	kN·m
	脱困扭矩	8023	kN·m
	主轴承直径	3400	mm

续表

盾构机组成	项目	双模盾构技术参数	单位
主机皮带机	皮带机运行速度	0～3	m/s
	皮带机输送能力	555	m^3/h
	皮带宽度	800	mm
螺旋输送机	螺旋轴形式	轴式	
	规格	$\phi800$	mm
	最大出渣能力	335	m^3/h
	转速范围	0～22	r/min
推进系统	油缸规格(ϕ 缸径/杆径)	$\phi260/220$	mm
	推进行程	2100	mm
	最大推进速度	80	mm/min
	最大推力	4086	t
稳定器	油缸规格(缸径/杆径-行程)	220/170-40	mm
	油缸数量	2	根
	油缸推力	684	kN
膨润土系统	注入能力	16+8	m^3/h
	最大工作压力	16	bar
	膨润土罐容量	4	m^3
泡沫注入系统	泡沫注入量	5～300	L/h
	泡沫发生器数量	6	个
	泡沫箱容积	1	m^3

参 考 文 献

[1] 肖广良. 浅析复合式盾构机的作业模式 [J]. 隧道建设, 2002 (1): 10-13.

[2] 郭磊. 复合式盾构应用技术分析 [J]. 现代隧道技术, 2005 (6): 36-42.

[3] GONG Q M, YIN L J, MA H S, ZHAO J. TBM tunnelling under adverse geological conditions: An overview [J]. Tunn Undergr. Space Technol. 2016, 57: 4-17.

[4] ZHAO J, GONG Q M, EISENSTEN Z. Tunnelling through a frequently changing and mixed ground: A case history in Singapore. Tunn Undergr Space Technol. 2007, 22 (4): 388-400.

[5] BURGER W. Multi-mode tunnel boring machines/Multi-Mode Tunnelvortriebsmaschinen [J]. Geomechanics and Tunnelling, 2014, 7 (1): 18-30.

[6] 龚秋明, 张浩, 李真, 等. 机械破岩试验平台研制 [J]. 现代隧道技术, 2016 (2): 17-25.

[7] 龚秋明, 何冠文, 赵晓豹, 等. 掘进机刀盘滚刀间距对北山花岗岩破岩效率的影响实验研究 [J]. 岩土工程学报, 2014, 37 (1): 54-60.

[8] CHO J W, JEON S, JEONG H Y, CHANG S H. Evaluation of cutting efficiency during TBM disc cutter excavation within a Korean granitic rock using linear-cutting-machine testing and photogrammetric measurement [J]. Tunnelling and Underground Space Technology incorporating Trenchless Technology Research, 2013, 35: 37-54.

[9] MA H S, GONG Q M, WANG J, YIN L J, ZHAO X B. Study on the influence of confining stress on TBM performance in granite rock by linear cutting test [J]. Tunnelling and Underground Space Technology incorporating Trenchless Technology Research, 2016: 145-150.

第 3 章 土压平衡模式参数设置与地面沉降

通过区间隧道工程地质条件分析发现，区间隧道具有埋深差异大、地下水位高、穿越土层种类较多等特点，因此盾构掘进过程中需根据地质条件选取合适的施工参数及渣土改良添加剂配比，以控制地表沉降和降低设备磨损。

双模盾构掘进软土地层时使用土压平衡模式。为满足地表沉降要求，盾构刀盘需提供合适的土压力以平衡掌子面上的土压力。土压力设置过大易造成地表隆起，加大刀盘扭矩及刀具磨损。土压力设置过小易造成较大的地表沉降，影响施工安全。根据隧道埋置深度不同及沿线地层性质差异，优化土压力设置，确保土压力设置在合理范围。不同类型土体性质差异大，渣土改良技术通过添加泡沫、膨润土等添加剂来改变渣土性能，使渣土达到流塑性状态，满足盾构施工要求。合理的渣土改良配比也有助于土压仓建立持续稳定的土压力，降低土体对刀具的磨损。

本章主要从掌子面土压力计算、渣土改良试验、地面沉降控制这三方面对土压平衡模式下双模盾构施工参数及地面沉降进行研究，进而优化盾构施工。

3.1 掌子面土压力计算方法与土压力值确定

土压平衡盾构施工时，由于掌子面土体性质较差，极易产生失稳破坏，这就使得土压仓内的渣土必须具有良好的流塑性，从而形成持续稳定的土压力来平衡掌子面上的土压力和水压力，实现安全稳定的连续开挖[1]。土压平衡盾构施工的关键技术之一就是掌子面支护力的确定。支护力过小容易引起过大的地表沉降，影响周边建构筑物稳定，见图 3-1，而支护力过大则容易造成地表隆起。

计算或确定隧道掌子面支护力的方法有很多，包括朗肯土压力理论、极限平衡法、极限分析上限法、数值模拟法、试验法和工程类比法等。

图 3-1 地铁施工引起的地表沉降

3.1.1 掌子面土压力计算方法

3.1.1.1 朗肯土压力理论

朗肯土压力是依据半空间的应力状态和土的极限平衡理论推导出的土压力计算公式，

因其概念简单清晰而广泛应用于岩土工程界。在施工过程中，由于施工的扰动，改变了原状土的静止平衡状态，从而使刀盘前方土体产生主动或被动土压力。

盾构推进时，如果土压仓土压力设置偏低，开挖面前方的土体向盾构刀盘方向产生微小的移动或滑动，土体出现向下滑动趋势。为了抵抗土体的向下滑动趋势，土体的抗剪力逐渐增大，而当土体的侧向应力减小到一定程度，土体的抗剪强度充分发挥时，土体的侧向土压力减小到最小值，土体处于极限平衡状态，即主动极限平衡状态，与此相对应的土压力称为主动土压力 E_a，见图 3-2。如果土仓内土压力设置偏高，刀盘对土体的侧向应力逐渐增大，刀盘前部的土体出现向上滑动趋势，为了抵抗土体的向上滑动趋势，土体的抗剪力逐渐增大，土体处于另一极限平衡状态，即被动极限平衡状态，与此相应的土压力称为被动土压力 E_p，见图 3-3。

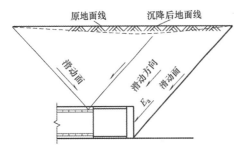 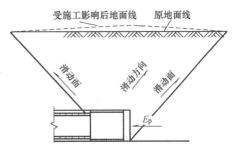

图 3-2 主动极限平衡状态下的位移趋势　　图 3-3 被动极限平衡状态下的位移趋势

主动和被动土压力的大小分别为：

$$E_a = \sigma_z \tan^2(45° - \varphi/2) - 2c\tan(45° - \varphi/2) \tag{3-1}$$

$$E_p = \sigma_z \tan^2(45° + \varphi/2) + 2c\tan(45° + \varphi/2) \tag{3-2}$$

式中，σ_z 为深度 z 处的地层自重应力（kPa）；c 为土的黏聚力（kPa）；φ 为土体的内摩擦角（°）。

为了有效控制盾构机推进过程中引起的地表沉降，需要合理的控制掘进时掌子面的支护力。如果土压力过小，不仅会造成地表沉降量过大，同时也会引起掌子面前方土体产生较大的位移，对施工产生不利的影响。如果土压力过大，造成地表隆起的同时也会使刀盘旋转过程中的摩阻力过大，加速刀具磨损。因此，合理的掌子面支护压力应当介于主动和被动土压力之间。

3.1.1.2 极限平衡法

极限平衡法是较早研究隧道掌子面支护力的一种方法。在实际工程中，由于边坡的失稳破坏模式和隧道掌子面失稳模式有很多相似之处，可以将边坡失稳破坏的一些极限平衡法的计算方式推广至隧道工程中，如规范中浅埋隧道围岩压力的计算公式。极限平衡法的核心在于假设掌子面失稳破坏的形状，然后采用静力分析，即弯矩和力系的平衡推导掌子面支护力 P_T。

Horn[2] 根据 Jassen 的谷仓理论首次提出了滑动楔形体破坏模式。假设掌子面发生主动破坏时隧道正前方土体呈楔形体滑下，上方土体为长方体并且扩展至地表，见

图3-4。通过对掌子面前方楔形体进行受力分析得到极限支护力 P_T，见图3-5。

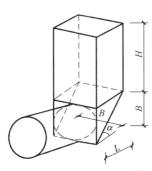

图3-4 谷仓楔形体模型[2]

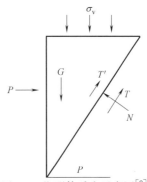

图3-5 楔形体受力示意图[2]

魏纲[3] 通过试验发现掌子面失稳破坏时正上方形状接近为一梯形棱柱体，并且基于此对Horn所提出的传统楔形体破坏模式进行了改进。闫军涛等[4] 将魏纲改进的楔形体破坏模式运用于上软下硬的复合地层，提出了部分楔形体破坏模式。宋洋等[5] 将传统楔形体破坏模式拓展至砂-砾复合地层中，进一步丰富了楔形体破坏模式的应用范围。

吕玺琳等[6] 将二维对数螺旋线的基本原理和假设应用于隧道掌子面支护力理论推导中，见图3-6。该滑动面形状为一对数螺旋线，满足 $R=R_0 e^{\theta \tan\varphi}$ 的几何关系。该对数螺旋线在盾构顶端为竖直，地面与水平方向夹角为 $\pi/4+\varphi/2$（φ 为土体的内摩擦角）。通过极限平衡法可以求解出支护力，并将其进一步表达为类似太沙基的地基承载力，分析考虑地表超载、土体重度和土体黏聚力三项叠加的形式，如下式所示：

$$P_T = \sigma_s N_s + \gamma D N_\gamma + c N_c \quad (3-3)$$

式中，N_s、N_γ、N_c 分别为地表超载、土体重度和黏聚力影响系数。

李康[7] 将二维对数螺旋线破坏模式拓展至三维，见图3-7，并将其应用于上软下硬复合

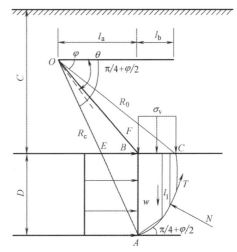

图3-6 二维对数螺旋线破坏模式[6]

地层盾构掌子面极限支护力的理论推导中，虽然进一步拓展了对数螺旋线的应用，但是计算过程较为烦琐，未考虑地下水的影响，不利于工程运用。

3.1.1.3 极限分析上限法

对于理想的弹塑性体，当荷载达到某一数值并且保持不变时，物体会发生"无限"的变形从而进入塑性流动状态，极限荷载可以理解为达到该种状态时所对应的荷载。如果绕过弹塑性的变形过程，直接求解极限状态下的极限荷载及其速度分布往往会使问题的求解容易得多，这种分析常被称作极限分析法。极限分析法一般包含上限定理和下限定理。

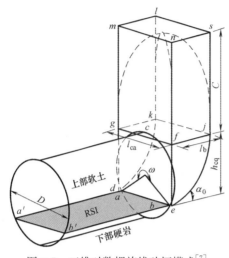

上限定理假设在速度许可场的基础上，在研究范围内考虑土体的能量耗散和外部荷载，但不考虑土体内部应变以及应力平衡，计算表达见下式：

$$\int_S F_i v_i^* \, \mathrm{d}S + \int_A \gamma_i v_i^* \, \mathrm{d}A \leqslant$$
$$\int_A \sigma_{ij} \varepsilon_{ij}^* \, \mathrm{d}A + \int_{S_D} (\tau - \sigma_n \tan\varphi) \Delta v_t^* \, \mathrm{d}S \quad (3\text{-}4)$$

式（3-4）左边表示极限荷载 F_i 和自重 γ_i 的功率，右边第一项表示变形体 A 内塑性应变产生的耗散功率，第二项表示速度间断线（滑动面）S_D 上产生的耗散功率。为了简化计算，一般假定破坏模式由刚性滑块系组成，内部不产生塑性应变，塑性耗散功率只产生于速度间断点上，即

图 3-7 三维对数螺旋线破坏模式[7]

式子右边只保留第二项，对于二维问题，并且物体符合摩尔-库仑破坏准则，即单位长度速度间断线上的耗散功率为：

$$P_c = cv\cos\varphi \quad (3\text{-}5)$$

式中，c 为黏聚力；φ 为内摩擦角；v 为速度间断线上的相对速度。

下限定理则相反，其考虑的是土体内部的应力平衡，屈服条件以及边界条件，不考虑土体的速度许可场。极限分析上限定理求解出的极限荷载一般要高于极限分析下限定理，而考虑到一定的安全储备，学者们采用极限分析法时一般采用上限定理进行求解。

Leca 等[8] 基于摩尔-库仑强度破坏准则，假设掌子面发生主动破坏时失稳破坏模式为单锥体或双锥体，见图 3-8。假设被动破坏模式为一个延伸到地表的倒锥体，见图 3-9，并且基于这三种破坏模式求解出掌子面支护力的上限解。

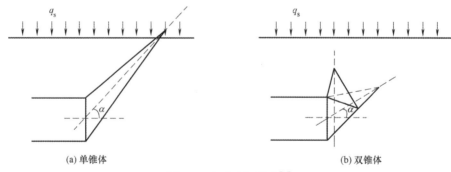

图 3-8 主动破坏模式[8]

Mollon 等[9] 利用空间离散化技术生成了新的旋转破坏体模式。该模型考虑了整个圆形开挖区域，并且与试验所得破坏形状相接近。在 Mollon 的旋转体破坏模式的基础上，潘秋景[10-11] 提出了双螺旋线破坏模式，见图 3-10。杨小礼等[12] 在双螺旋线破坏模式的基础上求解出非均质土体盾构隧道掌子面支护力上限解，进一步拓展了该破坏模式的应用。

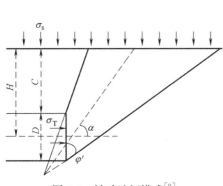
图3-9 被动破坏模式[9]

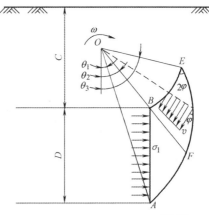
图3-10 双螺旋线破坏模式[10-11]

3.1.1.4 数值模拟法

随着岩土体数值计算方法的不断完善和发展，有限元软件如PLAXIS、FLAC^{3D}、ABQUAS、MIDAS GTS/NX等和离散元软件如PFC、UDEC等越来越成熟，数值模拟方法在隧道工程领域运用也越来越广泛和成熟。相较于理论分析而言，数值模拟不仅可以更加直观地观察到掌子面的变形特征，同时还可以随时提取到地表的位移数据。

Vermeer[13]通过有限元软件PLAXIS^{3D}，采用摩尔-库仑本构模型对盾构隧道掌子面支护力问题进行了全面的分析，并且拟合出一个适用于工程应用的支护力计算公式：

$$P_T = \gamma D N_\gamma + c N_c \quad (\varphi \geqslant 20°, C/D > 1) \tag{3-6}$$

式中：
$$N_\gamma = \frac{1}{9\tan\varphi} - 0.05; \quad N_c = -\frac{1}{\tan\varphi} \tag{3-7}$$

Ahmed S. N.等[14]利用有限元软件MIDAS GTS/NX进行了大量的数值模拟，提出了一个基于数值模拟结果的极限支护力计算公式，并且与Vermeer所提出的公式有很高的契合度。

$$P_T = \gamma D \left(\frac{1}{8\sin\varphi} - 0.12 \right) - c \left(\frac{1.1}{\sin\varphi} - 0.5 \right) \tag{3-8}$$

适用范围：$20° \leqslant \varphi \leqslant 40°$、$D \leqslant 10m$ 和 $C/D \geqslant 0.5$。

吕玺琳等[15]对比传统楔形体破坏模式所得到的极限支护力和数值模拟解，发现通过传统楔形体破坏模式所得到的极限支护力更加保守。Chen等[16]利用PFC^{3D}对掌子面主动失稳破坏进行了模拟，最后得到了掌子面先发生局部破坏后逐步发展为整体破坏的两阶段理论。

3.1.1.5 模型试验法

无论是极限平衡法还是极限分析上限法，都是基于假设掌子面失稳破坏时的形状来进行研究分析的。模型试验法作为一种辅助手段可以更加直观的研究隧道掌子面发生失稳破坏时的形状。一般来说，模型试验分为离心机试验和普通模型箱试验。离心机试验机可以施加不同的加速度来消除试验时的尺寸效应，但其试验成本比较高。普通模型箱试验结果虽然在一定程度上会受到尺寸效应的影响，但是试验成本比较低，试验结果也拥有一定的价值，因此很多学者利用该方法来研究隧道掌子面稳定性问题。

Schofield[17]和Chanbon等[18]分别利用离心机研究了黏性土和砂性土地层中隧道掌子面发生主动失稳时的破坏形状,并且在一定程度上验证了传统楔形体破坏模式的合理性。Mahmoud等[19]利用模型试验研究无黏性土中隧道掌子面稳定性问题。通过试验发现在无黏性地层中隧道掌子面失稳破坏的形状与传统楔形体破坏模式假设相一致。隧道埋深比对支护力的影响很小,且维持掌子面稳定所需的最小支护力大约为(10±1)%隧道轴线处的垂直有效应力。

3.1.1.6 工程类比法

我国采用土压平衡盾构建设地铁隧道起步较晚,但是发展迅速,积累了大量的工程经验,为盾构隧道建设中掌子面支护力的取值提供了参考依据,表3-1给出不同地层条件下的支护力建议取值[20]。

掌子面支护力建议取值[20]　　　　　　　　　　　表3-1

盾构直径(m)	地层条件	支护压力(kPa)
7.45	软粉土	静止土压
8.21	砂土及黏性土	静止土压+水压+20kPa
5.54	细砂	静止土压+水压+波动压力
4.93	砂土及黏性土	静止土压+30~50kPa
2.48	卵石,基岩,黏性土	静止土压+水压
7.78	卵石,黏性土	主动土压+水压
7.35	软粉土	静止土压+10kPa
5.86	软黏土	静止土压+20kPa

3.1.2 土岩复合地层极限分析上限法理论模型

针对土岩复合地层的土压力设置,在已有研究基础上,结合土岩复合地层失稳破坏只发生于上部土体的特点,将二维对数螺旋线理论拓展至土岩复合地层,见图3-11。假定掌子面前方主动失稳破坏区由两刚性块体组成:三角形 ABE(a区)和对数螺旋剪切区 ACE(b区)。该对数螺旋线在 E 点处为竖直,辐射角 $\beta=\pi/4-\varphi/2$,且满足 $R=R_0 e^{\theta\tan\varphi}$,同时底面与水平方向的夹角为 $\pi/4+\varphi/2$(φ 为土体的内摩擦角)。对于埋深较深,上部覆土性质较好的隧道,由于土拱效应,掌子面上部失稳破坏区很难扩展至地表,因此将上部失稳破坏区退化为作用于 AB 上的垂直均布荷载 σ_v,该均布荷载可用太沙基松动土压力理论进行求解[21],其他情况下可采用全覆土理论计算。

掌子面前方主动失稳破坏模型见图3-11,其中,C 为隧道埋深、D 为隧道开挖直径、H_1

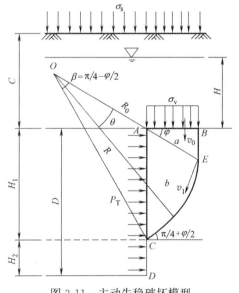

图 3-11　主动失稳破坏模型

为掌子面土体的高度、H_2 为掌子面硬岩的高度、H 为地下水位线距离隧道拱顶的距离、v_0 和 v_1 分别为速度许可场内块体 ABE 向下的起始速度和 b 区的初始速度、σ_s 为地表超载。

通过对图 3-11 的几何关系分析可得：

$$OA = H_1 \text{、} OC = H_1 \cos\varphi / \sin\beta \tag{3-9}$$

$$R_0 = OE = H_1 \cos\varphi / \sin\beta e^{\beta \tan\varphi} \tag{3-10}$$

$$AB = H_1 \cos\varphi \left(\frac{\cos\varphi}{\sin\beta e^{\beta \tan\varphi}} - 1 \right) = R(\varphi) H_1 \tag{3-11}$$

为了简化推导过程，做出如下假设：
(1) 在机动速度场内忽略土体内部变形，土体符合摩尔-库仑破坏准则；
(2) 土体均匀且各向同性；
(3) 支护力和水压力均匀作用于掌子面；
(4) 掌子面下部硬岩致密不透水。

根据极限分析上限法的基本原理，求解出外力功率和内部能量耗散功率。

3.1.2.1 垂直均布荷载 σ_v 的功率

采用太沙基松动土压力理论计算垂直均布荷载 σ_v，即：

$$\sigma_{vi} = \frac{B\gamma_i - c_i}{K_{0i} \tan\varphi_i} \left(1 - e^{\frac{-K_{0i} \cdot \tan\varphi_i}{B} Z_i}\right) + \sigma_{vi-1} e^{\frac{-K_{0i} \cdot \tan\varphi_i}{B} Z_i} \tag{3-12}$$

式中：$B = R(\varphi) H_1 / 2$；$K_{0i} = 1 - \sin\varphi_i$ 为第 i 层土侧向土压力系数；φ_i 为第 i 层土体内摩擦角；γ_i 为第 i 层土体重度；c_i 为第 i 层土体黏聚力；Z_i 为第 i 层土体厚度；σ_{vi} 为第 $i+1$ 层的垂直均布荷载。当 $i=0$ 时，$\sigma_{v0} = \sigma_s$。当 $\sigma_{vi} \leq 0$，且 $B\gamma_i \leq c_i$ 时，取 $\sigma_{vi} = 0$。

采用全覆土理论计算 σ_v，即：

$$\sigma_v = \sigma_s + \sum_{i=1}^{n} \gamma_i Z_i \tag{3-13}$$

垂直均布荷载 σ_v 的功率为：

$$W_1 = v_0 H_1 \sigma_v R(\varphi) \tag{3-14}$$

3.1.2.2 a 区自重功率

$$W_2 = v_0 H_1^2 \gamma f_1(\varphi) \tag{3-15}$$

式中：$f_1(\varphi) = R^2(\varphi) \tan\varphi / 2$。

3.1.2.3 b 区自重功率

依据关联流动法则，滑动面相对速度方向与速度间断面夹角应为 φ，速度许可场见图 3-11，即可得 $v_0 = v_1 \cos\varphi$。为了计算 b 区自重的功率，可将其分解为 $W_{OCE} - W_{OAC}$ 的组合值，计算示意图见图 3-12。

区域 OCE 自重功率微分为该区域一微元的重量 $R_0^2 \gamma e^{2\theta \tan\varphi} \mathrm{d}\theta / 2$ 与重心处的垂直速度分量 $2v_0 \cos(\theta + \varphi) e^{\theta \tan\varphi} / 3\cos\varphi$ 的乘积，通过区域积分可得：

$$W_{OCE} = v_0 H_1^2 \gamma f_2(\varphi) \tag{3-16}$$

式中：$f_2(\varphi) = \dfrac{\cos\varphi}{3\sin^2\beta e^{2\beta \tan\varphi}} \displaystyle\int_0^\beta \cos(\theta + \varphi) e^{3\theta \tan\varphi} \mathrm{d}\theta$。

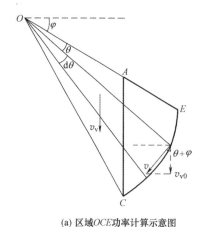 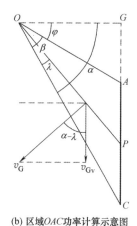

(a) 区域 OCE 功率计算示意图　　(b) 区域 OAC 功率计算示意图

图 3-12　b 区自重功率计算示意图

区域 OAC 自重功率为该区域的重量与重心处的垂直速度分量 v_{Gv} 的乘积。由图 3-12 (b) 可得该区域的面积和重心处的垂直速度分量为：

$$S_{\triangle OCA}=\frac{H_1^2}{2}\cos\varphi,\ v_{Gv}=\frac{2OP\,e^{\beta\tan\varphi}\cos(\alpha-\lambda)}{3OC}v_1 \tag{3-17}$$

式中：$\alpha=\beta+\varphi=\pi/4+\varphi/2$。

由图 3-12 (b) 中的几何关系可得：

$$OP\cdot\cos(\alpha-\lambda)=OC\cdot\cos\alpha \tag{3-18}$$

将式（3-17）代入式（3-18）可得区域 OAC 重心处的垂直速度分量为：

$$v_{Gv}=\frac{2e^{\beta\tan\varphi}\cos\alpha}{3\cos\varphi}v_0 \tag{3-19}$$

即 W_{OAC} 为：

$$W_{OAC}=v_0 H_1^2 \gamma f_3(\varphi) \tag{3-20}$$

式中：$f_3(\varphi)=e^{\beta\tan\varphi}\sin\beta/3$。

因此 W_{ACE} 为：

$$W_{ACE}=v_0 H_1^2 \gamma [f_2(\varphi)-f_3(\varphi)] \tag{3-21}$$

3.1.2.4　支护力和水压力的功率

极限支护力功率计算示意图见图 3-13。从图 3-13 中可得如下几何关系：

$$OK=\frac{\cos\varphi}{\cos(\theta+\varphi)}H_1;\ dl=\frac{\cos\varphi}{\cos^2(\theta+\varphi)}H_1 d\theta \tag{3-22}$$

K 处的水平速度分量 v_h 为：

$$v_h=\tan(\theta+\varphi)\sin\beta e^{\beta\tan\varphi}v_0/\cos\varphi \tag{3-23}$$

即极限支护力的功率为 $-P_T v_h dl$，通过区域积分可得：

$$W_{P_T}=-P_T H_1 v_0 f_4(\varphi) \tag{3-24}$$

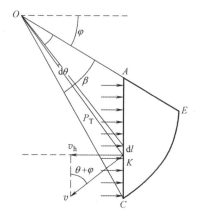

图 3-13　极限支护力功率计算示意图

式中，$f_4(\varphi)=\mathrm{e}^{\beta\tan\varphi}\sin\beta(\sin^{-2}\beta-\cos^{-2}\varphi)/2$。

同理，作用于掌子面的水压力的功率为：
$$W_{P_\mathrm{w}}=P_\mathrm{w}H_1v_0f_4(\varphi) \tag{3-25}$$

式中，P_w 为掌子面土体中心处的水压力，计算方法可参考文献[4]，即：
$$P_\mathrm{w}=\sum_{i=1}^{n}\xi_i\gamma_\mathrm{w}C_i+\xi_{n+1}h_\mathrm{w} \tag{3-26}$$

式中，γ_w 为水的重度，计算时取 $10\mathrm{kN/m^3}$；h_w 为掌子面土体中轴线距离隧道拱顶的距离；C_i 为水位线以下第 i 层土体厚度；ξ_i 为第 i 层土的水压力系数；ξ_{n+1} 为隧道掌子面土体的水压力系数。

水压力系数与土体渗透系数相关。根据文献[22]的研究，水压力系数与渗透系数关系如下：
$$\xi=\frac{2}{\pi}\arctan(k/k_0)^{1/2} \tag{3-27}$$

式中，k 为土体渗透系数；k_0 为卡萨哥兰德（Casagrade，1939）所建议的排水良好与排水不良的界限值，取 $1\times10^{-4}\mathrm{cm/s}$[22]，该值与 Anagnostou 等[23] 判定不排水和排水条件的值相接近。

水位线以下土体重度可由下式计算：
$$\gamma=\gamma_\mathrm{sat}-\xi\gamma_\mathrm{w} \tag{3-28}$$

3.1.2.5 能量耗散功率

内部能量耗散功率主要发生在速度间断线 BE 和 CE 上。

BE 上的能量耗散功率为：
$$E_{BE}=v_0H_1cg_1(\varphi) \tag{3-29}$$

式中，$g_1(\varphi)=R(\varphi)\tan\varphi$；$c$ 为土体黏聚力。

速度间断线 CE 的能量耗散功率微分为间断线上的微分长度 $R_0\mathrm{e}^{\theta\tan\varphi}\mathrm{d}\theta/\cos\varphi$ 与黏聚力 c 及间断线上的切向速度 $v_0\mathrm{e}^{\theta\tan\varphi}$ 的乘积，见图 3-14，通过对速度间断线 CE 整体积分可得：
$$E_{CE}=v_0H_1cg_2(\varphi) \tag{3-30}$$

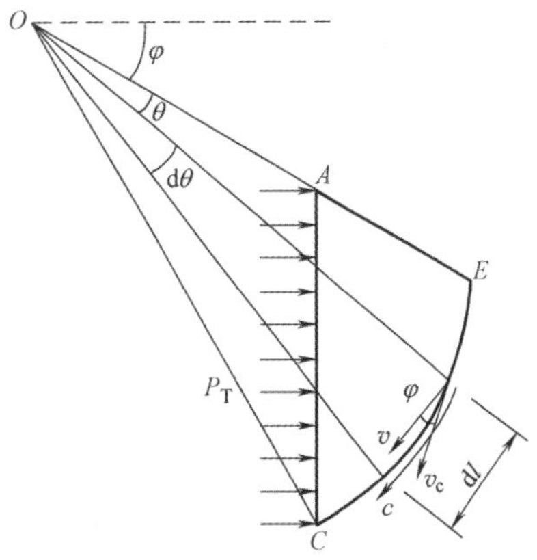

图 3-14 CE 能量耗散功率计算示意图

式中，$g_2(\varphi)=\cot\varphi(\mathrm{e}^{2\beta\tan\varphi}-1)/2\sin\beta\mathrm{e}^{\beta\tan\varphi}$。

3.1.2.6 极限支护力

外力功率为：
$$W=W_1+W_2+W_{ACE}+W_{P_\mathrm{T}}+W_{P_\mathrm{w}} \tag{3-31}$$

内部能量耗散功率为：
$$E=E_{BE}+E_{CE} \tag{3-32}$$

由外力功率等于内部能量耗散功率可以得到极限支护力上限解为：
$$P_\mathrm{T}=\sigma_v N_v+\gamma DN_\gamma+cN_c+P_\mathrm{w} \tag{3-33}$$

式中，N_v、N_γ 和 N_c 分别为垂直荷载影响系数、土体重度影响系数和黏聚力影响系数。

其中：

$$N_v = R(\varphi)/f_4(\varphi) \quad (3\text{-}34)$$

$$N_\gamma = H_1[f_1(\varphi)+f_2(\varphi)-f_3(\varphi)]/Df_4(\varphi) \quad (3\text{-}35)$$

$$N_c = -[g_1(\varphi)+g_2(\varphi)]/f_4(\varphi) \quad (3\text{-}36)$$

通过理论计算得到的垂直荷载影响系数 N_v、土体重度影响系数 N_γ 和黏聚力影响系数 N_c 均为内摩擦角 φ 的函数。为了方便工程运用，将上述计算公式简化为内摩擦角的拟合公式。取内摩擦角 $\varphi=5°$、$10°$、$15°$、$20°$、$25°$、$30°$、$35°$ 和 $40°$ 所对应的影响系数值进行拟合，结果见图 3-15 和图 3-16。

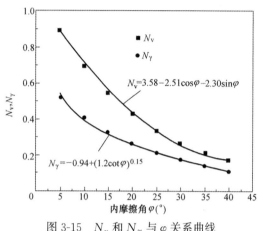

图 3-15 N_v 和 N_γ 与 φ 关系曲线

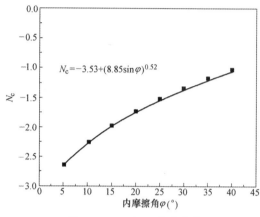

图 3-16 N_c 与 φ 关系曲线

从图 3-15 和图 3-16 可拟合得到垂直荷载影响系数 N_v、土体重度影响系数 N_γ、黏聚力影响系数 N_c 与内摩擦角 φ 的关系函数，如下所示：

$$N_v = 3.58 - 2.51\cos\varphi - 2.30\sin\varphi \quad (3\text{-}37)$$

$$N_\gamma = H_1[-0.94+(1.2\cot\varphi)^{0.15}]/D \quad (3\text{-}38)$$

$$N_c = -3.53+(8.85\sin\varphi)^{0.52} \quad (3\text{-}39)$$

3.1.3 土岩复合地层极限分析上限法的验证

3.1.3.1 均一地层

当 $H_1/D=1.0$ 或 $m=0$ 时，土岩复合地层掌子面就退化为均一地层掌子面。Chambon 和 Corte[18] 通过离心机施加不同的加速度，获得砂土地层在不同隧道埋深比下的掌子面失稳破坏形状，并绘制掌子面最大水平位移与支护力关系曲线，从而得到了掌子面未发生位移的临界支护力 P_c 和突然发生巨大位移的极限支护力 P_f。砂土地层的物理参数见表 3-2。

砂土物理参数　　　　　　　　表 3-2

土体	平均重度 γ (kN/m³)	内摩擦角 φ (°)	黏聚力 c (kPa)
砂土	15.3	35	0

通过将试验所得的破坏形状与上节所提出的破坏模式进行对比，见图 3-17，发现第 3.1.2 条假设的盾构掌子面主动失稳破坏模式与 Chambon 和 Corte 通过离心机试验所得到的

破坏形状一致。同时，随着隧道埋深比的增加，砂土土拱效应得到发挥，上部破坏区难以扩展至地表。因此将上部失稳破坏区退化为一个垂直均布荷载 σ_v 也具有一定的合理性。

通过分析离心机试验结果和上节理论计算结果，见图 3-18。当 $C/D=0.5$ 时，理论计算值大于试验结果，有更高的安全储备。当 $C/D \geqslant 1.0$ 时，理论计算值介于离心机所得极限支护力 P_f 和临界支护力 P_c 之间，符合支护力的建议取值。由于存在土拱效应，理论计算值受隧道埋深比的影响较小，与试验所得结论一致。

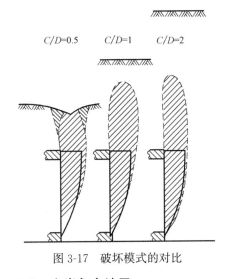

图 3-17 破坏模式的对比

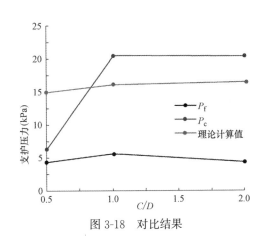

图 3-18 对比结果

3.1.3.2 土岩复合地层

以文献 [24] 的计算模型为算例进行计算对比。隧道开挖直径 D 为 6m，埋深 C 为 9m，H_1/D 为 0.50。上部土体为中粗砂，下部为硬岩，具体物理力学参数见表 3-3。

地层参数　　　　　　　　　　　　　　表 3-3

土层	重度 γ(kN/m³)	黏聚力 c(kPa)	φ(°)	层厚(m)
中粗砂	15.3	0	32	12
下硬岩层	18.5	200	26	9

陈强[24] 通过数值模拟方法发现失稳破坏发生于上部中粗砂层，下部硬岩可以保持自稳，并且建议垂直均布荷载 σ_v 采用全覆土理论计算。图 3-19 为第 3.1.2 条的理论计算结果和文献 [24] 的计算结果。

从图 3-19 中可以看出，极限平衡法和极限分析上限法计算结果均略大于数值模拟结果，极限分析上限法与数值模拟的结果误差更小，证明极限分析上限法适用于土岩复合地层。

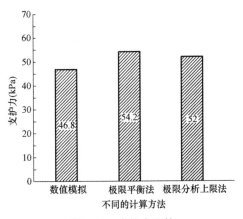

图 3-19 支护力比较

3.1.4 怀福区间掌子面支护力计算

两台双模式盾构机皆以土压平衡模式从怀德站始发，穿越约300m（210环）的软土地层、断层构造带和土岩复合地层，进入全断面硬岩地层。随后左、右线盾构分别于213环和217环进行了模式转换。怀福区间土压平衡施工始发段隧道地质剖面图见图3-20。各地层物理力学参数见表3-4。

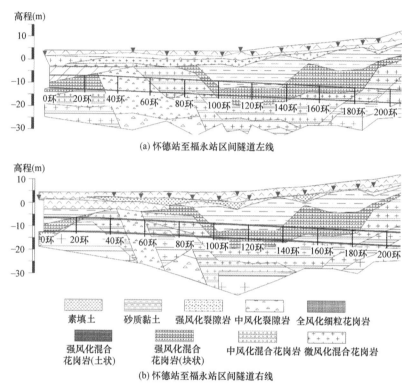

图 3-20 怀福区间土压平衡施工始发段隧道地质剖面图

区间隧道各地层物理力学参数建议值表　　　　表 3-4

岩土体名称	天然重度 γ (kN/m³)	天然含水量 w (%)	黏聚力 c (kPa)	内摩擦角 φ (°)	压缩模量 E_s (MPa)	弹性模量 E_0 (MPa)	泊松比 ν	静止侧压力系数 ξ	渗透系数 k (m/d)
素填土	17.8		5.0	18.0					0.5
填砂	19.0		0	30.0					10.0
填碎石	19.5		10.0	35.0					30.0
填块石	20.5		15.0	42.0					75.0
含有机质砂	18.5		5.0	18.0	8.0		0.32	0.47	2.0
粉质黏土	18.8	30.0	20.0	12.5	4.0	10.0	0.30	0.43	0.002
粉土	18.5	28.0	10.0	20.5		10.0	0.30	0.43	0.5
粗砂	20.0		0	32.0		25.0	0.30	0.43	15.0
粉质黏土	18.8	25.0	25.0	14.5	5.0	12.0	0.30	0.43	0.002

续表

岩土体名称	天然重度 γ (kN/m³)	天然含水量 w (%)	黏聚力 c (kPa)	内摩擦角 φ (°)	压缩模量 E_s (MPa)	弹性模量 E_0 (MPa)	泊松比 ν	静止侧压力系数 ξ	渗透系数 k (m/d)
粉土	18.8	25.0	15.0	22.5		12.0	0.30	0.43	0.5
粗砂	20.0		0	35.0		30.0	0.28	0.39	20.0
黏土	19.5	30.0	30.0	13.5	5.0	15.0	0.32	0.47	0.001
粉质黏土	18.5	25.0	25.0	15.0	5.5	15.0	0.32	0.47	0.002
含砂粉质黏土	18.5	22.5	40.0	23.5	10.0	35.0	0.28	0.39	0.05
可塑状砂质黏性土	18.2	31.5	22.5	20.5	7.5	20.0	0.32	0.45	0.05
硬塑状砂质黏性土	18.4	29.5	27.5	22.5	9.0	30.0	0.30	0.41	0.1
全风化混合花岗岩	19.0	24.5	30.0	24.5	15	70	0.26	0.35	0.2
强风化混合花岗岩(土状)	19.5	21.5	35.0	28.5	20	120	0.25	0.33	1.5
强风化混合花岗岩(块状)	22.5	6.50	150	36.0		300	0.28	0.33	3.5
强风化碎裂岩(块状)	22.0	8.50	80.0	35.0		250	0.24	0.32	15.0
全风化细粒花岗岩	19.0	24.5	30.0	27.5	20	90	0.26	0.35	0.5
强风化细粒花岗岩(土状)	20.5	21.5	40.0	30.0	25	150	0.25	0.33	1.5
强风化细粒花岗岩(块状)	22.5	6.50	150	38.0		350	0.24	0.32	6.5

基于第 3.1.2 条推导的极限分析上限法理论模型对土压平衡始发段施工掌子面土压力进行了计算。由于区间隧道埋深差异大，分别采用全覆土理论和太沙基松动土压力理论，对土压平衡模式开挖时掌子面土压力进行计算，计算结果见图 3-21。

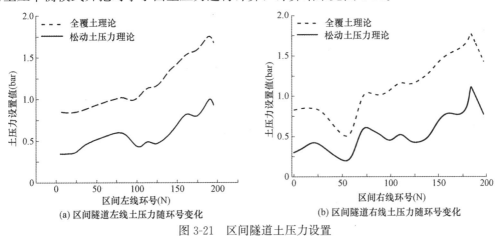

图 3-21 区间隧道土压力设置

结合区间隧道地质剖面图可知，随着掘进环号增加，隧道埋深逐渐增大，隧道顶部覆土高度及水头高度逐渐增加，土仓压力需不断加大以维持掌子面稳定性。土压力波动主要与地层性质有关，包括黏聚力、内摩擦角、渗透性系数等。盾构掘进至大约 180 环后进入土岩复合地层。随着掌子面土体占比的降低，掌子面土压力可逐渐降低，需要加快螺旋输土器转速以降低渣土压力。

图 3-22 给出了盾构在土岩复合地层中实际掘进过程中土压力值和本书计算值的比较。随着掘进环数的增加，掌子面土体占比逐渐减小，理论计算值呈现出线性递减的趋势。理论计算值位于上部和下部土压力测量值之间，并且中部土压力测量值围绕理论计算值上下波动。土压力实际平均值大于理论计算结果，盾构掘进过程平稳，地表未发生较大的沉降。

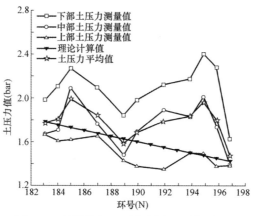

图 3-22　计算值与土压力实际监测值对比图

3.2　渣土改良试验与优化添加剂配比

土压平衡盾构施工时，依靠刀盘旋转切削前方土体，切削产生的渣土通过刀盘开口到达土压仓，并利用土压仓内的渣土产生的土压力来平衡掌子面前方的水土压力。为产生连续、均匀、稳定的土压力，降低刀盘和刀具磨损，避免螺机喷涌，要求渣土具有良好的流塑性、保水性、较低的摩擦系数和渗透系数等[25]。

施工中注入一定量的改良剂对渣土进行改良。目前用于土体改良的改良剂主要有三种类型：（1）表面活性材料，如气泡剂等；（2）矿物类材料，如膨润土等；（3）高分子材料及聚合物。不同的改良剂具有不同的改良效果，具体的选择主要取决于隧道掌子面的地质条件。

Psomas[26]设计了一套发泡装置，通过室内试验发现影响泡沫质量的主要因素是发泡液性能和气泡中的气液比。郭涛[27]设计了一套室内发泡装置，并且提出用发泡倍率和气泡稳定性来评价气泡性能。姜厚停等[28]研发了一套发泡装置，综合对比分析了发泡液浓度、液体流量、气体流量、液体压强、气体压强等因素对泡沫性能的影响，最后通过试验发现发泡液浓度和液体流量对泡沫性能的影响最大。贺斯建[29]研究了膨润土泥浆黏度随时间的变化规律，总结得出膨润土的最佳膨化时间。宁士亮[30]结合现场施工对膨润土、泡沫和高分子聚合物的应用进行了总结。董金玉等[31]对比研究了钠基和钙基膨润土的黏度性能，并提出最佳的膨化时间。

除了对改良剂性能的研究外，许多学者结合室内试验和现场试验对改良剂的渣土改良效果进行深入研究。对于均一土层，杨洪希等[32]针对粉质黏质易出现"结泥饼"的问题，采用泡沫进行改良，通过对室内试验和现场掘进试验的数据分析，发现粉质黏质地层采用泡沫改良可以达到很好的改良效果。刘飞等[33]针对富水砂砾地层进行渣土改良的试验研究，通过对试验段内每环渣土进行坍落度试验和对掘进参数进行分析发现，坍落度达到 50～100mm 就可满足施工要求。姜厚停等[34]针对卵石地层进行了室内试验得到了最佳的添加剂配比，随后对取样点的卵石地层进行了掘进试验取得了良好的试验结果，得到卵石地层渣土的最佳坍落度范围在 150～200mm 之间。针对砂-黏复合地层，龚秋明等[35]

形成了一整套添加剂的改良方案。加武荣[36]采用室内试验结合现场检测统计的方法,发现土岩复合地层中每环泡沫剂用量最多。

3.2.1 渣土改良试验方案

土压平衡模式下盾构开挖地层可分为软土地层与土岩复合地层两种。软土地层以强风化—全风化混合花岗岩地层为主,地层含泥量较高,开挖过程中易造成刀盘结泥饼。土压复合地层为强风化—中风化混合花岗岩,随着掌子面土体占比的降低,滚刀破碎岩体占比增高,渣土中岩渣体积增大,对出渣顺畅及掌子面稳定是较大的考验。为提高渣土的流塑性,降低刀盘系统的磨损,需要对两类地层进行渣土改良试验,以确定最优的添加剂注入比。渣土改良试验流程见图3-23。

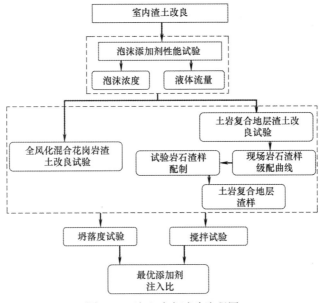

图3-23 渣土改良试验流程图

具体试验方案如下:
(1) 于怀德站基坑取全风化混合花岗岩土样,盾构掘进硬岩地层时取岩渣试样。
(2) 进行泡沫添加剂性能试验,确定土样的最优含水率 w 和泡沫注入参数。
(3) 对全风化混合花岗岩土样进行渣土改良试验,包括坍落度试验和搅拌试验,确定最优添加剂注入比。
(4) 对岩渣进行筛分试验以获取岩渣级配曲线,以室内滚刀破岩试验收集的岩渣为原料,配制相似的岩渣级配曲线。
(5) 按照掌子面土岩占比,将所配岩渣按比例掺入土样,配置土岩复合地层渣样。
(6) 进行土岩复合地层的渣土改良试验研究,确定最优添加剂注入比。

3.2.2 泡沫性能试验

泡沫添加剂主要包含表面活性剂、稳定剂和强化剂等成分,其中表面活性剂起主要作用。在添加极少泡沫添加剂情况下就能起到降低溶剂表面张力、增加流动性、增强扩散能力等效果。工程应用时将泡沫原液和水进行混合,形成泡沫剂混合液,加入压缩空气经泡沫发生装置即可产生泡沫。

泡沫性能的好坏主要体现在稳定性和发泡倍率两方面。衡量稳定性的重要指标是半衰期。其中半衰期和发泡倍率分别是指泡沫衰变破灭到一半质量所需时间和单位体积的泡沫剂混合液产生的泡沫体积。发泡倍率计算公式如下:

$$n = V/m \tag{3-40}$$

式中,n 为发泡倍率;V 为溶剂体积(mL),本书取 1500mL;m 为泡沫质量(g)。

本试验使用由龚秋明等[37]研制的室内发泡装置进行泡沫的制备,见图 3-24。

 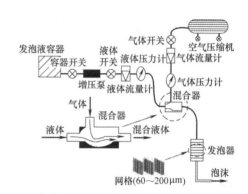

图 3-24 室内发泡装置[37]

半衰期试验装置由衰落筒、三脚架、电子秤、量筒组成。采用以上试验装置对在施工现场取得的泡沫剂进行性能试验,研究泡沫混合液浓度(以下简称泡沫浓度)、气体流量、液体流量、气体压强等因素对泡沫性能的影响。具体试验步骤如下:

(1)用量筒量取水和发泡原液,配制试验浓度的泡沫剂混合液,并搅拌均匀;打开空气压缩机,使气体压强达到 8bar。润湿衰落筒并称量其质量。

(2)打开液体开关及液体增压泵,待发泡器中有溶液流出后打开气体开关,并根据试验需求的气(液)流量、气体压强大小调整开关。

(3)待发泡器中产生稳定的泡沫后,把产生的泡沫注入衰落筒中,待泡沫注满后迅速放置到电子秤上,称取其质量后放置到三脚架上,并打开秒表记录量筒中溶液增加至衰落筒中泡沫质量的一半所需要的时间。

(4)整理数据,计算得到半衰期和发泡倍率,每次试验进行三组平行试验,试验结果取其平均值。

(5)清洗仪器备用。

已有的试验研究表明,发泡液浓度和液体流量对泡沫性能影响最大,而其他因素,如气体流量等则影响较小[28]。后续泡沫性能试验中仅针对泡沫浓度及液体流量进行试验研究,其他参数参考文献[28]。

3.2.2.1 泡沫浓度对泡沫性能的影响

通过改变泡沫浓度,研究泡沫浓度对泡沫性能的影响,试验方案见表 3-5。其他参数控制为:气体流量为 20L/min、气体压强为 0.4MPa、液体流量为 100mL/min、液体压强为 0.12MPa。

泡沫浓度试验方案 表 3-5

编号	泡沫浓度 （%）	气体流量 （L/min）	液体流量 （mL/min）	气体压强 （MPa）	液体压强 （MPa）	半衰期 （min）	发泡 倍率
1	1	20	100	0.4	0.12	4.09	17.52
2	2	20	100	0.4	0.12	6.32	27.42
3	3	20	100	0.4	0.12	8.14	34.25
4	4	20	100	0.4	0.12	8.73	36.14
5	5	20	100	0.4	0.12	9.83	37.00
6	6	20	100	0.4	0.12	11.04	46.58

泡沫浓度与半衰期和发泡倍率关系曲线见图 3-25 和图 3-26。半衰期和发泡倍率均随着泡沫浓度的增长而增加。当泡沫浓度小于 3% 时，随着泡沫浓度的增长，半衰期和发泡倍率增长较为迅速。而当浓度大于 3% 小于 6% 时，随着泡沫浓度的增长，发泡倍率增长较为平缓。综上分析，选取泡沫浓度 3% 为最佳发泡浓度，此时的半衰期满足大于 6min，发泡倍率大于 20 倍的施工要求[28]，并且可以节约泡沫原液。

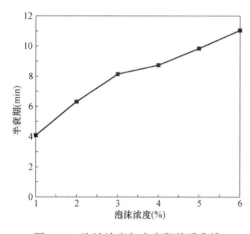

图 3-25　泡沫浓度与半衰期关系曲线

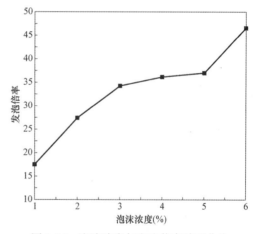

图 3-26　泡沫浓度与发泡倍率关系曲线

3.2.2.2　液体流量对泡沫性能的影响

通过改变液体流量大小，研究液体流量对泡沫性能的影响，试验方案见表 3-6。控制泡沫浓度为 3%、气体流量为 20L/min、气体压强为 0.4MPa、液体压强为 0.12MPa、液体流量在 100~500mL/min 范围内进行变化。

液体流量试验方案 表 3-6

编号	泡沫浓度 （%）	气体流量 （L/min）	气体压强 （MPa）	液体流量 （mL/min）	液体压强 （MPa）	半衰期 （min）	发泡 倍率
1	3	20	0.4	100	0.12	8.14	34.25
2	3	20	0.4	200	0.12	6.06	24.64
3	3	20	0.4	300	0.12	5.32	18.05
4	3	20	0.4	400	0.12	5.02	15.46
5	3	20	0.4	500	0.12	4.82	14.56

液体流量与半衰期和发泡倍率关系曲线见图 3-27 和图 3-28。在试验范围内，半衰期随着液体流量的增加呈现出先快速降低后逐渐平稳的趋势，发泡倍率与液体流量之间也有相同的规律。当液体流量达到 200mL/min 时，半衰期为 6.06min，接近盾构施工的最低要求 6min。建议，选取液体流量为 100mL/min 以保证制得的泡沫满足施工要求。

综上所述，室内制备泡沫的最佳方案为泡沫浓度 3%、液体流量 100mL/min。

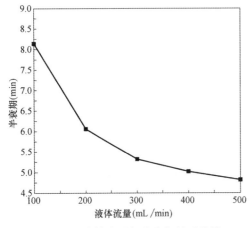

图 3-27 液体流量与半衰期关系曲线

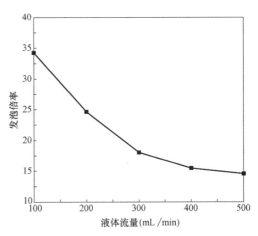

图 3-28 液体流量与发泡倍率关系曲线

3.2.3 全风化混合花岗岩渣土改良试验

3.2.3.1 坍落度试验

坍落度试验由于其设备简单、操作方便、试验过程短等优点被广泛应用于室内和现场试验中。设计不同的改良方案进行土体的坍落度试验，研究不同的含水率及泡沫注入对深圳全风化混合花岗岩坍落度的影响，分析评价不同改良方案下的土体的流塑性及黏聚性。

坍落度试验仪器主要包括：坍落度桶、标尺、振捣棒、电子秤、量筒等。坍落度桶为标准坍落度桶。每次试验时取 8L 风干后的全风化混合花岗岩，质量为 10~11kg，含水率 w 接近为 0。按照试验需求分别加入水和泡沫，搅拌均匀后对改良土体进行坍落度试验。试验时按照坍落度试验标准方法进行，土样按高度均匀分三层装入，每层装入后均匀振捣 25 次，每次振捣要保证贯穿本层土样。顶层振捣完毕后，刮去多余土样并用抹刀抹平，测量桶高和坍落后土样顶点间距离即为土样坍落值。为了避免误差，进行三组平行试验，取平均值作为最终试验值。

1）试验地层土样参数

深圳全风化混合花岗岩的级配曲线见图 3-29。测得土样 $d_{10}=0.63$mm、$d_{30}=1.25$mm、$d_{60}=5$mm，计算得到不均匀系数 $C_u=7.94$，大于 5，曲率系数 $C_c=0.50$，小于 1.0，为级配不良的均匀土。

采用《土工试验方法标准》GB/T 50123—1999 测得圆锥插入深度 2mm、10mm 和 17mm 所对应的含水率 w 分别为 24.1%、28.9% 和 33.2%。全风化混合花岗岩的物理参数见表 3-7。

全风化混合花岗岩物理参数　　　　　　　　　　表 3-7

土样	重度 γ (kN/m^3)	内摩擦 φ (°)	黏聚力 c (kPa)	泊松比 ν	渗透系数 k (m/d)	塑限 w_P (%)	液限 w_L (%)
全风化混合花岗岩	19.0	24.5	30	0.26	0.2	24.1	28.9

2）不同含水率下全风化混合花岗岩坍落度试验

为研究含水率对全风化混合花岗岩流塑性的影响，配制不同含水率的全风化混合花岗岩并进行坍落度试验，试验结果见表 3-8。

含水率和坍落度关系曲线见图 3-30。通过分析可以发现全风化混合花岗岩的坍落度随含水率增加可分为 4 个阶段：（1）当含水率在 4%~12% 时，土体较为松散，未形成整体的黏聚，坍落度随含水率的增大变化不太明显且坍落均从中间向两边扩散；（2）当含水率在 14%~18% 时，土体黏聚成"豆子"状，虽然黏聚性得到了提高，但是未形成整体的黏聚，此时土体的黏聚性依然较差。当含水率达到 18% 时，坍落度降低至 0；（3）当含水率在 20%~24% 时，土体的黏聚性随着含水率的增加而较为明显的增加，但是此时土体的坍落度依然为 0，土体逐渐黏结成大块，整体黏聚性得到提高，但是表面存在孔洞；（4）当含水率在 25%~35% 时，坍落度随着含水率的增加而增大。当含水率达到 28% 时，坍落度快速地升高，流动性得到明显的提高，但随着含水率的增加伴随有析水现象，土样坍落不成形等问题。

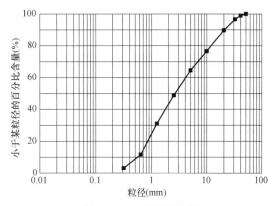

图 3-29　土样级配曲线

不同含水率下的全风化混合花岗岩坍落度试验　　　　　　　　　　表 3-8

试验编号	含水率(%)	坍落度(mm)	试验编号	含水率(%)	坍落度(mm)
1	4	120	11	22	0
2	6	70	12	23	0
3	8	80	13	24	0
4	10	80	14	25	33
5	12	55	15	26	60
6	14	90	16	28	118
7	16	90	17	30	200
8	18	0	18	33	220
9	20	0	19	35	230
10	21	0			

通过该试验发现，不同含水率下的全风化混合花岗岩流塑性差异大。在一定范围内，随着含水率的增加，土样流动性和黏聚性都得到了一定的提升。但当含水率较低时，土体的流动性对于含水率的变化不是很敏感。原因在于全风化混合花岗岩的吸水能力较强，保

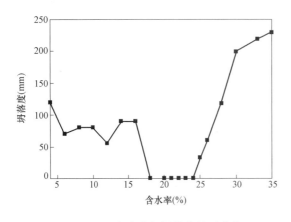

图 3-30 含水率与坍落度关系曲线

水性好。但当含水率过高时，随着含水率的增加土样也会出现析水、土样坍落不成形，所以只加入水不能使土样达到理想的改良效果。不同含水率下全风化混合花岗岩坍落度的部分照片见图 3-31。

3）泡沫改良全风化混合花岗岩坍落度试验研究

根据含水率与坍落度试验结果选择 5 组不同的含水率进行泡沫改良试验，具体试验方案见表 3-9。泡沫注入比 FIR 计算见下式：

图 3-31 不同含水率下全风化混合花岗岩坍落度照片

$$FIR = \frac{V_p}{V} \times 100\% \tag{3-41}$$

式中，V_p 为泡沫的体积；V 为渣土的体积。

泡沫改良全风化混合花岗岩坍落度试验方案　　　　表 3-9

试验编号	含水率（%）	泡沫注入比（%）	坍落度（mm）	试验编号	含水率（%）	泡沫注入比（%）	坍落度（mm）
1	18	10	0	45	26	50	72
2	18	20	20	46	26	60	75
3	18	30	30	47	26	70	80
4	18	40	40	48	26	80	93
5	18	50	35	49	26	90	100
6	18	60	0	50	26	100	115
7	18	70	0	51	26	110	123
8	18	80	0	52	26	120	135
9	18	90	0	53	26	130	140
10	18	100	0	54	26	140	143
11	18	110	0	55	26	150	152
12	18	120	0	56	28	0	118
13	18	130	0	57	28	10	125
14	18	140	0	58	28	20	150
15	18	150	0	59	28	30	158
16	18	160	0	60	28	40	160
17	18	170	0	61	28	50	163
18	18	180	0	62	28	60	173
19	18	190	0	63	28	70	185
20	18	200	0	64	28	80	192
21	18	210	0	65	28	90	185
22	18	220	0	66	28	100	190
23	18	230	0	67	28	110	204
24	18	240	0	68	28	120	208
25	22	0	0	69	28	130	205
26	22	10	0	70	28	140	203
27	22	20	0	71	28	150	210
28	22	30	0	72	30	0	200
29	22	40	0	73	30	10	205
30	22	50	0	74	30	20	218
31	22	60	0	75	30	30	230
32	22	70	10	76	30	40	232
33	22	80	0	77	30	50	228
34	22	90	0	78	30	60	232
35	22	100	0	79	30	70	235
36	22	110	0	80	30	80	238
37	22	120	0	81	30	90	240
38	22	130	0	82	30	100	245
39	22	140	0	83	30	110	245
40	26	0	50	84	30	120	239
41	26	10	50	85	30	130	240
42	26	20	55	86	30	140	243
43	26	30	55	87	30	150	245
44	26	40	63				

不同泡沫注入比下土样坍落度试验结果见图 3-32，部分泡沫改良后的土样照片见图 3-33。当含水率较低时，如含水率为 18％和 22％时，随着泡沫注入比的增加，土样坍落度基本为 0。这是因为全风化混合花岗岩吸水性较好，当土样含水率较低时，注入的泡沫基本破灭，泡沫对其改良的效果较差。当含水率为 26％和 28％时，随着泡沫注入比的增大，土样坍落度增长迅速，流动性得到明显的提高。当含水率增加至 30％后，泡沫的注入对于土体坍落度影响较小，但是土样的流动性会得到明显的提升，同时也存在土样由于含水量过大使得泡沫混合土样流动性过大的问题。

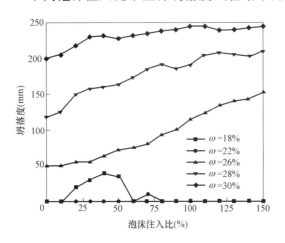

图 3-32　泡沫注入比与坍落度关系曲线

总体上来说，对于深圳全风化混合花岗岩，当坍落度值为 100～220mm 时，土样流动性较好，坍落度试验后土体形状规则，较稳定，无明显析水现象，满足盾构施工对土体流动性的要求。由于全风化混合花岗岩吸水性较好，含水率较低时，泡沫难以长时间稳定存在。渣土改良中需保持较高的含水率，注入泡沫才有效果。

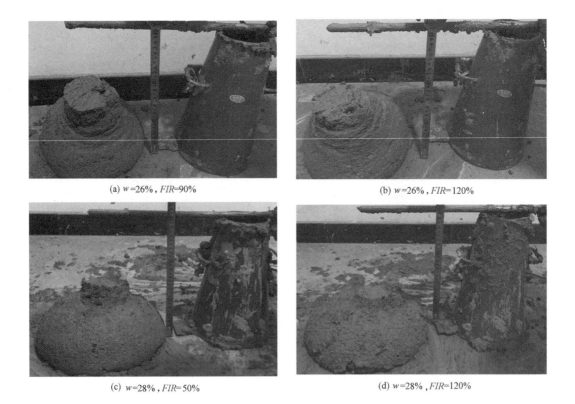

(a) $w=26\%$, $FIR=90\%$　　　　(b) $w=26\%$, $FIR=120\%$

(c) $w=28\%$, $FIR=50\%$　　　　(d) $w=28\%$, $FIR=120\%$

图 3-33　不同含水率和泡沫注入比下的坍落度照片（一）

(e) $w=30\%$, $FIR=30\%$ (f) $w=30\%$, $FIR=60\%$

图 3-33　不同含水率和泡沫注入比下的坍落度照片（二）

3.2.3.2　搅拌试验

土压平衡盾构掘进时刀盘旋转切削掌子面前方土体，同时利用刀盘后的搅拌棒搅拌土压仓内的土体，随后通过螺旋输土器排出。搅拌试验利用搅拌装置模拟刀盘对土体的搅拌过程，通过测量计算得到搅拌扭矩的大小和波动情况，再次评价渣土改良的效果。本节通过搅拌试验研究不同泡沫注入比对改良土体搅拌性能的影响规律，并在渣土改良流塑性试验的基础上进一步优化改良方案。

1）试验设备和试验方案

本试验使用由龚秋明等[38]研制的室内搅拌装置进行不同改良方案下的土体搅拌试验，见图 3-34。试验时，调节电动机变速器，设定转速，并记录空转电流 I_0，然后停机，加入改良后的渣土。试验时，待搅拌稳定后再记录搅拌电流 I，并保证稳定搅拌时间至少为 90s，使得试验结果能够较为准确地反映渣土改良的效果。

 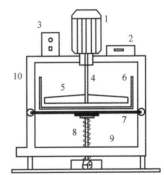

1—电动机；2—电流表；3—电动机变速器；4—传动轴；5—搅拌叶片；
6—搅拌桶；7—底座；8—升降架；9—底座轨道；10—支架

图 3-34　搅拌装置[38]

通过记录的转速 w，空转电流 I_0 和试验电流 I 可换算得到扭矩 T，具体计算过程如下所示：

（1）首先求得搅拌过程中土样所消耗的搅拌功率，计算公式如下：

$$P=U(I-I_0) \tag{3-42}$$

式中，U 为电动机的电压，本试验为 220V。

（2）由于搅拌时搅拌叶片转速 ω 是一定的，则土样的搅拌扭矩如下所示：

$$T = 9.5 P / \omega \tag{3-43}$$

式中，ω 为搅拌机转速。

通过坍落度试验结果，选取合理的坍落度下的改良方案进行搅拌试验，研究不同改良方案对全风化混合花岗岩搅拌扭矩的影响，具体试验方案见表 3-10。根据每种改良方案下的搅拌扭矩大小和搅拌过程中扭矩的波动情况对不同的改良方案进行评价，进一步优化改良方案。

搅拌试验方案   表 3-10

试验编号	含水率(%)	泡沫注入比(%)	试验编号	含水率(%)	泡沫注入比(%)
1	26	90	20	28	130
2	26	100	21	28	140
3	26	110	22	28	150
4	26	120	23	30	0
5	26	130	24	30	10
6	26	140	25	30	20
7	28	0	26	30	30
8	28	10	27	30	40
9	28	20	28	30	50
10	28	30	29	30	60
11	28	40	30	30	70
12	28	50	31	30	80
13	28	60	32	30	90
14	28	70	33	30	100
15	28	80	34	30	110
16	28	90	35	30	120
17	28	100	36	30	130
18	28	110	37	30	140
19	28	120	38	30	150

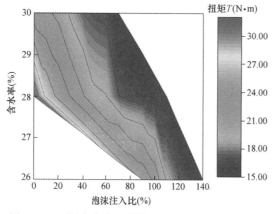

图 3-35 不同含水率下搅拌扭矩与泡沫注入比关系

2）搅拌试验结果分析

图 3-35 反映含水率及泡沫注入比对搅拌扭矩的影响，随着泡沫注入比的增加，搅拌扭矩皆呈现减小的趋势。相同泡沫注入比下，含水率越高，搅拌扭矩越小。即泡沫注入比和含水率的增加皆可有效降低转动所需能量。

搅拌过程中扭矩波动大，说明搅拌棒转动不顺畅，渣土改良效果差，盾构施工中容易增加刀具磨损。图 3-36～图 3-39 为搅拌扭矩随时间变化曲线。由

图3-36可知，泡沫注入比大于120%时，扭矩较为平稳，上下波动较小。随着时间的增长，扭矩逐渐降低，并且逐步趋于平稳。考虑到扭矩的大小、波动情况和经济原因，当含水率为26%时，泡沫注入比在120%~140%之间比较合理。

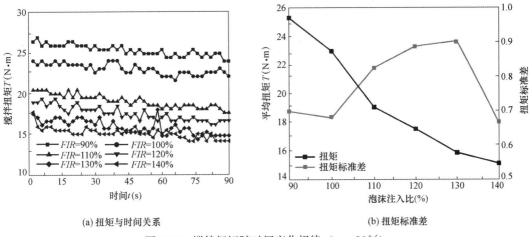

图3-36 搅拌扭矩随时间变化规律（$w=26\%$）

由图3-37可知，当泡沫注入比为70%时，扭矩与其波动皆较大；当泡沫注入比为80%时，扭矩较小，且波动平稳。之后随着泡沫注入比的增加，扭矩降低较少。当含水率为28%时，泡沫注入比在80%~100%之间较合理。

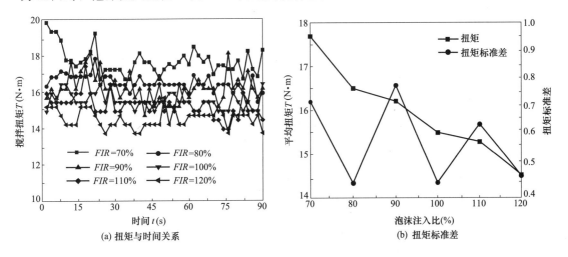

图3-37 搅拌扭矩随时间变化规律（$w=28\%$）

由图3-38可知，当含水率为30%时，泡沫注入比为60%和70%较为合理。

当含水率分别为28%和30%时，合理的泡沫注入比下，搅拌扭矩与时间的关系曲线见图3-39。从图3-39中可见，这几种改良方案的搅拌扭矩在14.5~18.0N·m之间波动。其中含水率为28%，泡沫注入比为80%时，扭矩较小的同时波动也较小。含水率为30%，泡沫注入比为60%和70%时，虽然扭矩较小但是波动较大。

综上所述，全风化混合花岗岩的最佳改良方案为含水率28%，泡沫注入比80%，此

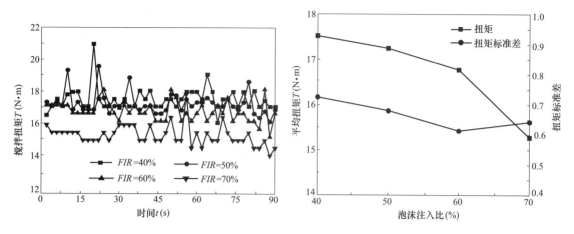

图 3-38 搅拌扭矩随时间变化规律（$w=30\%$）

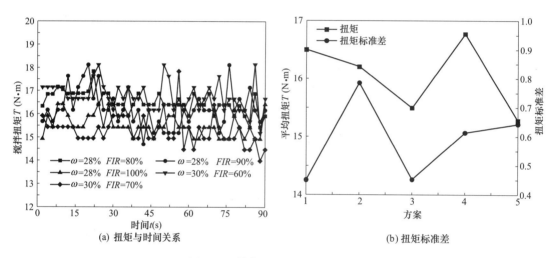

图 3-39 搅拌扭矩随时间变化曲线

时的坍落度为 190mm，流动性好，扭矩低且平稳，改良后的理想状态见图 3-40。

图 3-40 全风化混合花岗岩的理想状态

3.2.4 土岩复合地层渣土改良

3.2.4.1 试验岩渣的配制

盾构掘进全断面硬岩地层过程中，在不同区间段进行了多次岩渣收集工作，每次收集岩渣量 20～30kg，并进行筛分试验，其筛分试验结果见图 3-41。

(a) 破岩岩渣　　　　　　　　　(b) 岩渣筛分曲线

图 3-41　岩渣筛分试验结果

从图 3-41 中可以发现，岩渣砂粒占比较高，碎石占比较低。为了方便计算土岩复合地层中不同土体占比下岩渣的体积和质量，参考文献 [7] 的方法，引入土岩复合角 θ（$0 \leqslant \theta \leqslant 2\pi$）的概念，见图 3-42。图 3-42 中 H_1 为掌子面土体的高度，H_2 为掌子面岩石的高度，D 为隧道开挖直径。掌子面土体占比 λ 可表示为 H_1/D。

掌子面土体占比 λ 与土岩复合角 θ 之间的关系如下：

$$\theta = 2\arccos(1-2\lambda) \quad (3-44)$$

掌子面岩石体积 V_2 与土体体积 V_1 之比为：

$$\frac{V_2}{V_1} = \frac{2\pi - \theta + \sin\theta}{\theta - \sin\theta} \quad (3-45)$$

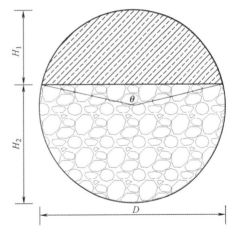

图 3-42　土岩复合地层掌子面示意图

试验时控制试样体积为 8L，土样和岩渣的体积 V_1 和 V_2 分别为：

$$V_1 = \frac{4}{\pi}(\theta - \sin\theta) \quad (3-46)$$

$$V_2 = \frac{4}{\pi}(2\pi - \theta + \sin\theta) \quad (3-47)$$

3.2.4.2 坍落度试验

不同含水率、掌子面土体占比下坍落度随泡沫注入比关系见图 3-43。

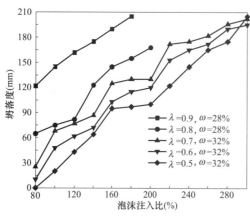

图 3-43 坍落度与泡沫注入比关系曲线

从图 3-43 中可以发现，随着掌子面土体占比的增加，曲线逐渐向上移动，特别是 $\lambda=0.9$ 的坍落度明显高于其他条件。当掌子面土体占比降低时，滚刀破碎岩体体积增加，岩渣增多，导致其流动性降低。此外，岩渣在渣土中起骨架作用，增加了渣土整体的稳定性。

在相同土体占比条件下，坍落度随着泡沫注入比的增加而增加。当 $\lambda=0.9$ 时，坍落度随泡沫注入比的增加几乎呈现出线性增长的趋势。当 $\lambda<0.9$ 时，泡沫注入比增加至 $160\%\sim200\%$ 时，坍落度随着泡沫注入比的增加几乎保持不变，此时渣土流动性低，渣土改良效果差。当泡沫注入比达到 200% 后，坍落度快速增加，此时渣土流动性才得到明显升高。土岩复合地层渣土改良后的理想坍落度在 $100\sim200\mathrm{mm}$ 之间，改良后的部分土体照片见图 3-44。

(a) $\lambda=0.9$, $w=28\%$, $FIR=120\%$

(b) $\lambda=0.9$, $w=28\%$, $FIR=180\%$

(c) $\lambda=0.8$, $w=28\%$, $FIR=100\%$

(d) $\lambda=0.8$, $w=28\%$, $FIR=160\%$

图 3-44 改良后土体照片（一）

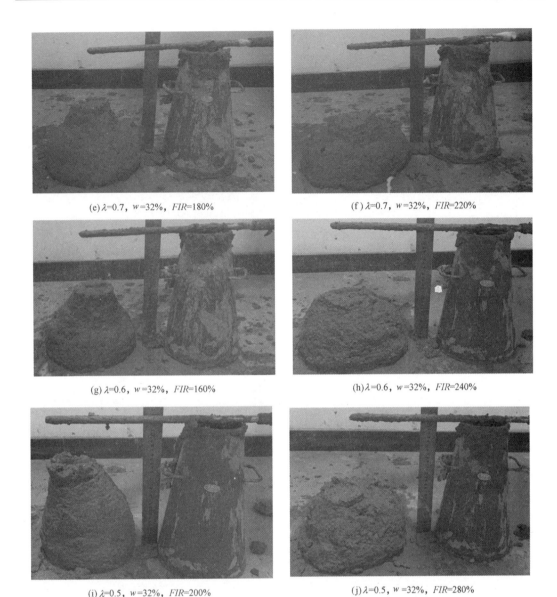

图 3-44 改良后土体照片（二）

3.2.4.3 搅拌试验结果分析

图 3-45 为不同掌子面土体占比下的搅拌扭矩与泡沫注入比的关系。随着泡沫注入比的增大，搅拌扭矩随之降低。当 $\lambda=0.9$ 时，随着泡沫注入比的增加，搅拌扭矩几乎为线性降低。当 $\lambda<0.9$ 时，存在临界泡沫注入比，随着泡沫注入比的增加，搅拌扭矩先迅速降低，泡沫注入比达到临界值后，搅拌扭矩缓慢降低，后逐渐保持不变。如 $\lambda=0.8$ 和 $\lambda=0.7$ 时，临界泡沫注入比分别为 180% 和 220%，对应的搅拌扭矩分别为 20.05N·m 和 17.9N·m。

当 $\lambda=0.9$ 时，泡沫注入比在 120%～180% 之间时，搅拌扭矩均很小。分析搅拌扭矩随时间的变化规律，见图 3-46，可以发现，当泡沫注入比为 120% 和 180% 时，搅拌扭矩随时间的变化均很小,扭矩较平稳。因此,在节约施工成本的前提下,$\lambda=0.9$ 时的最优泡沫注入比为 120%。

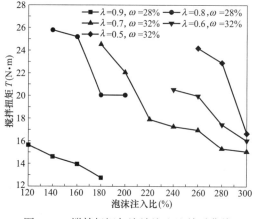

图 3-45 搅拌扭矩与泡沫注入比关系曲线

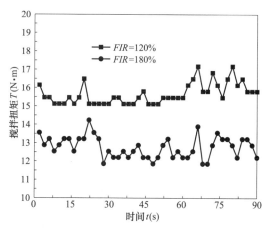

图 3-46 搅拌扭矩随时间变化规律（$\lambda=0.9$）

当 $\lambda=0.8$、0.7、0.6 和 0.5 时,临界泡沫注入比下的搅拌扭矩随时间变化规律见图 3-47。可以发现,随着土体占比的下降,渣土中岩渣比上升,搅拌叶片撞击到岩渣的

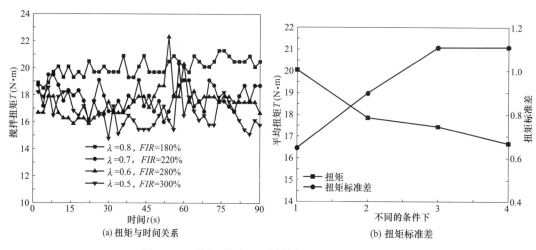

图 3-47 不同土体占比下搅拌扭矩随时间变化规律

图 3-48 改良后的理想状态（$\lambda=0.5$）

概率上升,搅拌扭矩的波动幅度会明显增加,但总体上还是维持在较低的水平。因此,此时的临界泡沫注入比即为最优泡沫注入比。

综上所述,当掌子面土体占比 λ 为 1.0、0.9、0.8、0.7、0.6 和 0.5 时的最优泡沫注入比分别为 80%、120%、180%、220%、280% 和 300%。改良后土体的理想状态见图 3-48。

3.3 渣土改良现场掘进试验与跟踪研究

本节以怀福区间右线土岩复合地层段（183～198环）为例进行分析。该段隧道地质条件和室内试验条件相同。随着环号的增加，掌子面土体占比均匀下降。怀福区间施工时选择注入泡沫和水对土体进行改良。通过采集到的数据，可以计算出施工时使用的发泡液浓度约为3%。实际工程中泡沫剂的发泡倍率是在盾构压力仓的有压状态下测出的，与大气压下测得的发泡倍率不相同。根据热力学定律，大气压下的发泡倍率与特定气压下的发泡倍率有如下转换关系：

$$(EFR_a-1)P_a=(FER-1)P \qquad (3-48)$$

式中，FER_a 为大气压下的发泡倍率；P_a 为大气压；FER 为特定大气压下的发泡倍率；P 为特定的大气压。

计算得到现场施工与室内试验的泡沫注入比对比见图 3-49。随着掌子面土体占比的降低，现场施工的泡沫注入比和试验所得的泡沫注入比都呈现出线性增长的趋势。但是试验所得结果的斜率大于施工现场。室内试验中，掌子面土体占比每降低10%，泡沫注入比增加50%左右，而现场施工中增加的泡沫注入比较低。

图 3-50 反映盾构扭矩随掌子面土体占比的变化关系。当掌子面土体占比为 1.0 时，泡沫注入比为98%，大于室内试验的80%，刀盘扭矩较低，仅为1024.61kN·m。当 $\lambda=0.93$ 时，对应的环号为 184 环，泡沫注入比达到了 135%，扭矩降低至 804.25kN·m。但是，当掘进至 185 环和 186 环时，对应的 λ 分别为 0.87 和 0.80，泡沫注入比仅为71%和94%。相较于184环，泡沫注入比不升反降，造成扭矩的快速上升，达到了 2296.66kN·m。相比于 183 环，扭矩增加了近 125%。在 187 环后，随着泡沫注入比较为稳定的增长，扭矩的变化幅度明显降低。

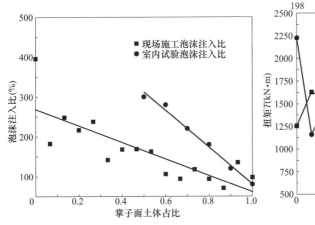

图 3-49 现场施工与室内试验泡沫注入比对比图

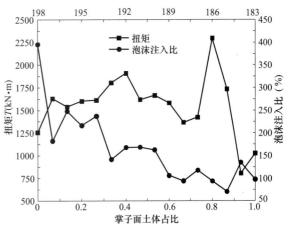

图 3-50 扭矩随掌子面土体占比变化曲线

图 3-51 反映出 186 环和 191 环，扭矩随时间的变化。从图 3-51 可知，虽然 191 环掌子面土体占比较低，但是由于泡沫注入比为 169%，高于 186 环时的 94%，因此 191 环的扭矩整体均低于 186 环的扭矩。但是，186 环和 191 环的扭矩随时间的波动均比较大，可

能会增加刀具的异常磨损。

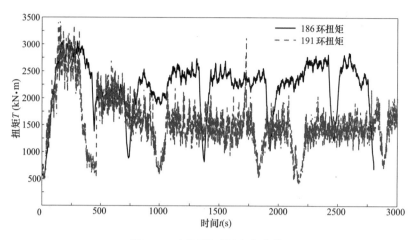

图 3-51 扭矩随时间变化曲线

土压平衡模式掘进时,土压仓内需保留一定高度的渣土,一方面是为了平衡掌子面前方的水土压力,另一方面是为了保证螺旋输土器顺利出渣。因此,土压仓内能否建立稳定的土压力也是评价渣土改良的重要标准之一。图 3-52 反映下部土压力测量值标准差及泡沫注入比随掌子面土体占比的变化关系。随着掌子面土体占比的降低,泡沫注入比不足会导致土压力波动增大,加速刀具磨损,影响掘进效率。

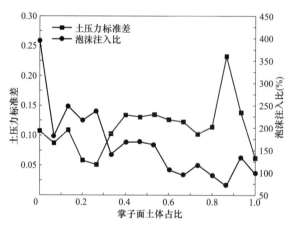

图 3-52 土压力标准差随土体占比变化曲线

3.4 土压平衡模式参数设置与地面沉降

3.4.1 地表沉降

地铁隧道建设施工需要穿越大量城市既有建筑物,合理评价地铁施工对于线路沿线建(构)筑物的影响、预测和控制地表沉降是盾构法施工中一项比较关键的技术。盾构施工造成的地表沉降一般分为横向和纵向沉降,见图 3-53。

在实际盾构施工过程中，会产生地层损失。Peck[40] 认为地层损失是造成地表发生沉降的根本原因，因此引入地层损失率 η 的概念：

$$\eta = \frac{V_s}{V_1} = \frac{V_0 - V_1}{V_1} \times 100\% \quad (3-49)$$

式中，V_s 为地层损失（m^3）；V_0 为施工中实际开挖出土体体积（m^3）；V_1 为理论上应该开挖土体体积（m^3）。

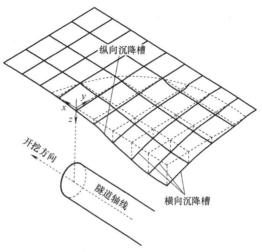

图 3-53 盾构隧道掘进上方的三维地表沉降[39]

3.4.1.1 横向地表沉降

Peck 通过大量的实测数据研究分析后提出地表横向沉降槽呈现正态分布，见图 3-54。利用正态分布函数可以计算出横向分布上任意一点的沉降值，如下式所示：

$$S(y) = S_{max} \exp\left(-\frac{y^2}{2i^2}\right) \quad (3-50)$$

式中，$S(y)$ 为某一沉降点的沉降值（mm）；y 为计算点到隧道中心线的距离（m）；i 为沉降槽的宽度系数（即曲线反弯点的坐标）；S_{max} 为隧道中轴线处沉降值，即最大沉降值。

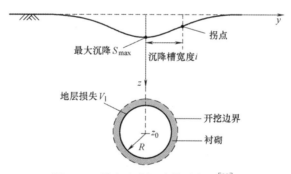

图 3-54 横向地表沉降槽示意图[39]

其中，根据 Reilly 和 News[41] 的研究成果，最大沉降值可依据地层损失率与隧道开挖面的关系确定，具体表达式：

$$S_{max} = \frac{A\eta}{\sqrt{2\pi} i} \quad (3-51)$$

式中，η 为地层损失率，可由式（3-46）计算得到；A 为隧道开挖面面积（m^2）。将 $A = \pi D^2/4$，D 为隧道开挖直径（m），代入式（3-51）中可得：

$$S_{max} = 0.313 \frac{\eta D^2}{i} \quad (3-52)$$

裴子钰等[42] 在研究砂-黏复合地层盾构地表沉降规律时，发现地表的最大沉降量并非在隧道中轴线处[43]。因此，他采用高斯峰值函数对 Peck 提出的公式进行了修正：

$$S(y)=S_0+S_{\max}\exp\left(-\frac{(y-y_c)^2}{2i^2}\right) \tag{3-53}$$

式中，S_0 表示远离隧道中心观测点的沉降量（mm），y_c 表示最大沉降量对应的沉降点到隧道中心线的距离（m）。

目前关于沉降槽宽度系数 i 的确定方法主要有以下 4 种：

（1）根据 Reilly 和 News 在伦敦地区的经验，他们认为沉降槽宽度系数 i 与隧道深度 h 之间存在线性关系：

$$i=kh \tag{3-54}$$

式中，砂性土 $k=0.2\sim0.3$；软黏土 $k=0.7$；中等黏土 $k=0.5$；硬黏土 $k=0.4$。

（2）斯密特方法：$\dfrac{i}{R}=\left(\dfrac{Z}{2R}\right)^{0.8}$；$R$ 为盾构外半径（m），Z 为隧道中心埋深（m）。

（3）经验法 $i=\dfrac{Z}{\sqrt{2\pi}\cdot\tan(45°-\varphi/2)}$。

（4）日本学者竹山乔总结弹性介质有限元成果，并根据实测资料加以修正最后得到的计算公式：

$$\delta_1=\frac{2.3\times10^4}{E_u^2}\left(21-\frac{H}{D}\right) \tag{3-55}$$

$$\delta_2=\delta_1\left(1.7-\frac{W}{2D}\right) \tag{3-56}$$

式中，δ_1 为单线隧道的最大沉降量（mm）；δ_2 为双线隧道的最大沉降量（mm）；H 为隧道的覆土深度（m）；D 为盾构外径（m）；E_u^2 为土的弹性模量的加权平均值；W 为双线隧道的净间距（m）。

3.4.1.2 纵向地表沉降

地表纵向沉降是盾构机通过某一特定位置时出现的一种临时现象，它反映了地表变形随隧道前进方向的变化趋势。Attewell 和 Woodman[44] 认为纵向沉降满足高斯累计分布函数，见图 3-55，并且基于地表横向沉降槽 Peck 公式，推导了地表纵向沉降公式。

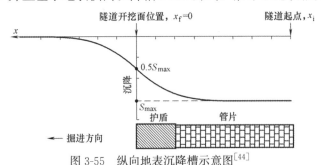

图 3-55 纵向地表沉降槽示意图[44]

距离盾构开挖面任意距离 x 处的竖向沉降为：

$$S(x,y)=S_{\max}\exp\left(\frac{-y}{2i^2}\right)\left[\Phi\left(\frac{x-x_i}{i}\right)-\Phi\left(\frac{x-x_f}{i}\right)\right] \tag{3-57}$$

式中，x 为距离盾构开挖面的距离（m），以沿着掘进方向为正；$S(x)$ 为距离盾构开挖面任意距离 x 处的竖向沉降（mm）；x_i 为隧道起点位置（m），取 $-\infty$；x_f 为隧道终点位置，即开挖面位置；$\Phi(a)$ 为高斯分布函数，如下式所示：

$$G(a)=\frac{1}{\sqrt{2\pi}}\int_{-\inf}^{a}\exp\left(\frac{-t^2}{2}\right)dt \tag{3-58}$$

式中：$a=x/i$。

以开挖面所对应的地表为坐标原点，如图 3-55 所示，即 $(x,y)=(0,0)$ 代入式 (3-57) 中可得：

$$S(x)=S_{\max}\left[G\left(\frac{x-x_i}{i}\right)-G\left(\frac{x}{i}\right)\right] \tag{3-59}$$

显性数学表达式在求导、积分和求解方面比较方便，因此有学者利用显性函数代替累计积分函数 $G(a)$。

佘芳涛等[45]利用下式显现函数代替累计积分函数 $G(a)$：

$$g(x)=1-\frac{1}{1+e^{\frac{x}{0.62i^{0.5}}}} \tag{3-60}$$

同时，由于考虑到地层的非均质性，通过式 (3-61) 引入系数 λ，即：

$$g(x)=1-\frac{1}{1+\lambda e^{\frac{x}{0.62i^{0.5}}}} \tag{3-61}$$

由文献 [45] 的研究成果可得：$\lambda=(1-k)/k$。其中 k 为非均质系数，$k=S_0/S_{\max}$，S_0 为开挖面最上方位移（mm），取 $x_i=-\infty$，公式 (3-59) 最终变为下式：

$$S(x)=S_{\max}z(x)=S_{\max}\left(\frac{1}{1+\frac{1-k}{k}e^{\frac{x}{0.62i^{0.5}}}}\right) \tag{3-62}$$

3.4.2 隧道纵向沉降拟合函数的构建

在参考文献 [45] 的研究成果基础上，引入新的显性拟合函数 $f(x)$ 如下：

$$f(x)=0.5\left[1-\frac{x}{\sqrt{x^2+a^2}}\right] \tag{3-63}$$

通过计算不同沉降槽宽度 i 条件下的 $G(x-x_i/i)-G(x/i)$ 函数曲线，并获得 a，见图 3-56。

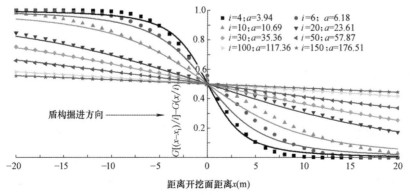

图 3-56 $G(x-x_i/i)-G(x/i)$ 与 $f(x)$ 关系曲线

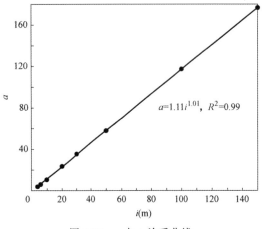

图 3-57 a 与 i 关系曲线

同时,将 a 和 i 进行拟合,拟合结果见式(3-64)和图 3-57。

$$a = 1.11 i^{1.01} \qquad (3-64)$$

由于区间隧道地质条件比较复杂,并且均为非均质地层,因此本节在参考裴子钰和郭乐等人研究的基础上,引入不均匀系数 λ,即 $f(x)$ 变为:

$$f(x) = 0.5\left[\lambda - \frac{x}{\sqrt{x^2 + a^2}}\right] \qquad (3-65)$$

式中 λ 与文献[45]中的意义相同。

最后得到目标拟合函数如下式:

$$S(x) = 0.5 S_{\max}\left[\lambda - \frac{x}{\sqrt{x^2 + (1.11 i^{1.01})^2}}\right] \qquad (3-66)$$

3.4.3 怀福区间纵向沉降监测与拟合曲线

3.4.3.1 沉降监测点的布置

沿怀福区间隧道开挖纵轴线方向布置编号分别为 DBCZ(左线)和 DBCY(右线)的沉降监测点,每个监测点间隔 7 环,10.5m,部分监测点布置方案见图 3-58。

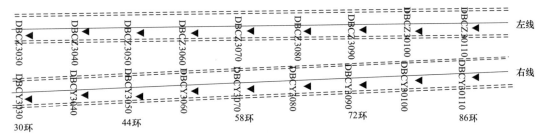

图 3-58 部分纵向沉降点布置示意图

3.4.3.2 结果分析

以式(3-66)为目标拟合函数,对 10 组纵向沉降数据进行拟合分析,结果见图 3-59,

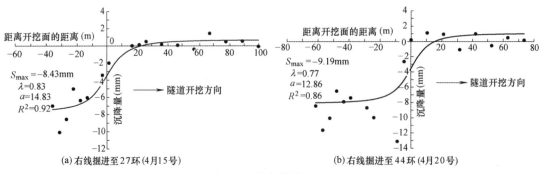

(a) 右线掘进至 27 环(4月15号)   (b) 右线掘进至 44 环(4月20号)

图 3-59 拟合结果(一)

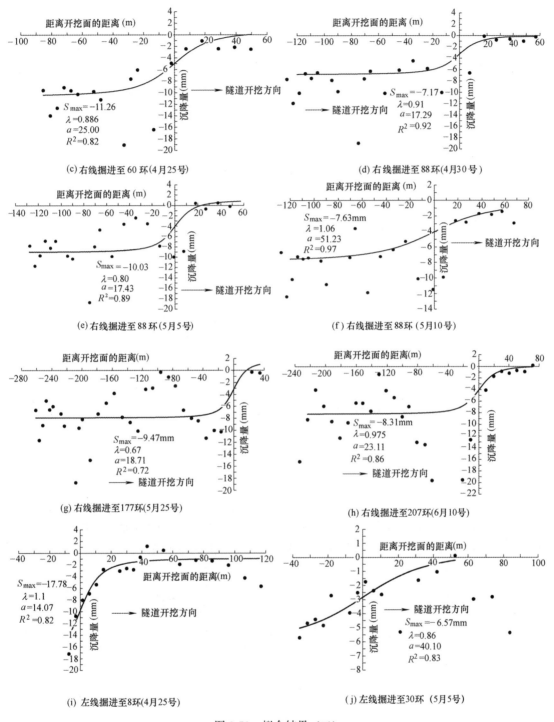

图 3-59　拟合结果（二）

可以发现本节所提出的显性函数拟合效果较好。

表 3-11 给出沉降拟合结果，可以发现左线的地层损失率在 1.84%～1.92% 之间，平均地层损失率要高于右线。左线盾构于 2020 年 4 月 18 号由怀德站区间左线始发，而右线

盾构于 2020 年 3 月 30 号由怀德站区间右线始发，左线掘进里程滞后于右线。右线前方的先期沉降会造成左线地层损失率的增加。因此在土压平衡段施工时，后期始发的左线应当更加严格的控制地层损失率和地表沉降。

右线盾构在全风化混合花岗岩和强风化混合花岗岩（土状）地层中掘进时，地层损失率在 0.91%～1.30% 之间。由于深圳地区地下水较为丰富，随着隧道埋深的增加，水压力也会逐渐增加，会造成地层损失率的增加。

右线掘进至 60 环时，地层损失率达到第一个峰值，约为 2.06%。此时，盾构在断层带中掘进，地层稳定性较差，造成地层损失率增大。右线地层损失率的第二个峰值出现在 2020 年 5 月 10 号，为 2.84%。这是因为自 4 月 30 号掘进至 88 环后，盾构停机 10 多天，沉降逐步累积，造成地层损失率的逐步增加，如 4 月 30 号为 0.91%、5 月 5 号为 1.29%、5 月 10 号为 2.84%。

拟合结果整理　　　　　　　　　　表 3-11

线路	时间	环号	S_{max}(mm)	不均匀系数 λ	隧道埋深 C(m)	a	i(m)	地层损失率 η
左线	4 月 25 号	8	17.78	1.1	10.89	14.07	12.43	1.84%
左线	5 月 5 号	30	6.57	0.86	10.92	40.1	35.18	1.92%
右线	4 月 15 号	27	8.43	0.83	11.02	14.83	13.14	0.92%
右线	4 月 20 号	44	9.19	0.77	11.43	12.86	11.41	0.87%
右线	4 月 25 号	60	11.26	0.89	12.09	25	22.04	2.06%
右线	4 月 30 号	88	7.17	0.91	12.89	17.29	15.30	0.91%
右线	5 月 5 号	88	10.03	0.80	12.89	17.43	15.42	1.29%
右线	5 月 10 号	88	7.63	1.06	12.89	51.23	44.83	2.84%
右线	5 月 25 号	177	9.47	0.67	20.65	18.71	16.54	1.30%
右线	6 月 10 号	207	8.31	0.975	24.21	23.11	20.39	1.41%

右线掘进至 88 环，不同时间段地表沉降曲线见图 3-60。由图 3-60 可以发现由于壁后注浆填充，地表沉降虽有短暂的回弹，但是总体而言，随着时间的增加，沉降都会增加。特别是靠近盾构开挖面的沉降监测点，其对于时间的变化更加的敏感。

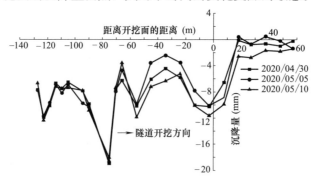

图 3-60　不同时间段的地表沉降

监测点沉降随时间变化的曲线见图 3-61。地表沉降随时间变化分为三个阶段：第一阶段缓慢沉降阶段，地表沉降随着时间的增长而缓慢的增长，持续时间约为 10d；第二阶段快速沉降阶段，地表沉降随着时间的增长而迅速的增长；第三阶段为沉降保持稳定阶段，地表沉降随时间的增长基本保持稳定。

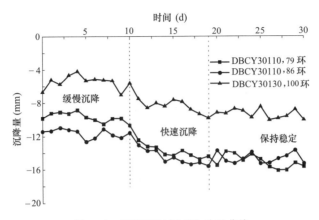

图 3-61 沉降随时间变化关系曲线

表 3-12 给出不同地层的地层损失率。由于砂土的土拱效应明显，粉质黏土层透水性差以及黏聚力较高等原因，深圳的全风化混合花岗岩地层的地层损失率大于中密砂层和粉质黏土层，但与广州地区的岩石全风化带接近。

不同地层的地层损失率对比　　　　表 3-12

作者	开挖直径 D(m)	埋深 C(m)	地质情况	地层损失率 η(%)
李志刚等	6.2	12~21	全风化—强风化混合花岗岩、地下水较丰富(深圳)	0.91~1.30
Ata[46]	9.48	16	中密砂层(深圳)	0.2~1
沈培良等[47]	6.2	—	粉质黏土、淤泥质黏土、粉质黏土、砂质黏土、砂砾(深圳)	0.35~0.7
梁睿[48]	6.0	16.4	粉质黏土(深圳)	0.65
韦娇芬等[49]	6.2	8~14	穿越土层为较密实、坚硬、含少量砾石的岩石全风化带(广州)	0.68~1.62

通过比较开挖面地表位移释放率（隧道开挖面正上方处地表沉降与该处地表最大沉降量之比，0.5λ），见表 3-13。由表 3-13 可知，盾构隧道施工中，全风化和强风化混合花岗岩（土状）的隧道开挖面地表位移释放率为 49.25%，中等风化混合花岗岩地层的位移释放率为 40%，强风化碎裂岩的位移释放率为 44.5%，与开挖面为饱和软黄土、硬黏土的地表位移释放率相当。在相同条件下，开挖面土体强度越高，其地表位移释放率也就越高。

不同地层的地表位移释放率比较　　　　表 3-13

作者	地质情况	地表位移释放率(%)
李志刚等	全风化和强风化混合花岗岩(土状)、地下水较丰富	49.25
李志刚等	中等风化混合花岗岩、地下水丰富	40

续表

作者	地质情况	地表位移释放率(%)
李志刚等	强风化碎裂岩(块状)构造岩F、地下水较丰富	44.5
佘芳涛等[45]	软黏土地层	15～25
佘芳涛等[45]	硬黏土和砂土地层	30～50
佘芳涛等[45]	饱和软黄土	41
佘芳涛等[45]	老黄土和古土壤(硬黏土)	50
韩煊等[50]	上海软土地区	20

参 考 文 献

[1] 朱伟. 隧道标准规范（盾构篇）及解说 [M]. 北京：中国建筑工业出版社，2001.

[2] HORN M. Horizontal earth pressure on perpendicular tunnel face [C]. Proceedings of the Hungarin National Conference of the Foundation Engineer Industry. Budapest：Hungay Press，1961，7-16.

[3] 魏纲. 顶管工程土与结构的性状及理论研究 [D]. 杭州：浙江大学，2005.

[4] 闫军涛，胡潇，刘波. 上软下硬复合地层盾构隧洞开挖面稳定性研究 [J]. 隧道建设（中英文），2020，40（2）：223-230.

[5] 宋洋，王韦颐，杜春生. 砂-砾复合地层盾构隧道开挖面稳定模型试验与极限支护压力研究 [J]. 岩土工程学报，2020，42（12）：2206-2214.

[6] 吕玺琳，王浩然，黄茂松. 盾构隧道开挖面稳定极限理论研究 [J]. 岩土工程学报，2011，33（1）：57-62.

[7] 李康. 上软下硬复合地层盾构开挖面支护压力及地表位移研究 [D]. 广州：华南理工大学，2017.

[8] LECA E，DORMIEUX L. Upper and lower bound solutions for the face stability of shallow circular tunnels in frictional material [J]. Geotechnique，1990，40（4）：581-606.

[9] MOLLON G，DIAS D，Abdul-Hamid Soubra. Face Stability Analysis of Circular Tunnels Driven by a Pressurized Shield [J]. Journal of Geotechnical and Geoenvironmental Engineering，2010，136（1）：215-229.

[10] 许敬叔，潘秋景. 盾构隧道开挖面支护力上限分析 [J]. 铁道科学与工程学报，2014，11（4）：80-84.

[11] 潘秋景. 盾构隧道开挖面稳定性机动分析 [D]. 长沙：中南大学，2014.

[12] 梁桥，杨小礼，张佳华，等. 非均质土体中盾构隧道开挖面支护力上限分析 [J]. 岩土力学，2016，37（9）：2585-2592.

[13] VERMEER P A，RUSE N，MARCHER T. Tunnel heading stability in drained ground [J]. Felsbau，2020，20（6）：8-18.

[14] ALAGHA A S N，CHAPMAN D N. Numerical modelling of tunnel face stability in homogeneous and layered soft ground [J]. Tunnelling and Underground Space Technology，2019，94：103096.

[15] 吕玺琳，李冯缔，黄茂松，等. 三维盾构隧道开挖面极限支护压力数值及理论解 [J]. 同济大学学报（自然科学版），2012，40（10）：1469-1473.

[16] CHEN R P，TANG L J，LING D S，CHEN Y M. Face stability analysis of shallow shield tunnels in dry sandy ground using the discrete element method [J]. Computers and Geotechnics，2010，38（2）：187-195.

[17] SCHOFIELD A N. Cambridge geotechnical centrifuge operations [J]. Geotechnique，1980，30（3）：227-268.

[18] CHAMBON P，CORT J F. Shallow Tunnels in Cohesionless Soil：Stability of Tunnel Face [J]. Leadership and Management in Engineering，1994，120（7）：1148-1165.

[19] AHMED M，ISKANDER M. Evaluation of tunnel face stability by transparent soil models [J]. Tunnelling and Underground Space Technology，2012，27（1）：101-110.

[20] 李静静. 土压平衡盾构掌子面土压力控制 [D]. 北京：北京工业大学，2013.

[21] TERZAGHI K. Stress distribution in dry and in saturated sand above a yielding trap-door [C]. Proceedings of First International Conference on Soil Mechanics and Foundation Engineering. Cambridge，Massachusetts，

1936：307-311.

[22] 徐日庆，张庆贺，刘鑫，等. 考虑渗透性的水-土压力计算方法 [J]. 岩土工程学报，2012，34 (5)：961-964.

[23] ANAGONSTOU G, KOVARI K. Face stability conditions with earth-pressure-balanced shields [J]. Tunnelling and Underground Space Technology incorporating Trenchless Technology Research，1996，11 (2)：165-173.

[24] 陈强. 上软下硬地层中盾构隧道开挖面支护压力研究 [D]. 武汉：华中科技大学，2010.

[25] 魏康林. 土压平衡式盾构施工中"理想状态土体"的探讨 [J]. 城市轨道交通研究，2007，10 (1)：67-70.

[26] PSOMAS S, HOULSBY G T. Properties of foam/sand mixtures for tunnelling applications [D]. 2001.

[27] 郭涛. 盾构用发泡剂性能评价方法研究 [D]. 南京：河海大学，2005.

[28] 姜厚停. 土压平衡盾构施工土体改良试验研究 [D]. 北京：北京工业大学，2014.

[29] 贺斯进. 黄土盾构隧道膨润土泥浆渣土改良技术研究 [J]. 隧道建设，2012，32 (4)：448-453.

[30] 宁士亮. 富水砂层盾构渣土改良技术 [J]. 铁道建筑技术，2014 (3)：86-90.

[31] 董金玉，王闯，周建军，等. 膨润土泥浆改良卵石土的试验研究 [C]. 中国隧道与地下工程大会，2016.

[32] 杨洪希，黄伟，王树英，等. 粉质黏土地层土压平衡盾构渣土改良技术 [J]. 隧道与地下工程灾害防治，2020，2 (2)：76-82.

[33] 刘飞，杨小龙，冉江陵，等. 基于盾构掘进效果的富水砾砂地层渣土改良试验研究 [J]. 隧道建设（中英文），2020，40 (10)：1426-1432.

[34] 姜厚停，龚秋明，杜修力. 卵石地层土压平衡盾构施工土体改良试验研究 [J]. 岩土工程学报，2013，35 (2)：284-292.

[35] 龚秋明，胡士伟，姜厚停，等. 复合地层土压平衡盾构施工添加剂选择及配比方法：CN106032755A [P]. 2016-10-19.

[36] 加武荣. 土-岩复合地层碴土改良对盾构掘进参数影响分析 [J]. 现代隧道技术，2020，57 (S1)：843-851.

[37] 龚秋明，姜厚停，周永攀. 一种土压平衡盾构施工土体改良试验用泡沫发生装置：2011101136997.X [P]. 2011-09-28.

[38] 龚秋明，姜厚停，马超，等. 一种土压平衡盾构施工土体改良试验的搅拌装置：201010228534.1 [P]. 2011-02-02.

[39] CHENG H Z, CHEN J, CHEN G L. Analysis of ground surface settlement induced by a large EPB shield tunnelling: a case study in Beijing, China [J]. Environmental Earth Sciences，2019：78 (20).

[40] PECK R B. Deep excavations and tunnelling in soft ground [C]. Proceedings of the 7th International Conference on Soil Mechanics and Foundation Engineering. Mexico：[s. n.]，1969：225-290.

[41] OReilly M P, New B M. Settlements above tunnels in the United Kingdom-Their magnitude and prediction [M]. 1982.

[42] 裴子钰，杨新安，邱龑，等. 砂-黏复合地层盾构地表沉降分析及沉降槽宽度系数修正 [J]. 铁道标准设计，2017，61 (9)：111-115.

[43] 郭乐. 砂黏土复合地层盾构隧道地表沉降规律研究 [J]. 现代隧道技术，2017，54 (5)：130-137.

[44] ATTEWELL P B, WOODMAN J P. Predicting the dynamics of ground settlement and its derivatives caused by tunnelling in soil [J]. Ground Engineering，1982，No. 8.

[45] 佘芳涛，王永鑫，张玉. 黄土地层地铁暗挖隧道地表纵向沉降规律及其预测分析方法 [J]. 岩土力学，2015，36 (S1)：287-292.

[46] LEBLAIS Y, BOCHON A. Villejust Tunnel Slurry shield effects on soils and lining behavior and comments on monitoring equipment，Tunnelling 91, London：IMM，1991：65-77.

[47] 沈培良，张海波，殷宗泽. 上海地区地铁隧道盾构施工地面沉降分析 [J]. 河海大学学报（自然科学版），2003，31 (5)：556-559.

[48] 梁睿. 北京地铁隧道施工引起的地表沉降统计分析与预测 [D]. 北京：北京交通大学，2007.

[49] 韦娇芬，黄金林. 地铁隧道盾构施工引起的地面沉降规律分析 [J]. 广东水利水电，2008 (2)：23-25.

[50] 韩煊，李宁，STANDING J R. Peck 公式在我国隧道施工地面变形预测中的适用性分析 [J]. 岩土力学，2007，28 (1)：23-28.

第 4 章　TBM 模式下施工预测与施工参数优化技术

掘进机破岩是岩-机相互作用结果,其施工效率与刀盘设计参数、设备运行参数以及掌子面岩体条件直接相关。相比于传统钻爆法隧道施工,TBM 工法前期设备投资较大、掘进速度变化大、刀具更换费用高、不利地层条件下掘进风险高。因此,准确预测 TBM 施工性能,对施工进度安排、施工成本估算具有重要意义。盾构运行参数是一个动态过程,与操作人员对掌子面岩体条件的认知水平有关,会随着岩体条件的变化而进行调整。受操作人员水平限制,盾构运行往往无法达到最佳状态,需要对其参数进行优化,以达到更高的施工效率。

为了实现对 TBM 的施工预测及施工参数优化,目前常用的研究方法有室内滚刀破岩试验、现场掘进试验以及施工预测模型。室内滚刀破岩试验采用全尺寸滚刀对岩石大块样进行破岩,岩石试样一般取自施工工地。通过室内滚刀破岩试验可获取不同贯入度、刀型、刀间距等条件下的滚刀三向力及破岩岩渣信息,以此研究滚刀破岩机理及破岩效率。现场掘进试验通过改变掘进参数,如刀盘推力或刀盘转速,获取特定岩体条件下 TBM 的掘进性能,其结果可直接用于 TBM 施工参数优化。施工预测模型主要是基于室内试验数据或 TBM 现场施工数据发展而来的综合预测模型,可用于预测 TBM 掘进速度或滚刀寿命等参数。

本章通过室内滚刀破岩试验及现场掘进试验,研究滚刀破岩机理及破岩效率。结合现有的施工预测模型,对双模盾构在 TBM 模式下掘进不同岩体条件进行施工预测及施工参数优化。

4.1　滚刀破岩试验

滚刀破岩分为两个阶段:单个滚刀侵入岩石,滚刀下方产生放射状裂纹;相邻滚刀间裂纹扩展并贯通产生岩片[1]。单滚刀侵入岩石类似于压头侵入过程,基于压头侵入试验可以将岩石破坏过程分为四个阶段:建立应力场、形成压碎区、岩片形成和出现侵入坑[2]。压头形状、压头安装角度、侵入深度、岩石强度等因素直接影响压头受力状态及岩石内部裂纹扩展模式,进而影响滚刀破岩效率[3-6]。

对于滚刀破岩效率及破岩机理的研究主要有侵入试验、数值模拟、滚刀破岩试验等手段。侵入试验为压头静态侵入岩石,无法获得滚刀破岩中的滚动力特征。岩体具有不均性及各向异性,使用数值模拟方法存在其局限性。滚刀破岩试验可模拟滚刀动态破岩过程,采用全尺寸滚刀对真实岩体进行试验,消除尺寸效应。试验中,滚刀相对岩石做线性或旋转运动,可通过调整刀间距、刀型参数、贯入度等参数,研究滚刀破岩机理及效率,试验结果可用于指导刀盘设计及优化施工参数。

目前国内外已有部分高校及研究机构进行了滚刀破岩试验平台的研制，如科罗拉多矿业大学、韩国国立首尔大学、北京工业大学等[7-12]。基于上述试验设备，学者们进行了一系列的滚刀破岩试验，如 Gertsch[13]、龚秋明[14]、Cho[8] 等通过对各类岩石进行不同刀间距下的破岩试验，发现随着刀间距增加，比能呈现先减小后增大趋势，即存在一个最优的刀间距与贯入度比值，此时比能最小，破岩效率最高，但对于不同类型岩石该值差异较大。龚秋明等[15] 基于滚刀线性破岩试验分析不同节理间距下滚刀破岩模式，发现节理面会阻碍裂纹朝节理面下方岩石传播。Balci 和 Tumac[16] 对 V 型和 CCS 型滚刀破岩时的滚刀力及破岩效率进行研究，发现 V 型滚刀破岩法向力小于 CCS 型滚刀，但磨损也更加严重。姚羲和[17]、赵晓豹[18] 和吴帆[19] 等对滚刀及镶齿滚刀破岩后岩石内部裂纹进行分析，研究发现 CCS 型滚刀下方裂纹呈现倒三角分布，球齿下方裂纹呈现椭圆形分布。滚刀破岩试验发展至今已有 20 多年时间，其试验结果已广泛应用于工程实践中，具有较高的准确性及可靠性。

4.1.1 试验设计

4.1.1.1 机械破岩平台

北京工业大学自主研制的机械破岩实验平台基于线性试验机发展而来，其除了能满足线性试验机的所有功能外，还增加有旋转破岩试验、围压试验、双刀破岩等功能。

机械破岩实验平台由机械系统、液压系统、自动控制系统及测试系统组成。其机械系统由顶部框架、立柱、加强板和底部框架组成。机械破岩实验平台实物见图 4-1。在底部框架上安装有横向和纵向移动平车，试样箱固定在移动平车上。破岩使用的刀具安装在顶部框架下方的调模移动刀盘上。在进行破岩试验时，横向推力油缸和纵向推力油缸为移动平车提供推力，带动试样箱做 X 和 Y 方向的运动。X 方向的运动使岩石与滚刀产生相对运动，完成对岩石的切割。Y 方向的运动可调节不同的刀间距。刀具通过其上部的调模机构和两侧滑移组件的协调工作进行 Z 方向的运动，模拟不同的贯入度。试验过程中，自动控制系统通过液压控制，为试验平台提供动力。测试系统采集到的试验数据如滚刀三向力和三个方向的位移等可以实时显示在计算机屏幕上，供试验人员查看。试验完成后，试验数据可自动储存为 Excel 格式的文件。

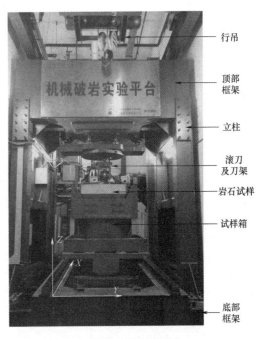

图 4-1 机械破岩实验平台

机械破岩实验平台具有围压试验箱和旋转试验箱，见图 4-2。围压试验箱用于常规线性破岩试验和围压条件下破岩试验，通过调整试验尺寸可使最大加载围压达到 30MPa。旋转试验箱用于模拟滚刀旋转破岩试验。线性切割时，速度最大值定为 200mm/s。旋转切割时，最高的转速为 8rpm，最大的旋转半径为 500mm，折合成直线速度即为 42mm/s。试验箱可容纳不同尺寸试样，最大尺寸为 1000mm×1000mm×600mm。为满足双刃滚刀破岩试验，试验平台框架设计最大荷载为 2000kN，单刀最大加载力为 1000kN。因此，通过改变加载方式、刀具类型、岩样的种类等参数，平台可以足尺寸模拟 TBM 或其他破岩机械在不同施工条件下的刀具破岩过程，测定岩石在不同加载条件下的破碎效果，直接评价岩石或岩体的可掘进性能。试验结果可用于 TBM 选型、运行参数优化和掘进速度预测。同样地，还可以用于其他破岩机械的选型、参数优化和掘进速度预测，从而达到对既定挖掘工程的最高掘进效率。

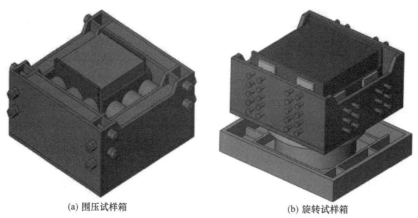

(a) 围压试样箱　　　　　　　　(b) 旋转试样箱

图 4-2　机械破岩实验平台试验箱

4.1.1.2　滚刀破岩试验设计

试验结合双模盾构设计参数及实际开挖条件，选取 18in（457.2mm）滚刀，滚刀间距 75mm。贯入度设定为 0.5mm、1.0mm、2.0mm、3.0mm、3.5mm 和 4.0mm，试验时贯入度可结合切割过程中实际破岩效果及三向力变化进行调整。切割速度为 30mm/s，数据采集频率为 100Hz。试验过程中收集破岩岩渣。

岩石试样为微风化混合花岗岩，取自怀德站基坑底部，埋深约 20m。试验尺寸为 980mm×980mm×550mm。由于取样点埋深较浅，岩块中包含几条节理，已用记号笔标出，见图 4-3。混合花岗岩基本物理力学参数见表 4-1。

(a) 岩样正面　　　　　　　　(b) 岩样上表面

图 4-3　混合花岗岩试样

第 4 章 TBM 模式下施工预测与施工参数优化技术

混合花岗岩物理力学参数　　　　　　　表 4-1

单轴抗压强度(MPa)	巴西劈裂强度(MPa)	密度(g/m³)	弹性模量(GPa)	泊松比	石英含量(%)	斜长石含量(%)	碱性长石含量(%)	黑云母含量(%)
143.1	7.9	2.7	20.8	0.28	31.4	23.9	41.3	3.4

4.1.1.3　滚刀破岩试验步骤

安装刀具后将岩样装入线性切割试验箱，在岩样四周放置钢板，通过液压缸对岩样的 X 和 Y 方向各施加约 0.5MPa 围压以固定岩样，防止切割过程中发生移动和抖动。试验开始前采用最小的贯入度对岩石试样进行表面处理，以模拟真实滚刀破岩岩面条件。切割次数由岩面的平整度等因素决定，一般需要 20~30 层。正式试验时，按照试验设计的贯入度和刀间距进行破岩试验，每个贯入度需要做 5~10 层的切割，以确定数据的准确性。记录不同贯入度的三向力，即垂直于开

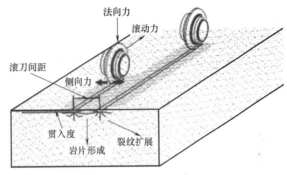

图 4-4　滚刀破岩示意图

挖面的法向力、沿滚刀滚动方向的滚动力和垂直于滚动方向的侧向力，见图 4-4。做完每一层的切割后，收集该层产生的全部岩渣，并在试验结束后进行筛分试验。

4.1.2　滚刀破岩过程分析

4.1.2.1　试验现象描述

试验开始时，首先以 0.5mm 贯入度切割岩样，滚刀切割岩石过程中会在切槽内形成大量的岩粉和楔形状碎片。大块岩片一般需要往复切割数次才能形成，岩片厚度较大。清理岩面后可看到两滚刀间存在较高的岩脊，沿着节理面出现凹槽。破岩过程中由于产生的大块岩片少，法向力变化缓慢，峰值接近 350kN。贯入度 0.5mm 时滚刀力随时间变化见图 4-5，破岩后典型岩面及岩片见图 4-6。

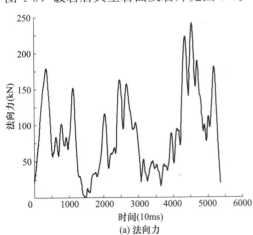
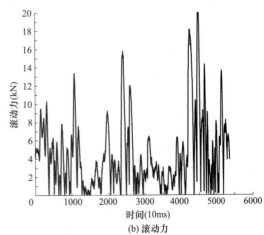

(a) 法向力　　　　　　　　　　　　　(b) 滚动力

图 4-5　贯入度 0.5mm 时滚刀力随时间变化曲线

(a) 破岩后岩面　　　　　　　　　　(b) 清理岩渣后岩面

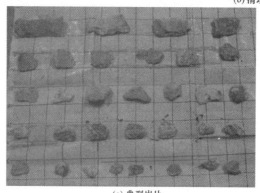

(c) 典型岩片

图 4-6　贯入度 0.5mm 时滚刀破岩后典型岩面及岩片

随着贯入度的增加（1.0～3.0mm），破岩现象剧烈，声响极大，滚刀两侧有碎片崩出，偶有抖动和侧向滑移，振动强烈。破岩时产生的岩渣量显著增多，特别是大块岩片。两滚刀间的岩脊逐渐消失，岩面部分区域较平整。法向力变化频率加快，呈现快速上升和陡降状态。随着岩片产生，法向力突降幅度可达到 400kN。法向力和滚动力峰值分别可达到 600kN 和 100kN。贯入度 3.0mm 时滚刀力随时间变化见图 4-7，破岩后典型岩面及

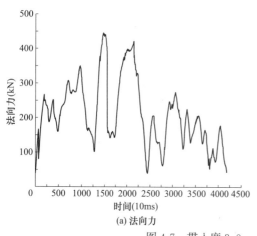 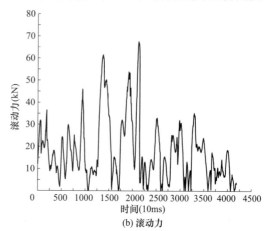

(a) 法向力　　　　　　　　　　　　(b) 滚动力

图 4-7　贯入度 3.0mm 时滚刀力随时间变化曲线

岩片见图 4-8。

(a) 破岩后岩面

(b) 清理岩渣后岩面

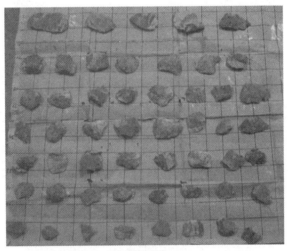
(c) 典型岩片

图 4-8　贯入度 3.0mm 时滚刀破岩后典型岩面及岩片

当贯入度进一步增加（3.5～4.0mm），破岩现象更加剧烈，声响更大，滚刀两侧大量碎片崩出并起灰，抖动和侧滑明显。每一层滚刀破岩后岩渣布满岩面，岩粉及碎片呈现增多趋势，大岩块数量逐渐减少。部分岩片从中间断裂，岩片厚度增大。两滚刀间逐渐出现凹槽，岩面平整度降低。法向力呈现高频率的波动，峰值达到 670kN。贯入度 4.0mm 时滚刀力随时间变化见图 4-9，破岩后典型岩面及岩片见图 4-10。

4.1.2.2　数据处理方法及结果

通过对滚刀三向力及筛分试验数据处理，可获得平均滚刀力、切割系数、比能及粗糙度指数等参数，以分析滚刀破岩规律及破岩效率。平均滚刀力包括平均法向力和平均滚动力，其结果可按照滚刀破岩过程中采集到的滚刀力的瞬时值取算术平均值来确定。需要注意的是，岩面两侧最边缘切槽数据应舍去；受上一级贯入度影响，每个贯入度初始 1～2 层需剔除。

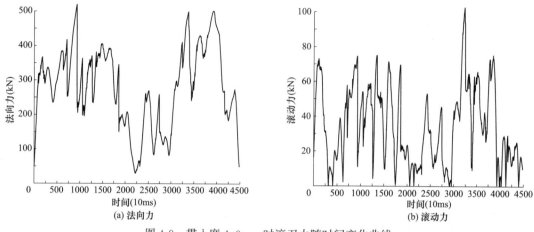

图 4-9 贯入度 4.0mm 时滚刀力随时间变化曲线

(a) 破岩后岩面

(b) 清理岩渣后岩面

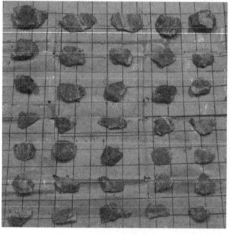

(c) 典型岩片

图 4-10 贯入度 4.0mm 时滚刀破岩后典型岩面及岩片

切割系数 CC 为平均滚动力与平均法向力的比值，破岩过程中当给定一个平均法向力，可以推算出所需的平均滚动力。其计算方法见下式：

$$CC = \frac{F_r}{F_n} \tag{4-1}$$

比能 SE 和粗糙度指数 CI 是反映破岩效率的重要指标，比能指破碎单位体积岩石所消耗的能量，粗糙度指数定义为筛分后各个筛网的累计筛余率之和。当破岩效率高时，产生的岩片较多，岩粉较少，此时比能较低，粗糙度指数较大，两指标的计算见下列公式：

$$SE = \frac{F_r L}{V} \tag{4-2}$$

式中，SE 为比能（MJ/m^3）；F_r 为滚动力（kN）；L 为滚刀切割距离（mm）；V 为破岩试验过程中产生的岩渣体积，可由岩渣质量除以其密度得到。

$$CI = \sum \frac{W_i}{W_a} \times 100 \tag{4-3}$$

式中，CI 为粗糙度指数；W_i 为大于第 i 层筛分孔径的岩片总质量；W_a 为筛分的岩渣总质量。

处理后得到的试验数据结果见表 4-2。

滚刀破岩试验结果统计 表 4-2

贯入度 P (mm)	平均法向力 F_n (kN)	法向力峰值 F_{nmax} (kN)	平均滚动力 F_r (kN)	切割系数 CC (%)	比能 SE (MJ/m^3)	粗糙度指数 CI
0.5	99.0	346.8	3.6	3.6	127.1	493.2
1	169.7	430.7	9.0	5.1	117.1	395.7
2	212.4	524.8	15.4	7.3	108.5	402.1
3	232.3	584.0	20.8	8.9	95.9	384.9
3.5	251.7	669.9	23.9	9.5	110.6	426.1
4	270.5	666.4	30.4	11.2	124.4	453.3

4.1.3 试验数据分析

4.1.3.1 滚刀力分析

TBM 掘进时刀盘推力受单刀推力控制，进尺速度可等价为滚刀破岩试验中的贯入度。图 4-11 为平均法向力与峰值法向力随贯入度增加的变化曲线。随着贯入度增大，平均法向力的增长幅度逐渐降低。这与滚刀破岩模式相关，贯入度较小时，滚刀下方裂纹扩展不充分，扩展范围小。相邻滚刀间作用效果弱，无法形成贯通裂纹。每个滚刀独立破岩，需要更大的法向力来提高滚刀侵入岩体深度。贯入度增大后，法向力也随之增加。较大的法向力促使滚刀下方裂纹扩展范围快速增大，相邻滚刀间作用效果增强，滚刀侵入岩体所受抵抗力将降低。

峰值法向力随贯入度增加同样呈现增大趋势，且增长速度大于平均法向力。但贯入度超过 3mm 后，峰值法向力将不再增大，维持在 670kN 左右。较大贯入度下，峰值法向力可达到平均法向力的 2.5~3 倍，该值可为滚刀的设计提供参考。

平均滚动力可以反映 TBM 破岩时刀盘所需的扭矩。图 4-12 给出了平均滚动力与贯入度的关系。滚刀切割花岗岩的平均滚动力随着贯入度增加呈线性增长。滚动力大小与法向力大小及滚刀与岩石接触面积直接相关。破岩过程中，贯入度增加，滚刀侵入岩石所需的法向力增大，并且滚刀与岩体接触面积都大幅度提高，滚刀滚动所受的阻力加大，平均滚动力增大。

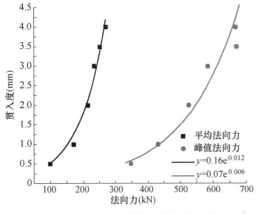

图 4-11　法向力随贯入度变化曲线

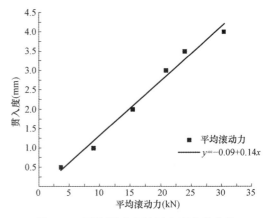

图 4-12　平均滚动力随贯入度变化曲线

4.1.3.2　切割系数分析

图 4-13 为切割系数随贯入度增加的变化曲线，切割系数随着贯入度增加呈线性增长趋势。表明平均滚动力的增长速率大于平均法向力增长速率。TBM 掘进类似地层时，随着进尺速度和推力的增加，扭矩将大幅度提高。

4.1.3.3　破岩效率分析

TBM 掘进过程中岩片主要由滚动力做功而产生，法向力做功可忽略不计。图 4-14 给出比能与粗糙度指数随贯入度的变化规律。随着贯入度增大，比能快速降低至最低点，破岩效率逐渐提高至最高值。贯入度进一步增大后，比能值逐渐提高，破岩效率下降。即存在一个最优的贯入度（3.0mm），使得滚刀破岩效率最高。粗糙度指数变化曲线正好与比能曲线相反，贯入度增大后，粗糙度指数呈现先增大后减小趋势，说明破岩过程中产生的大块岩片的质量占比先增多后减小，同时岩粉和碎片的质量占比先减小后增大。比能和粗糙度指数的计算都表明贯入度在 3mm 时，滚刀破岩产生的大块岩片占比最高，岩粉和碎片占比最低，破岩效率最高。

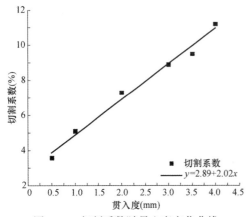

图 4-13　切割系数随贯入度变化曲线

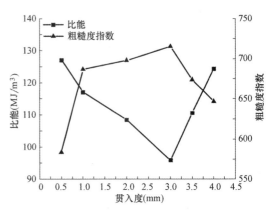

图 4-14　滚刀破岩效率与贯入度关系

4.1.4 破岩试验岩渣分析

滚刀破岩试验完成后，对收集到的岩渣进行筛分试验，对大块岩片进行三轴尺寸测量。岩片大致形状见图4-15，筛分试验可获取岩片中轴大小的质量分布曲线，岩片长轴反映的是块度大小。按照粒径对岩渣进行划分，其中砂粒粒径小于2mm，角砾粒径在2~20mm，碎石粒径大于20mm（小碎石粒径20~40mm，中碎石粒径40~60mm）。

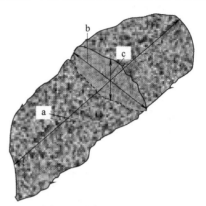

a—长轴；b—中轴；c—短轴

图4-15 岩片形状

滚刀破岩试验岩渣筛分曲线和岩片长轴长度见图4-16。通过图4-16（a）可知，筛分曲线总体呈现先下移后上移的趋势。贯入度在0.5mm时，岩粉与碎片的占比较高，基本没有大块岩片，如粒径小于2mm的砂粒占比达到40%，粒径超过31.5mm的碎石占比接近0。贯入度在3mm时，筛分曲线位于图像的最下方，岩渣分布最优，大块碎石占比较高，砂粒占比最低。随着贯入度进一步加大，筛分曲线上移，砂粒占比不断提高，同时大块岩片占比出现下降。特别是贯入度为4mm时，粒径超过31.5mm的碎石占比基本仅为20%左右。通过图4-16（b）可知，岩片长轴变化与筛分曲线变化基本一致，随着贯入度增大，岩片块度先增大后减小。在贯入度为3mm时，岩片块度最大。筛分曲线和岩块长轴变化都表明，贯入度在3mm时，滚刀破岩效率最高。

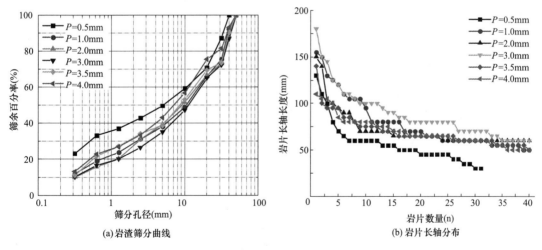

图4-16 滚刀破岩试验渣片结果

结合破岩滚刀力、岩渣筛分曲线、岩片块度等特征参数对滚刀破岩效率进行分析，滚刀破岩可以分为3种状态，即破岩不充分、优化破岩、过度破岩。第一种状态，贯入度较小时，滚刀受力小，对其下方岩体作用力小。岩石内部裂纹扩展不充分，裂纹趋向自由面发展。相邻滚刀间作用效果弱，产生的岩渣主要为岩粉，基本没有大块岩片，滚刀为低效破岩状态。第二种状态，贯入度增大后，滚刀受力增大，其下方岩体内部裂纹扩展范围快速增大，相邻滚刀间侧向裂纹平直扩展，形成大块的平直岩片，滚刀为高效破岩状态。第三种状态，随贯入度进一步增大，较高的滚刀力造成岩体内部裂纹密集扩展，滚刀间径向裂纹扩展贯通。大块岩片因过度破碎从中间断裂，岩片形状呈不规则，块度减小，滚刀为过度破岩状态。

4.2 TBM 掘进试验

现场掘进试验最早由 Bruland[20] 提出，综合考虑 TBM 破岩过程中受到地质因素、机器参数和 TBM 运行参数的影响。该试验能清晰地表征在给定的地质条件下 TBM 的掘进表现，能够真实反映在不同岩体条件和不同 TBM 运行参数下 TBM 的破岩效率。通过 TBM 掘进试验结果分析，可优化 TBM 在不同岩体条件下的施工参数。现场掘进试验可考虑影响 TBM 掘进的三大因素，包括：(1) 机器参数，如刀盘直径、滚刀直径、滚刀间距和刀具磨损情况；(2) 岩体条件，如岩石强度、脆性、节理间距、节理方向，以及地应力条件和地下水条件等；(3) TBM 运行参数，包括 TBM 运行过程中的转数、推力、扭矩等。

国内外学者基于现场掘进试验开展了大量的研究。Blindheim 和 Bruland[21] 通过试验总结了高脆性岩石破碎模式，认为脆性较低的岩石滚刀间的裂隙扩展较少，岩体不易破碎。Gong[22] 基于新加坡花岗岩地层的掘进试验，分析 TBM 与岩体的相互作用关系，并提出岩体的特征可掘性指数，可用于预测 TBM 的掘进速度及优化施工。龚秋明等[23] 在锦屏二级水电站隧道开展高地应力作用下大理石岩体的 TBM 掘进试验，试验表明在高地应力条件下，TBM 掘进速度随推力增加而增大，但推力超过一定值后，TBM 振动增强，扭矩迅速增大。

现场掘进试验时，通过调整刀盘推力、刀盘转速等操作参数，记录特定岩体条件下的 TBM 掘进性能，进而分析真实的岩-机相互作用关系，揭示 TBM 破岩规律及岩-机相互作用效果，为 TBM 操作参数优化、掘进速度预测和岩体可掘性评价提供依据。

4.2.1 不同节理条件下的 TBM 掘进试验

怀福区间隧道需穿越望牛亭公园山岭，隧道埋深变化大，穿越的岩体风化程度变化大，盾构开挖岩体节理发育差异大。掌子面岩体节理发育程度直接影响到岩-机相互作用结果。TBM 施工模式下，于怀福区间隧道右线进行一系列的现场掘进试验。试验共选择掌子面节理发育差异较大的 4 个试验点，掌子面岩性皆为混合花岗岩。通过控制不同的刀盘推力等级，分析掌子面岩体节理发育程度与掘进参数之间的关系，研究 TBM 破岩规律及相应岩体的可掘性。

4.2.1.1 试验点 1 的 TBM 掘进试验

1）试验准备

试验点 1 的里程号为 K31+010，埋深约 43m。掌子面岩性为微风化混合花岗岩，岩石的物理力学参数见表 4-1。掌子面岩体新鲜，未发现有节理发育，为完整岩体条件。掌子面平整，有滚刀破岩后留下的滚痕，掌子面岩体照片见图 4-17。掘进试验前对所有滚

 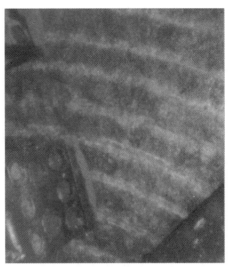

图 4-17 试验点 1 掌子面照片

刀进行检查,滚刀磨损值都处于正常磨损范围。

2)试验设计

受双模盾构刀盘刚度限制,TBM 模式下刀盘总推力需要控制在 13000kN 左右。考虑到破碎完整岩体所需的刀盘推力较大,掘进试验设计 6 个掘进步,每步总推力分别设计为正常掘进时总推力的 70％、80％、90％、95％、100％、105％。每个掘进步连续掘进时间为 5～10min,以保证能够准确地反应盾构的真实掘进结果。每个掘进步从出渣口取岩渣 20～30kg,试验结束后进行岩渣筛分试验,以获取不同掘进参数下的岩渣变化。

3)试验过程

试验开始以设定的第一级刀盘推力掘进,但在 70％(9000kN)的总推力作用下,贯入度很小,出渣口基本没有岩渣。为获得稳定的掘进过程,调整刀盘总推力至 10000kN 后盾构方可正常掘进,出渣量提升。实际掘进中刀盘推力往往难以维持在同一水平,刀盘推力与设计值略有变化,但能够反映盾构的真实掘进过程。掘进过程中盾构自动记录所有的掘进参数变化,记录频率为 1s 一次。表 4-3 为每个掘进步实际刀盘推力及试验时间设置。图 4-18 为整个掘进试验过程中掘进参数变化。每个掘进步下刀盘推力总体变化比较平稳,随着刀盘推力增加,扭矩及贯入度呈现增加趋势,并且波动范围不断加大。掘进试验完成后,进入刀盘检查,滚刀未出现偏磨等异常磨损状况,但有部分滚刀拉紧块螺栓出现松动。也就是说在完整岩体下,盾构掘进破岩产生的振动强烈,容易造成拉紧块螺栓松动。

试验点 1 掘进试验过程 表 4-3

掘进步	推力水平(％)	总推进力(kN)	掘进时间(min)	岩渣编号
1	77％	9991	6	1-1
2	83％	10729	7	1-2
3	89％	11498	7	1-3
4	95％	12402	8.5	1-4
5	100％	13019	11.5	1-5
6	103％	13391	10	1-6

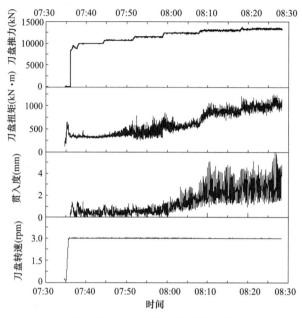

图 4-18 试验点 1 掘进试验掘进参数变化

4）试验结果

通过对数据的整理，获取每一个掘进步下刀盘推力、扭矩、贯入度、转速的平均值，通过计算得到单刀推力和岩体可掘性指数（BI），其中，BI 为单刀推力与贯入度比值，见表 4-4。

试验点 1 掘进试验结果　　　　　　　　　　表 4-4

掘进步	转速（rpm）	单刀推力（kN）	扭矩（kN·m）	贯入度（mm）	BI（kN/mm）
1	3.0	144.5	328.1	0.43	336.0
2	3.0	160.2	384.2	0.48	333.7
3	3.0	176.6	442.0	0.59	299.2
4	3.0	195.8	570.3	1.25	156.6
5	3.0	208.9	854.8	2.41	86.7
6	3.0	216.8	992.8	2.83	76.6

注：刀盘空推推力在 3000～3500kN，单刀推力为刀盘净推力除以滚刀个数，其中双刃滚刀算两把滚刀。

4.2.1.2 试验点 2 的 TBM 掘进试验

1）试验准备

试验点 2 的里程号为 K31+044，隧道埋深约 43m，岩性为混合花岗岩，其掌子面岩体素描及照片分别见图 4-19 和图 4-20。掌子面岩体新鲜，局部节理较发育，岩体节理体积数 $J_v \approx 7$。共发现 3 组节理，节理闭合，延伸较短。J_1：产状 123°∠80°，与隧道轴线夹角 45°，掌子面可见 2 条，间距约 2.0m。J_2：产状 110°∠50°，与隧道轴线夹角 25°，间距 20～40cm。J_3：产状 145°∠80°，与隧道轴线夹角 50°，为破碎区控制性节理面。掌子面整体较平整，有滚刀破岩后留下的滚痕，掌子面右侧有一处塌坑，塌坑面积不足 1m²，塌坑深 10～30cm。掘进试验前检查滚刀磨损量以及复紧拉紧块螺栓，滚刀处于正常工作状态。

2）试验设计

为便于与试验点 1 完整岩体条件下的掘进试验数据比较，此次掘进试验刀盘推力水平与完整岩体掘进试验基本设置一致。试验设置 6 个掘进步，刀盘转速保持在 3.0rpm。每个掘进步取岩渣约 20kg。

3）试验过程

前两个掘进步中，刀盘扭矩及贯入度增长不明显，产生的岩渣主要为岩粉和碎片，偶有大块岩片。随着刀盘推力进一步增加，刀盘扭矩及贯入度的波动幅度大幅度提高。大块岩片主要呈扁平状和少数块状。操控室内振动明显。表 4-5 为每个掘进步实际刀盘推力及试验时长。图 4-21 为整个掘进试验过程中掘进参数变化。

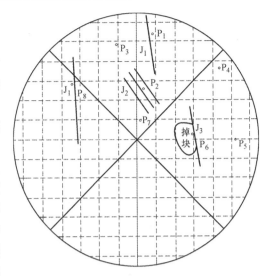

P—照像点；J—节理

图 4-19　试验点 2 掌子面岩体素描图
（网格为 0.5m×0.5m，土仓下部有水，掌子面岩体条件无法查看）

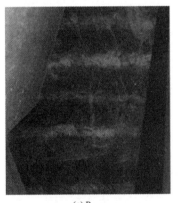
(a) P_2

(b) P_6

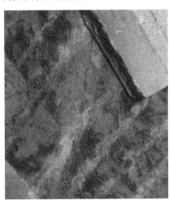
(c) P_8

图 4-20　试验点 2 掌子面照片

试验点 2 掘进试验过程　　　　　　表 4-5

掘进步	推力水平(%)	总推进力(kN)	掘进时间(min)	岩渣编号
1	78	10106	6	2-1
2	82	10684	7	2-2
3	89	11563	7	2-3
4	97	12448	7	2-4
5	100	13047	8.5	2-5
6	104	13562	9	2-6

4）试验结果

通过对盾构记录的掘进参数统计，试验点 2 掘进试验结果见表 4-6。

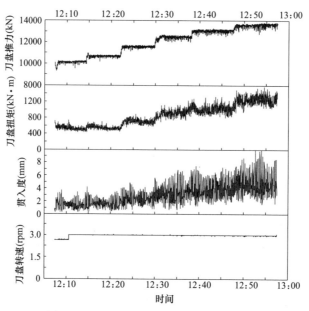

图 4-21 试验点 2 掘进试验掘进参数变化

试验点 2 掘进试验结果　　　　　　　　　　表 4-6

掘进步	转速(rpm)	单刀推力(kN)	扭矩(kN·m)	贯入度(mm)	BI(kN/mm)
1	2.85	146.9	524	1.58	93.0
2	2.98	159.2	542	1.64	97.1
3	2.98	177.9	696	2.39	74.5
4	2.98	196.8	908	3.26	60.4
5	2.98	209.5	1006	3.89	53.9
6	2.98	220.5	1241	4.96	44.4

注：刀盘空推推力在 3000~3500kN。

4.2.1.3 试验点 3 的 TBM 掘进试验

1) 试验准备

试验点 3 的里程号为 K31+073，隧道埋深约 43m，岩性为混合花岗岩，掌子面岩体素描及照片分别见图 4-22 和图 4-23。掌子面节理发育，多为闭合状态，延伸较短，岩体节理体积数 $J_v \approx 15$。J_1：产状 155°∠10°，与隧道轴线夹角 25°，为破碎区控制性节理面。J_2：节理密集发育，多个节理组交叉，节理面微张，有地下水流出，节理面上可见水锈状附着物。J_3：产状 80°∠50°，与隧道轴线夹角 35°，两条节理间距 45cm，节理微张，延伸较长。J_4：节理

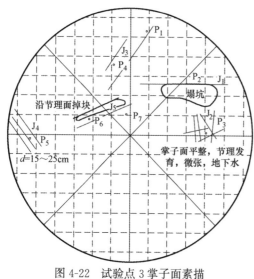

图 4-22 试验点 3 掌子面素描

面闭合，延伸较长，间距 15~25cm。J_5：产状 95°∠30°，与隧道轴线夹角 30°，间距约 40cm，为破碎区控制性节理面。从掌子面照片看，掌子面右上方有塌坑（P_2），坑深 10~30cm，掌子面左上方沿着节理面有掉块（P_7）。掘进试验前对滚刀进行检查，滚刀皆处于正常磨损状态。

(a) P_2

(b) P_3

(c) P_7

图 4-23 试验点 3 掌子面照片

2）试验设计

由于掌子面节理裂隙发育，正常掘进时刀盘推力一般控制在 12000kN 左右，扭矩接近 2000kN·m。掘进试验中刀盘推力尽量控制在 13000kN 以下，所以第一个掘进步的刀盘总推力降低至 8000kN 左右。本次试验设置 6 个掘进步，刀盘转速保持在 3.0rpm。每个掘进步试验时间 6~8min，试验过程中取岩渣约 20kg。

3）试验过程

掘进试验按照设计推力水平依次进行，掘进试验中推力比较平稳。推力较大时，扭矩与贯入度波动较大。第 6 个掘进步中保持刀盘总推力不变，刀盘扭矩和贯入度出现缓慢下降。可能原因是掌子面节理减少，滚刀破岩变难。试验中产生的岩片主要呈块状，少数为扁平状。试验点 3 的掘进试验过程见表 4-7，整个掘进试验过程中掘进参数变化见图 4-24。

试验点 3 掘进试验过程　　　　　　　　　表 4-7

掘进步	推力水平(%)	总推进力(kN)	掘进时间(min)	岩渣编号
1	62	8102	6.5	3-1
2	71	9217	7	3-2
3	77	10032	7.5	3-3
4	84	10976	8	3-4
5	93	12098	7	3-5
6	98	12748	7	3-6

4）试验结果

通过对盾构记录的掘进参数统计，试验点 3 掘进试验结果见表 4-8。

4.2.1.4　试验点 4 的 TBM 掘进试验

1）试验准备

试验点 4 的里程号为 K30+972，隧道埋深约 55m，岩性为混合花岗岩，其掌子面岩

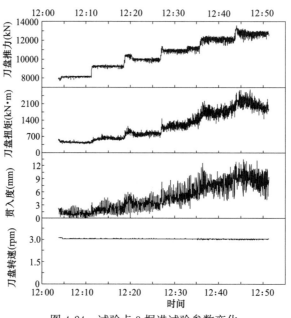

图 4-24 试验点 3 掘进试验参数变化

试验点 3 掘进试验结果　　　　　　　　　　表 4-8

掘进步	转速(rpm)	单刀推力(kN)	扭矩(kN·m)	贯入度(mm)	BI(kN/mm)
1	3.04	119.2	443	1.21	98.5
2	3.04	142.9	603	2.10	68.1
3	3.03	160.3	813	3.34	48.0
4	3.03	180.3	1205	5.35	33.7
5	3.02	204.2	1745	7.75	26.4
6	3.03	218.0	2080	9.05	24.1

注：刀盘空推推力在 2000～3000kN。

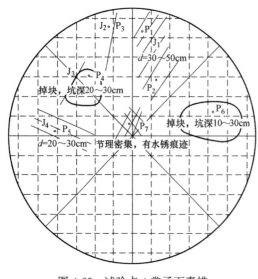

图 4-25 试验点 4 掌子面素描

体素描及照片分别见图 4-25 和图 4-26。掌子面节理发育，岩体节理体积数 $J_v \approx 22$。J_1：产状 110°∠55°，与轴线夹角 50°，间距 30～50cm，掌子面可见多条。J_2：产状 170°∠80°，与轴线夹角 40°，节理微张，延伸较长。J_3：产状 65°∠60°，与轴线夹角 40°，为破碎区控制性节理面。J_4：产状 135°∠20°，与轴线夹角 45°，节理微张，延伸较长。从掌子面照片看，掌子面右侧有塌坑（P_6），塌坑面积较大，坑深 10～30cm。掌子面左上方沿着节理面有掉块（P_4），掌子面中部节理密集发育，极不平整，有水锈痕迹。掘进试验前对滚刀进行检查，滚刀皆处于正常磨损状态。

 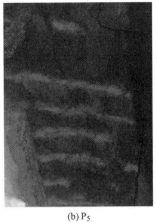 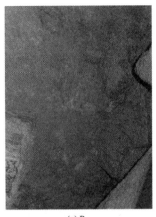

(a) P_4　　　　　　　　(b) P_5　　　　　　　　(c) P_6

图 4-26　试验点 4 掌子面照片

2）试验设计

掌子面节理很发育，多处存在塌坑，掘进中刀盘推力不宜设置过大。为了保证掘进安全，刀盘最大推力水平设置不超过 11000kN。本次试验设置 6 个掘进步，刀盘转速保持在 3.0rpm。每个掘进步试验时间 6～8min，试验过程中取岩渣约 20kg。

3）试验过程

掘进试验按照设计推力水平依次进行，随着刀盘推力增加，贯入度及扭矩迅速增大。刀盘推力超过 10000kN 后，刀盘扭矩和贯入度变得异常敏感。推力增加到 10800kN 左右，刀盘扭矩有较大幅度波动，峰值接近 2800kN·m，刀盘振动剧烈，出渣量很大。为保证数据组数达到要求，将刀盘推力逐渐降低至 9500kN，补充一次试验。试验中产生的岩渣主要为块状，块度较大，无法收集。试验点 4 的掘进试验过程见表 4-9，整个掘进试验过程中掘进参数变化见图 4-27。

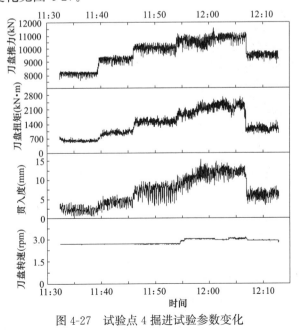

图 4-27　试验点 4 掘进试验参数变化

试验点 4 掘进试验过程　　　　　　　　　　　　　　　　　　　　表 4-9

掘进步	推力水平(%)	总推进力(kN)	掘进时间(min)	岩渣编号
1	62	8126	7	主要为块状岩片,块度较大,难以取渣
2	71	9200	6	
3	77	10065	7.5	
4	81	10553	6	
5	84	10877	6	
6	73	9524	7	

4）试验结果

通过对盾构记录的掘进参数统计,试验点 4 掘进试验结果见表 4-10。

试验点 4 掘进试验结果　　　　　　　　　　　　　　　　　　　　表 4-10

掘进步	转速(rpm)	单刀推力(kN)	扭矩(kN·m)	贯入度(mm)	BI(kN/mm)
1	2.69	104.8	611	2.51	41.8
2	2.69	127.7	968	4.60	27.8
3	2.68	146.1	1510	8.10	18.0
4	2.97	156.4	2002	10.60	14.8
5	3.01	163.3	2258	12.10	13.5
6	2.78	134.6	1184	6.49	20.7

注：刀盘空推推力在 3000~3500kN。

4.2.1.5　TBM 掘进试验结果分析

1）单刀推力分析

图 4-28 为掌子面岩体在不同节理发育程度下单刀推力与贯入度关系曲线。由图可知,各试验点都存在一个单刀推力的临界值。掌子面岩体完整或节理较少（试验点 1 和试验点 2）,单刀推力低于临界值时,滚刀对其下方岩体造成的损伤较小,滚刀单次转动几乎无法完成破岩,相邻滚刀间相互作用弱。如试验点 1 中单刀推力由 144.5kN 增加到 176.6kN,贯入度几乎没有明显增加。当单刀推力大于其临界值时,较大的推力造成岩体内部裂纹扩展范围增大。相邻滚刀间作用效果显著增强,滚刀破碎岩体变得容易,贯入度快速增大。掌子面岩体节理发育时（试验点 3 和试验点 4）,单刀推力的临界值前后贯入度增长速度不同,超过临界点后贯入度的增长速度明显加大。一方面是由于掌子面不平整且时有塌坑,掘进中可能有部分滚刀不受力。刀盘总推力相同时,其他区域滚刀受力增大,利于破岩。另一方面是由于掌子面节理发育,相邻滚刀间裂纹贯通或者裂纹扩展至节理面都可形成岩片。节理面的存在使得产生岩片所需的裂纹扩展距离更短,滚刀侵入岩体所需推力大幅度降低。相同推力下,可以获得更大的贯入度。

比较 4 个试验点的掘进数据,完整岩体条件下,滚刀主要的破岩模式为相邻滚刀间裂纹扩展并贯通形成岩片。掌子面岩体节理裂隙存在时,一方面滚刀间裂纹扩展可形成岩片,另一方面裂纹扩展至节理面同样也能形成岩片,且破岩效率更高。随着岩体节理发育程度加大,节理组数越多,破岩越容易。岩体节理发育也会限制刀盘推力进一步增加,如在试验点 4 的 TBM 掘进试验中，推力增加到一定程度，扭矩波动明显，刀盘振动异常，已无法进一步提高推力。

2）刀盘扭矩分析

图 4-29 为刀盘扭矩与贯入度关系图。4 个试验点的掘进试验中，刀盘扭矩随着贯入度的增大皆呈现线性增长趋势。试验点 1 刀盘扭矩增长速度最快，试验点 4 刀盘扭矩增长速度最慢。也就是说，掌子面节理越发育，贯入度增加，刀盘扭矩增长速度越慢。掌子面节理越发育，相同贯入度下，滚刀侵入岩体所需推力越小，受节理影响岩片更易产生，滚刀转动中所需滚动力相应降低，刀盘转动更容易。

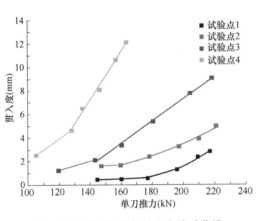

图 4-28　单刀推力与贯入度关系曲线　　　图 4-29　刀盘扭矩与贯入度关系

3）可掘性指数分析

图 4-30 为可掘性指数与贯入度关系曲线，贯入度与可掘性指数呈现良好的幂函数关系。随着滚刀推力的增加，相邻滚刀间作用效果增强，滚刀更加容易侵入岩体，岩体可掘性指数随贯入度增加而降低。从图中可知，贯入度存在一个介于 1～2mm 间的临界值，贯入度小于该值时，可掘性指数较大，岩体较难破碎。超过临界值后，可掘性指数下降速度明显放缓。即掘进过程中需要将贯入度控制在 2mm 以上，特别是完整岩体条件下，以降低破岩能量消耗，提高 TBM 掘进效率。

岩体特征可掘性指数（SRMBI）[22] 可反映岩体可掘性，该值与掘进机设计参数无关，岩体特征指数越小，岩体越易破碎。试验点 1 至试验点 4 的岩体特征可掘性指数分别为 185.3kN/mm、130.0kN/mm、113.3kN/mm、81.3kN/mm。试验点 1 至试验点 4 的岩体条件由完整岩体向节理发育转变，SRMBI 值也呈现降低趋势，节理的存在大幅度促进滚刀对岩体的破碎。

4.2.1.6　TBM 掘进试验岩渣分析

掘进试验中每个掘进步都在出渣口收集岩渣 20～30kg，以研究不同推力等级下 TBM 的破岩效率。试验点 4 掌子面节理裂隙很发育，产生的岩渣块度太大，无法收集。岩渣收集完成后进行筛分试验，并对典型大岩块三轴尺寸进行测量。

1）筛分曲线

试验点 1 的岩渣筛分试验结果见图 4-31，岩渣见图 4-32。试验点 1 筛分曲线中，随着滚刀推力增加，筛分曲线基本上呈现向下移动趋势。前 3 个掘进步中产生的岩渣中砂粒占比高，碎石占比不足 7%。之后 3 个掘进步中砂粒的占比出现大幅度降低，碎石占比增大，如掘进步 6 中碎石占比达到 20%。即完整岩体下，破岩效率随着滚刀推力增加呈现持续增大趋势。同时也表明只有当滚刀推力大于临界推力值时，岩体才可有效破碎成大块岩片。

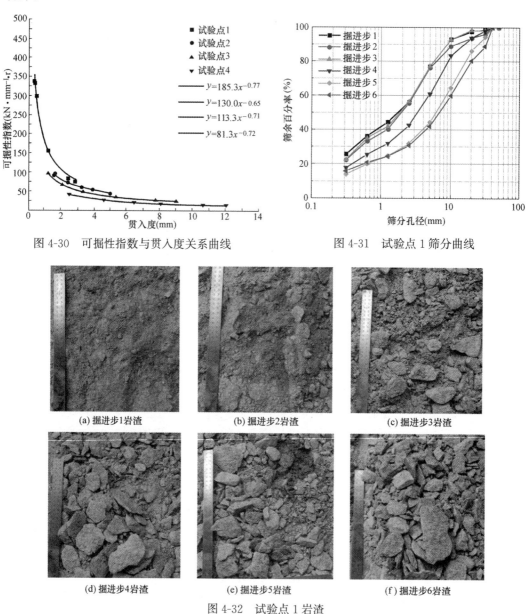

图 4-30　可掘性指数与贯入度关系曲线　　　　图 4-31　试验点 1 筛分曲线

图 4-32　试验点 1 岩渣

试验点 2 的岩渣筛分试验结果见图 4-33，掘进步 1 筛分曲线位于图形最上方，破岩效率较低，掘进步 2 次之。掘进步 3~6 的筛分曲线交织在一起，总体差别较小，但掘进步 5 和掘进步 6 中碎石占比略高，达到 25%。在该岩体条件下，随着滚刀推力增加，掘进效率先快速增大，而后掘进效率的增长速度变慢，在掘进步 5 和掘进步 6 时达到高点。

试验点 3 的筛分试验结果中，掘进步 1 的筛分曲线位于图形最上方，其他筛分曲线交

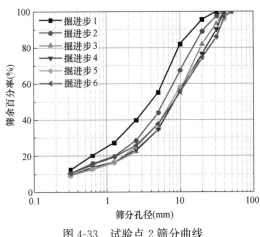

图 4-33 试验点 2 筛分曲线

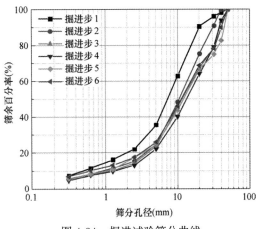

图 4-34 掘进试验筛分曲线

织在一起，区别较小，见图 4-34。掘进步 4 的砂粒和角砾占比最低，掘进步 5 的碎石占比最高。破岩效率在掘进步 5 时达到最高点。

比较 3 个试验点的筛分曲线发现，试验点 1~3 的破岩岩渣中，砂粒占比依次降低，分别为 30%~55%、20%~37% 以及 7%~20%，相反，碎石占比依次升高，分别为 2%~20%、5%~25% 以及 10%~35%。试验点 1 的岩渣最破碎，试验点 3 的岩片块度较大。完整岩体条件下，较大的推力造成岩石内部裂纹密集，岩体被碾压成岩粉和碎片，滚刀破碎单位体积岩体需要更多的能量，整体的破岩效率低。相邻滚刀间存在节理时，节理面缩短了裂纹传播距离，滚刀下方裂纹趋于向节理面扩展，较小的单刀推力即可破碎岩体，且产生的岩块体积较大，破岩效率更高。

2）岩片形状

通过对典型岩片三轴尺寸测量，可以获得岩片的形状特征。图 4-35 给出典型岩片的平均厚度，试验点 3 的岩片厚度大于其他两个试验点。图 4-36 给出岩片的扁平度分布，试验点 1~3 的岩片中轴与长轴的比值分别在 0.82、0.75 和 0.72 左右，短轴与中轴的比值分别在 0.2、0.3 和 0.45 左右。试验点 1 至试验点 3 岩片中轴与长轴比值呈现降低趋势，短轴与中轴的比值呈现上升趋势。图 4-37 为掘进试验的典型岩片，试验点 1 岩片厚

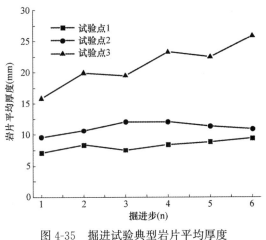

图 4-35 掘进试验典型岩片平均厚度

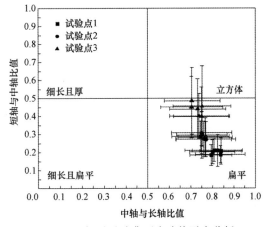

图 4-36 掘进试验典型岩片偏平度分析

度小，呈现扁平状，岩片表面凹凸不平，破坏面不规则，轻轻敲击岩片易破碎。试验点3岩片厚度大，类似于块状，存在多个节理面，节理面光滑平整，岩石强度高，敲击难破碎。掌子面岩体较完整时，相邻滚刀间侧向裂纹扩展形成的岩片呈扁平状，厚度一般较小，且岩片内部裂纹密集分布，强度低、易破碎。岩体节理发育时，滚刀下方的主裂纹向斜下方扩展至节理面产生块状岩片，岩片更完整。

(a) 试验点1典型岩片　　　　　　(b) 试验点3典型岩片

图 4-37　掘进试验典型岩片

4.2.2　稳定器性能试验

4.2.2.1　稳定器设计

双模盾构以 TBM 模式掘进过程中，较高刀盘转速会增加主机振动和盾体滚转趋势。为降低盾体转动造成的设备异常停机，前盾上半部对称布置两组稳定器。稳定器油缸伸出并作用于洞壁，可以吸收主机传来的振动，对刀盘形成半刚性约束，可有效降低盾体振动及滚动幅度。稳定器有密封设置，可适应土压平衡模式。稳定器布置见图 4-38，具体参

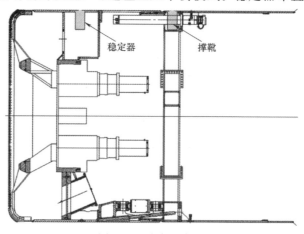

图 4-38　稳定器布置

数见表 4-11。怀福区间双模盾构刀盘设计最高转速为 5rpm，以 TBM 模式掘进硬岩地层时，未使用稳定器条件下，刀盘转速超过 3rpm 后，经常因盾体滚动角过大而异常停机。为验证稳定器性能，设计一系列试验来研究稳定器油缸推力与刀盘转速的关系，以发挥稳定器性能，从而提高盾构掘进速度。

稳定器设计参数　　　　　　表 4-11

稳定器	参数
油缸规格(缸径/杆径-行程)	220/170-40mm
油缸数量	2 根
油缸推力	684kN

4.2.2.2 稳定器推力对刀盘总推力的影响

双模盾构掘进中，稳定器施加推力后，稳定器油缸作用在洞壁上会增加盾构推进所需总推力。一方面油缸与洞壁间会产生摩擦力，另一方面油缸的反作用力会增大前盾底部与岩体间的摩擦力。前盾共配备一对稳定器油缸，每组油缸最大设计推力约为 60t（260bar），考虑到稳定器油缸与洞壁接触的静摩擦系数 μ 在 0.45 左右，即油缸与洞壁间产生的摩擦力 f_1 为：

$$f_1 = 2 \times 60 \times 0.45 = 54t \tag{4-4}$$

双模盾构刀盘共布置 47 把盘形滚刀，区间地层条件为微风化细粒花岗岩，岩体节理裂隙较发育。掘进时单刀推力在 15～22t。掘进过程中刀盘破岩所需最低推力 F_T 约为：

$$F_T = 15 \times 47 \approx 700t \tag{4-5}$$

未施加稳定器推力时，盾构正常掘进刀盘总推力约 1000t，盾壳及刀盘总质量约 400t。前盾底部与岩体间产生摩擦力系数 μ 通过计算可得：

$$\mu = (1000 - 700)/400 = 0.75 \tag{4-6}$$

稳定器油缸推力的反作用力对前盾底部造成的摩擦力 f_2 为：

$$f_2 = 2 \times 60 \times 0.75 = 90t \tag{4-7}$$

掘进过程中稳定器油缸推力对盾构造成的最大摩擦力为：

$$f = f_1 + f_2 = 144t \tag{4-8}$$

在施加稳定器推力条件下，盾构刀盘总推力将由 1000t 提升至 1144t 左右，满足机器设计要求，即稳定器可以满载运行。

4.2.2.3 试验方案

稳定器性能掘进试验中，按照 10t 的油缸推力等级由小至大依次进行试验，每个推力等级试验中设置不同的刀盘转速，最低转速控制在 3rpm，具体试验方案需结合现场情况进行调整。试验中设备自动记录掘进过程中稳定器油缸压力、刀盘转速、刀盘推力、刀盘扭矩、贯入度等参数，采集频率为每秒 1 次。每个掘进步连续掘进 5～10min。

4.2.2.4 试验过程

稳定器性能掘进试验在区间隧道左线进行，试验点里程号为 ZDK30+479～ZDK30+481，掌子面岩体为微风化混合花岗岩。1 号和 2 号稳定器油缸压力为手动控制，通过点击"伸出"按钮增大油缸压力，点击"回收"按钮减小油缸压力。油缸最大压力值为 160bar，试验中发现油缸压力值跳动大，较难控制在设计油压水平，造成试验中无法按照预先设计的油缸压力等级进行试验。实际试验中油缸压力稳定在某一数值后，即在该值下调整刀盘转速进行试验。整个试验过程中的掘进参数随时间变化见图 4-39。

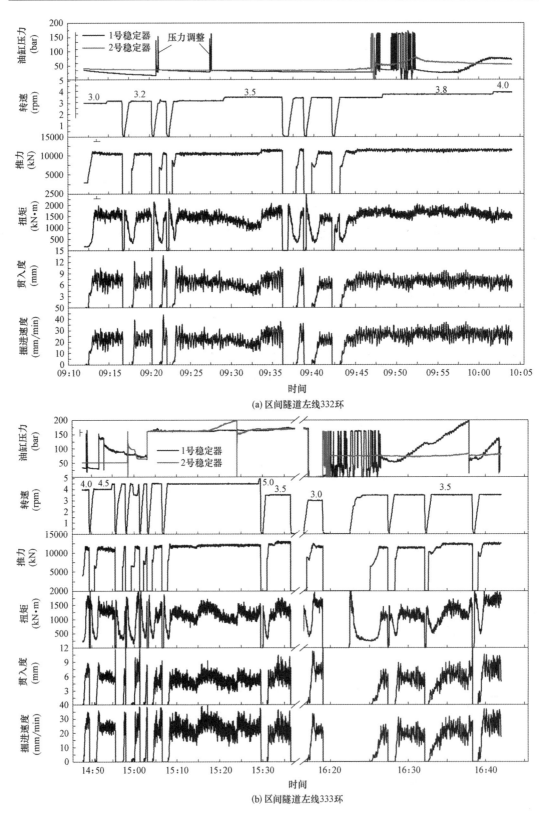

图 4-39 掘进参数随时间变化曲线

4.2.2.5 结果分析

从油缸压力稳定性角度考虑，1号和2号稳定器油缸压力稳定性较差。盾构掘进中，油缸压力出现逐渐上升或逐渐降低，相比于2号稳定器，1号稳定器油缸压力变化更加不稳定。主要原因为隧道洞壁不平整，洞壁凸起时，油缸向前滑移中行程缩短，油缸受力增大。洞壁凹陷时，油缸向前滑移中行程增加，油缸受力降低。掘进中盾构振动明显，油缸压力在较大的振动下无法保持稳定。此外，稳定器油缸故障，出现漏油等问题，都会造成油缸压力不稳定。

从油缸压力与刀盘转速角度考虑，通过对图4-39（a）分析，两个稳定器油缸压力控制在40bar左右时，刀盘转速可以达到3.5rpm。长时间掘进中1号稳定器油缸压力出现缓慢降低。当1号稳定器油缸压力降低至30bar后，盾构多次因盾体滚动角过大而异常停机。1号和2号稳定器油缸压力分别维持在30~35bar和70~80bar时，刀盘转速可长时间稳定在3.8rpm而不发生异常停机。1号和2号稳定器油缸压力分别维持在70~80bar和50~60bar时，刀盘转速可长时间稳定在4.0rpm而不发生异常停机。通过对图4-39（b）分析，1号和2号稳定器油缸压力在70~80bar，刀盘转速增加至4.5rpm后，盾构因盾体滚动角过大而频繁停机。1号和2号稳定器油缸压力达到最大160bar左右时，刀盘转速可长时间稳定在4.5rpm，当刀盘转速增大至5.0rpm后，盾构立刻异常停机。

通过上述分析可知，两个稳定器油缸压力稳定在40bar左右时，刀盘最高转速可达3.5rpm。油缸压力稳定在70~80bar时，刀盘最高转速可达4.0rpm。油缸压力稳定在160bar时，刀盘最高转速可达到4.5rpm。稳定器设计可有效提高刀盘转速，但稳定器自身稳定性还有待提高。

4.3 TBM施工模式下施工预测

4.3.1 TBM施工预测模型

准确预测TBM施工性能，对施工进度安排、施工成本估算具有重要意义。TBM施工预测模型包括单因素预测模型和多因素多参数综合预测模型。综合预测模型主要包括CSM模型、NTNU模型、岩体分类预测模型（Q_{TBM}）及岩体特征预测模型等。单因素预测模型仅考虑岩石的某一参数，如抗压强度、抗拉强度或总硬度，其结果是对某一类型岩石或某一条隧道开挖的总结，对TBM开挖预测只能粗略地作一个估计。

4.3.1.1 CSM模型

美国科罗拉多矿业学院（CSM）提出的预测模型是建立在大量完整岩石的室内滚刀破岩试验基础上发展而来。CSM模型最早由Ozdemir[24]于1977年提出，Rostami先后在1993年[25]和1997年[26]对模型进行改进。该模型考虑了岩体物理力学参数、滚刀几何特征、破岩参数等因素。通过对数据库的多变量线性回归分析，得到式（4-9）。利用相同的数据库，通过对数变换和回归分析得到式（4-10）。

$$F_n = -31620 + 2182S + 5538P + 2.6\sigma_t + 0.357\sigma_c + 71621w_t + 1162R \quad (r=0.78) \quad (4-9)$$

$$F_n = 8.76 w_t^{0.797} R^{0.788} \varphi^{0.602} S^{0.28} \sigma_c^{0.629} \sigma_t^{0.195} \quad (r=0.86) \quad (4-10)$$

或者也可以用下式来表示：

$$F_n = w_t \cdot R \cdot \varphi \cdot P_r \quad (4-11)$$

$$P_r = C w_t^{-0.2} R^{-0.21} \varphi^{-0.4} S^{0.28} \sigma_c^{0.629} \sigma_t^{0.195} \quad (4-12)$$

$$P_r = C \sqrt[3]{\frac{S \sigma_c^2 \sigma_t}{\varphi \sqrt{R w_t}}} \quad (4-13)$$

式中,F_n 为推力 (lb);S 为滚刀间距 (in);P 为侵入深度 (in);σ_t 为岩石抗拉强度 (lb/in²);σ_c 为岩石单轴抗压强度 (lb/in²);w_t 为滚刀刀刃宽度 (in);R 为滚刀半径 (in);φ 为滚刀与岩石接触弧的度数;C 为常数 2.12。

获得滚刀推力后,滚动力可以通过滚刀的切割系数来估算,滚刀切入系数为滚刀破岩过程中推力与滚动力的比值,如下式:

$$C_c = \frac{F_n}{F_r} \quad \text{或} \quad F_r = \frac{F_n}{C_c} \quad (4-14)$$

通过上述方程,在滚刀侵入岩体的几何关系确定后,可以计算得到其滚刀推力和滚动力。计算的结果可以与掘进机额定总推力与扭矩相比较,当扭矩或总推力达到最大时所获得的掘进速度为最大掘进速度。模型中没有考虑岩体中节理及节理特性对掘进速度的影响。

4.3.1.2 NTNU 模型

NTNU 预测模型是挪威科技大学发展起来的一整套隧道掘进机经验预测模型[27]。通过对岩体参数和机器参数进行回归分析后得到了一系列的经验图表和预测方程。该模型可用于预测掘进速度 (m/h)、滚刀磨损 (h/cutter,m³/cutter)、掘进机的使用率 (%) 及费用估计。该预测模型从 20 世纪 70 年代中期成型,到目前为止先后经历 6 次更新。NTNU 模型是目前隧道行业内最广泛使用的模型,其预测能力已经被大量工程实践所证明。

1) 掘进速度预测

NTNU 模型中的掘进速度预测模型基于 TBM 掘进试验曲线,见图 4-40,通过曲线拟合得到如下关系式:

$$P_0 = \left(\frac{F_{n(ekv)}}{F_{n(l)}}\right)^b \quad (4-15)$$

式中,P_0 为基本掘进深度 (mm/rev);$F_{n(ekv)}$ 为等效单刀推力 (kN/cutter);$F_{n(l)}$ 为 1mm/rev 时需要的单刀推力 (kN/cutter);b 为滚刀侵入系数。

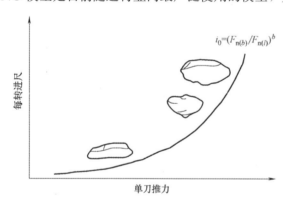

图 4-40 隧道掘进机掘进试验曲线示意图

掘进速度预测模型建模的第一步是对数据库中数据进行回归分析以建立 $F_{n(l)}$ 和 b 与各种地质参数和机器参数之间的关系;第二步是用获得的有效数据评估建立回归模型,调整回归参数使拟合模型达到最佳。通过用等效单刀推力 $F_{n(ekv)}$ 来表征机器参数的影响,岩体参数的影响用等效裂隙因子 k_{ekv} 来表征。利用率用隧道开挖时各项操作用时来评估。施工速度用利用率和掘进速度来评估。开挖成本用所有包含在施工成本中的各项成本来评估[28]。预测模型中的部分输入参数需要通过一系列特殊试验来获取,如脆性指数、岩石表面硬度 Sievers 指数、磨损试验 AV 值。

2) 刀具磨损预测

挪威科技大学通过统计分析提出用以下 3 个公式来计算滚刀刀圈的平均使用寿命。

$$H_{h}=(H_{0}k_{D(tbm)}k_{q}k_{rpm}k_{N})/N \tag{4-16}$$

$$H_{m}=H_{h}P \tag{4-17}$$

$$H_{f}=H_{h}P\pi D_{tbm}^{2}/4 \tag{4-18}$$

式中，H_h 为平均滚刀刀圈使用寿命（h/cutter）；H_0 为基本的平均滚刀刀圈使用寿命，它是滚刀寿命指数（CLI）与各滚刀直径的一个函数；H_m 为平均滚刀刀圈使用寿命（m/cutter）；H_f 为平均滚刀刀圈使用寿命（m³/cutter）；P 为掘进速度（mm/rev）；D_{tbm} 为 TBM 直径；$k_{D(tbm)}$ 为 TBM 直径修正系数；k_{rpm} 为 TBM 每分钟转数修正系数，k_{rpm} 为 $(50/D_{tbm})/RPM$；k_N 为滚刀数量修正系数；N 为实际的滚刀数量；k_q 为石英含量修正系数。

根据 TBM 开挖段的岩体及岩石物理力学性质参数资料得到石英含量修正系数 k_q、基本的平均滚刀刀圈使用寿命 H_0，再根据施工方所提供的 TBM 设计资料及运行数据得到其他修正系数，计算得到每把滚刀的平均开挖量（m³/cutter）。

4.3.1.3 岩体分类预测模型

考虑了隧道掘进机与岩体相互作用，在原有岩体分类 Q 系统的基础上，Barton[29] 加入一系列新的影响掘进机施工的因素，提出了岩体 Q_{TBM} 预测系统，其表达式如下：

$$Q_{TBM}=\frac{RQD_0}{J_n}\frac{J_r}{J_a}\frac{J_W}{SRF}\frac{SIGMA}{F_n^{10}/20^9}\frac{20}{CLI20}\frac{q}{5}\frac{\sigma_\theta}{5} \tag{4-19}$$

式中，RQD_0 为沿隧道方向的 RQD 值；J_n，J_r，J_a，J_W 和 SRF 表示的意义与在 Q 系统中一样；F_n 为滚刀推力（t）；CLI 为滚刀寿命指数，采用了 NTNU 预测模型中的试验结果；q 为岩石的石英含量；σ_θ 为在隧道工作面引发的双轴应力（MPa）；SIGMA 为岩体强度估计。

通过对大量隧道数据的分析，Barton 总结得出掘进速度、进度与 Q_{TBM} 之间的关系见图 4-41。

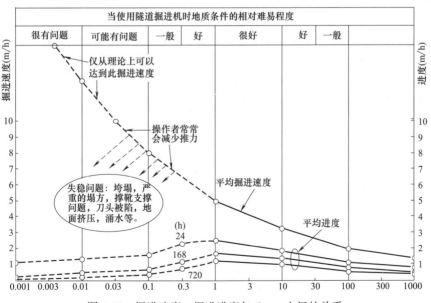

图 4-41 掘进速度、掘进进度与 Q_{TBM} 之间的关系

4.3.1.4 岩体特征预测模型

龚秋明等[30]基于 TBM 破岩机理与 TBM 掘进试验，提出了一个预测 TBM 掘进速度的岩体特性预测模型（RMC 模型）。此模型的参数主要根据新加坡深埋污水隧（DTSS）项目 TBM 开挖过程中的掘进试验、岩体参数、TBM 运行参数、TBM 设计参数进行统计分析得到的。模型根据 TBM 掘进试验结果，得出了岩体可掘性指数与岩体特征可掘性指数的关系式（4-20）。根据所获得的岩体参数及岩体特征可掘性指数，统计得出式（4-21）。在获得岩体参数后，当 TBM 设计参数相差不大，可以利用上述公式进行 TBM 掘进速度预测。此模型没有考虑地应力对掘进速度的影响，也没有得出 TBM 设计值变化后的修正公式。

$$BI \approx BI_{(1)} P^{-0.75} \tag{4-20}$$

式中，BI 为岩体可掘性指数，滚刀推力与 TBM 每转进尺的比值；$BI_{(1)}$ 为岩体特征可掘性指数，是指每转进尺 1mm 时，滚刀需要提供的推力值大小。

$$BI = 37.06 UCS^{0.26} B_i^{-0.10} (0.84 e^{-0.05 J_v} + e^{-0.09 \sin(\alpha + 30°)}) \tag{4-21}$$

式中：B_i——岩石脆性指数；

J_v——节理体积数；

α——最密节理组与洞轴线交角。

Q_{TBM} 预测模型在原有 Q 系统基础上加入了一些与 TBM 开挖相关的参数，系统参数太多且复杂，有些因素在模型中有重复，一些因素与 TBM 破岩关系不大也被列在其中，因此很少被采用。CSM 模型是基于室内滚刀线性破岩试验发展而来的，对于硬岩 TBM 掘进，以最大推力为依据来计算掘进速度。最初的模型没有考虑岩体节理裂隙对破岩的影响，后来用岩体强度替代岩石强度以考虑节理裂隙的影响，仅从一条隧道的回归分析中得到，其应用目前受到一定限制。NTNU 模型经过多年的发展，随着 TBM 技术改进经过了多次修正，而且从模型创立之初就对 TBM 破岩的影响因素进行了较为全面的分析，比较切合实际，因而其预测方法被普遍采用。但是由于其预测方法中需要进行一些特定试验，其应用也受到一定的影响。岩体特性 TBM 掘进速度预测模型依据 TBM 破岩规律，采用通用的岩石试验数据与节理参数对 TBM 掘进速度进行预测，具有通用性，但目前模型发展所依赖的隧道开挖数据有限，具有一定的局限性。所有预测模型除 Q_{TBM} 外，基本上没有考虑地应力对 TBM 开挖速度的影响，或者说对预测开挖速度的修正，所以在高地应力或岩爆条件下，TBM 开挖速度的预测仍是一个难题。

4.3.2 TBM 施工模式下掘进速度预测

结合怀福区间隧道详勘及补勘报告，左、右线 TBM 施工模式段在 ZDK30+280～ZDK31+420 与 YDK30+280～YDK31+460 里程之间。TBM 施工模式段岩体节理发育不均，按照岩体条件对区间隧道掘进速度分区段进行预测。由于双模盾构刀盘设有较大开口率，其刀盘结构强度较小于一般的 TBM 刀盘。实际 TBM 模式下刀盘总推力最大值设置一般不超过 13000kN，空推推力在 2000~4000kN。故掘进速度预测采用的最大单刀推力按照 200kN 估算，采用岩体特征预测模型对 TBM 模式开挖段施工速度进行预测。同时根据施工预测的掘进速度与岩体条件对开挖施工做出了相应的建议。区间隧道左右线的分区段预测结果见表 4-12 和表 4-13。

表 4-12 区间隧道左线分区段预测结果

里程	ZDK30+280~ZDK30+340	ZDK30+340~ZDK31+060	ZDK31+060~ZDK31+200	ZDK31+200~ZDK31+300	ZDK31+300~ZDK31+350	ZDK31+350~ZDK31+420
地质条件	中风化—微风化混合花岗岩，微风化岩层RQD在40~60	微风化混合花岗岩，RQD在60~90	中风化—微风化细粒花岗岩，微风化岩层RQD在20~50之间	微风化混合花岗岩，RQD为80左右	微风化混合花岗岩，RQD为40~60	微风化混合花岗岩，RQD在70~90
施工规划	TBM模式下，$P=8~10mm/rev$，土压平衡施工模式下，由软土地层进入硬岩地层，应加大推进尺掘进。完全进入硬岩后，可进行模式转换，TBM施工模式下，以低推力、低转速掘进	$P=5~8mm/rev$，此段岩石完整性较好，节理较少，掘进速度受推力控制，可以高推力、高转速掘进。观察岩渣形态及刀盘振动情况。关注滚刀磨损	$P>10mm/rev$，此段受花岗岩侵入岩，岩体发育不均、完整性差，隧道顶部可能为中风化。掘进中观察扭矩及渣片形状变化。岩渣呈片状、岩渣中含泥或者呈碎块状时，应适当降低刀推力，快速通过	$P=6mm/rev$，此段岩石完整性较好，节理较发育，掘进速度受推力控制，可以高推力、高转速掘进。观察岩渣形态及刀盘振动情况。关注滚刀磨损	$P=8.5~12mm/rev$，此段岩石节理较发育。掘进中观察扭矩及渣片形状变化，可以中高推力、中高转速掘进。观察岩渣形态及刀盘振动情况。关注滚刀磨损	$P=5~7mm/rev$，此段岩石完整性较好，节理混合岩石较少。掘进速度受推力控制，可以高推力、高转速掘进。观察岩渣形态及刀盘振动情况。做好模式转换准备

区间隧道右线分区段预测结果　　　表 4-13

项目						
地质剖面图	怀福站至福永站区间隧道右线纵断面图					
里程	YDK30+280~YDK30+340	YDK30+340~ZDK31+000	ZDK31+000~ZDK31+070	ZDK31+070~ZDK31+240	ZDK31+240~ZDK31+350	ZDK31+350~ZDK31+460
地质条件	中风化-微风化混合花岗岩，微风化岩层RQD在40~60	微风化混合花岗岩，RQD在60~90	中风化-微风化细粒花岗岩，岩层RQD在20~50之间	中风化-微风化细粒花岗岩，中风化-微风化混合花岗岩，中间包含两条断层带，强风化-中风化碎裂岩	微风化混合花岗岩，RQD在40~60	微风化混合花岗岩，RQD在70~90
施工规划	TBM模式下，$P=8\sim10$mm/rev土压平衡施工模式下，由软土地层进入硬岩地层，应以高推力、低进尺掘进。完全进入硬岩20m左右，可进行模式转换。TBM施工模式下，以高推力、高转速掘进	$P=5\sim8$mm/rev此段岩石完整性较好，掘进速度受推力控制，可以高推力、高转速掘进。观察岩渣形态及刀盘振动情况，关注滚刀及刀盘振动情况，关注滚刀磨损	$P>10$mm/rev此段为细粒花岗岩侵入岩，岩体发育不均完整性差，节理较发育，隧道顶部可能为或中风化。掘进中观察扭矩及渣片形状变化掘进，岩渣中含呈片状，可提高推力及转速，可现高块速度时，应适当降低刀盘推力，快速通过	$P>10$mm/rev此段岩石整体性差，节理发育，且包含两条断层。掘进中观察扭矩及渣片形状变化扭矩控制，可以高推力、高转速掘进。降低刀盘推力及转速，快速通过。过断层前可注浆加固	$P=8.5\sim12$mm/rev此段岩石节理较发育。掘进中观察扭矩及渣片形状变化	$P=5\sim7$mm/rev此段岩石完整性较好，节理裂隙发育较好，掘进速度受推力控制，可以高推力、高转速掘进。观察岩渣形态及刀盘振动情况，关注滚刀磨损。做好模式转换准备

高程(m): 100, 90, 80, 70, 60, 50, 40, 30, 20, 10, 0, -10, -20, -30

YDK29+981.804 — YDK31+731.392

怀德站 — 福永站

4.3.3 TBM 施工模式下滚刀磨损预测

根据区间隧道工程地质资料及双模盾构设计参数，采用 NTNU 刀具磨损预测模型对怀福区间盾构 TBM 施工模式下滚刀寿命进行预测。由于 TBM 模式施工段岩体节理发育不均，RQD 在 50～90 范围内的区间长度占比超过 70%，RQD 以 70 进行计算。盾构掘进中，单刀推力最大为 200kN，按照岩体特征预测模型预测所得掘进速度在 7mm/rev 左右。TBM 施工模式下滚刀磨损预测结果见表 4-14。区间左、右线 TBM 模式施工长度约 1140m 和 1180m，按照 NTNU 预测模型计算所得的滚刀开挖方量为 174m³/cutter，预计换刀数分别为 215 把和 222 把。

TBM 施工模式下滚刀磨损预测　　　　表 4-14

施工段	里程号	岩性	长度(m)	NTNU 预测(m³/cutter)	预测换刀数(把)
区间左线	ZDK30+280～ZDK31+420	混合花岗岩、细粒花岗岩	1140	174	215
区间右线	YDK30+280～YDK31+460	混合花岗岩、细粒花岗岩	1180	174	222

4.4 TBM 模式下施工参数优化

4.4.1 模型预测结果与现场掘进试验对比

采用 NTNU 模型、岩体特性预测模型对 TBM 施工模式下掘进速度进行预测，并将预测结果与现场掘进试验数据进行对比，分析两种预测模型的适用性。由于没有进行 NTNU 预测模型所需的相关室内试验，所用的参数参照挪威科技大学数据库中相同岩组的中一低值来进行预测，可能会产生一些误差。TBM 模式下掘进试验数据参考第 4.2.1 条。根据试验点岩体条件和 TBM 设计参数，运用 NTNU 模型和岩体特性模型对 TBM 施工模式下的掘进速度进行预测，预测结果与试验结果见图 4-42。

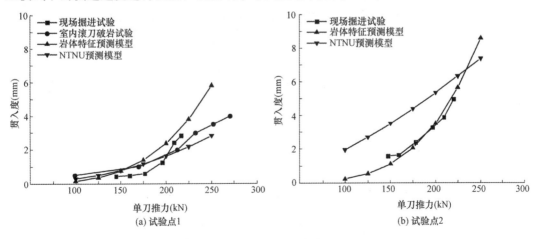

图 4-42　预测结果与试验结果对比（一）

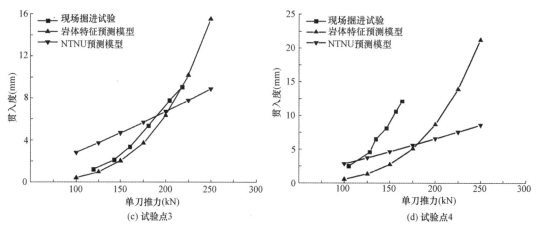

图 4-42 预测结果与试验结果对比（二）

通过比较发现，试验点 1 的现场掘进试验曲线与室内滚刀破岩试验、NTNU 预测模型及岩体特征预测模型所得结果基本保持一致。单刀推力超过 200kN 后，岩体特征预测模型结果较可靠，NTNU 预测模型值较小于试验值，结果偏保守。在试验点 2 和试验点 3，岩体特征预测模型曲线与现场掘进试验曲线增长规律相同，且预测数值与试验值误差较小。在试验点 4，两类预测模型预测结果皆偏小，准确性较差。

综上所述，完整岩体下，NTNU 预测模型和岩体特征预测模型都可以比较好地预测 TBM 施工模式下的施工速度。随着岩体节理裂隙发育，岩体特征预测模型预测结果可靠性更高。在节理非常发育岩体条件，两类预测模型结果都偏于保守。

4.4.2 预测结果与实际开挖结果对比分析

对盾构开挖过程的操作参数进行收集整理，结果见图 4-43，并与第 4.3.2 节中的掘进速度预测结果进行比较。总的来说，模型预测结果与实际开挖结果在部分段基本一致，如左、右线 300～600 环，预测掘进速度为 5～8mm，实际掘进速度主要集中在 5～10mm。如左、右线 700～800 环，预测掘进速度为大于 10mm，实际掘进速度主要集中在 10～13mm。如左、右线 800～900 环，预测掘进速度在 8.5～12mm，实际掘进速度主要集中在 7～12mm。

部分段模型预测结果与实际开挖结果存在较大差异，且实际掘进速度明显波动较大，相邻环掘进速度差异明显。开挖过程中对掌子面岩体以及岩渣进行了连续观察，沿线岩体条件变化较快，节理发育不均。施工前期难以对岩体条件进行准确判断，是造成掘进速度预测不准确的主要原因。如左、右线 250～300 环勘察给出的岩体条件 RQD 在 60～90，岩体完整性较好。实际开挖产生的岩渣多为块状，掌子面节理较发育。如左、右线 400 环左右实际开挖中遇到蚀变带，掌子面上半部分为强风化混合花岗岩，岩渣中土粒占比较大。此外，由于掌子面岩体节理发育或出现蚀变带，实际总推力仅在 6000～10000kN，单刀推力 160kN，低于估算的单刀推力。

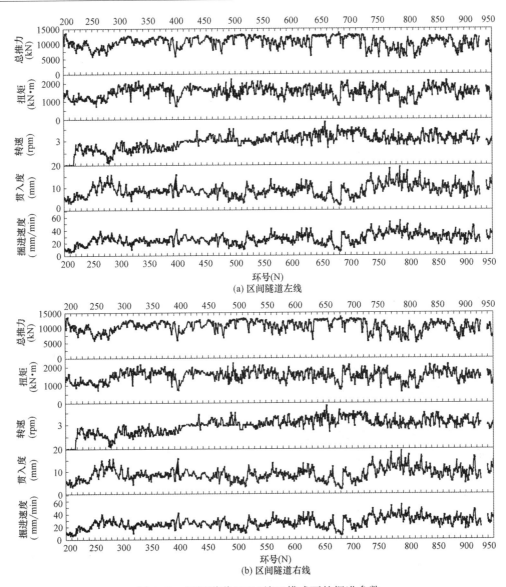

图 4-43 区间隧道 TBM 施工模式下的掘进参数

参 考 文 献

[1] 龚秋明. 隧道掘进机掘进概论 [M]. 北京：科学出版社，2014.
[2] COOK N G W, HOOD M, TSAI F. Observations of crack growth in hard rock loaded by an indenter [J]. International Journal of Rock Mechanics and Mining Sciences and Geomechanics Abstracts, 1984, 21 (2): 97-107.
[3] LUNDBERG B. Penetration of rock by conical indenters [J]. International Journal of Rock Mechanics & Mining Sciences and Geomechanics Abstracts, 1974, 11 (6): 209-214.
[4] ZHANG Z X, KOU S Q, LINDQVIST P A. In-situ Measurements of Cutter Forces on Boring Machine at Aspo Hard Rock Laboratory Part Ⅱ. Characteristics of Cutter Forces and Examination of Cracks Generated [J]. Rock Mechanics and Rock Engineering, 2003, 36 (1): 63-83.
[5] CHEN L H, LABUZ J F. Indentation of rock by wedge-shaped tools [J]. International Journal of Rock Mechanics & Mining Sciences, 2006, 43 (7): 1023-1033.

[6] 莫振泽,李海波,周青春,等. 楔刀作用下岩石微观劣化的试验研究[J]. 岩土力学,2012(5): 57-64.
[7] ROSTAMI J. Study of pressure distribution within the crushed zone in the contact area between rock and disc cutters[J]. International Journal of Rock Mechanics and Mining Sciences,2013,57: 172-186.
[8] CHO J W, JEON S, JEONG H Y, CHANG S H. Evaluation of cutting efficiency during TBM disc cutter excavation within a Korean granitic rock using linear-cutting-machine testing and photogrammetric measurement[J]. Tunnelling and Underground Space Technology,2013,35: 37-54.
[9] BALCI C, TUMAC D. Investigation into the effects of different rocks on rock cuttability by a V-type disc cutter[J]. Tunnelling & Underground Space Technology,2012,30(4): 183-193.
[10] 李刚,王宛山. 全断面岩石掘进机滚刀间距优化研究[J]. 哈尔滨工程大学学报,2013,34(7): 913-917.
[11] 陈启伟,李凤远,韩伟锋. 隧道掘进机滚刀岩机作用实验台的研制[J]. 隧道建设,2013,33(6): 437-442.
[12] GONG Q M, DU X L, LI Z, WANG Q X. Development of a mechanical rock breakage experimental platform[J]. Tunnelling and Underground Space Technology,2016,57: 129-136.
[13] GERTSCH R, GERTSCH L, ROSTAMI J. Disc cutting tests in Colorado Red Granite: Implications for TBM performance prediction[J]. International Journal of Rock Mechanics and Mining Sciences,2007,44(2): 238-246.
[14] 龚秋明,何冠文,赵晓豹,等. 掘进机刀盘滚刀间距对北山花岗岩破岩效率的影响实验研究[J]. 岩土工程学报,2015,37(1): 54-60.
[15] 龚秋明,苗崇通,马洪素,等. 节理间距对滚刀破岩影响的线性破岩试验研究[J]. 土木工程学报,2015(6): 105-113.
[16] TUMAC D, BALCI C. Investigations into the cutting characteristics of CCS type disc cutters and the comparison between experimental theoretical and empirical force estimations[J]. Tunnelling and Underground Space Technology,2015,45: 84-98.
[17] 姚羲和,赵晓豹,龚秋明,等. 滚刀线性侵入试验中岩石破裂模式研究[J]. 岩土工程学报,2014,36(9): 1705-1713.
[18] ZHAO X B, YAO X H, GONG Q M, MA H S, LI X Z. Comparison study on rock crack pattern under a single normal and inclined disc cutter by linear cutting experiments[J]. Tunnelling and Underground Space Technology,2015,50: 479-489.
[19] 吴帆,殷丽君,张浩,等. 镶齿滚刀破岩机理及效率的旋转破岩试验[J]. 中国公路学报,2018,31(10): 150-159.
[20] BRULAND A. Hard rock tunnel boring[D]. Trondheim: Norwegian University of Science and Technology,1998.
[21] BLINDHEIM O T, BRULAND A. Boreability testing Norwegian TBM tunnelling 30 years of experience with TBMs in Norwegian tunnelling[J]. Norwegian Soil and Rock Engineering Association,1998,(11): 29-34.
[22] GONG Q M, ZHAO J, JIANG Y S. In-situ TBM penetrationtests and rock mass boreability analysis in hard rock tunnels[J]. Tunnelling and Underground Space Technology,2007,22(3): 303-316.
[23] 龚秋明,佘祺锐,侯哲生,等. 高地应力作用下大理岩岩体的 TBM 掘进试验研究[J]. 岩石力学与工程学报,2010,29(12): 2522-2532.
[24] OZDEMIR L. Development of theoretical equations for predicting tunnel borability[D]. Golden: Colorado School of Mines,1977.
[25] ROSTIMA J, OZDEMIR L. A new model for performance prediction of hard rock TBMs[C]. Proceedings of the Rapid Excavation and Tunneling Conference,1993,793-809.
[26] ROSTAMI J. Development of a Force Estimation Model for Rock Fragmentation With Disc Cutters Through Theoretical Modeling and Physical Measurement[D]. Colorado: Colorado School of Mines,1997.
[27] BRULAND A. Hard Rock Tunnel Boring[D]. Trondheim: Norwegian University of Science and Technology,2000.
[28] 刘泉声,刘建平,潘玉丛,等. 硬岩隧道掘进机性能预测模型研究进展[J]. 岩石力学与工程学报,2016(1): 2766-2786.
[29] BARTON N. TBM Tunnelling in Jointed and Faulted Rock[C]. Rotterdam: Baikerma,2000: 172.
[30] GONG Q M, ZHAO J. Development of a rock mass characteristics model for TBM penetration rate prediction[J]. International Journal of Rock Mechanics & Mining Sciences,2009,46(1): 8-18.

第 5 章 盾构施工模式快速转换技术

双模盾构的最大特点在于可根据地层条件选用不同的施工模式,以得到更快的施工速度和降低施工成本。土压平衡与 TBM 双模盾构的模式转换可分为土压平衡模式转 TBM 模式与 TBM 模式转土压平衡模式。不同工程双模盾构的结构与设计参数存在差异,模式转换工序也会进行针对性设计,但主要流程上基本保持一致,如土压平衡模式转 TBM 模式一般可分为以下几个工序[1-2]:①转换点确定及转换准备;②移除螺旋输土器;③移除回转中心;④安装刀盘刮渣板;⑤安装中心溜渣槽;⑥安装中心皮带机;⑦整机调试及推进,见图 5-1。TBM 模式转土压平衡模式的转换工序基本沿上述过程逆向进行,具体过程稍有差异,不再赘述[3]。

图 5-1 南京地铁机场线双模式盾构机模式转换流程

双模盾构模式转换具有流程繁琐、安全风险高、转换周期长等特点。模式转换作业皆需在洞内和土仓内进行,施工环境潮湿闷热、作用空间狭小,动火作业造成空气质量差,对施工人员的专业水平及体力提出了更高要求。根据国内外双模盾构模式转换经验[4-6],模式转换的时间普遍在半个月至 1 个月左右。如南京地铁机场线两台双模盾构由 TBM 模式转换为土压平衡模式分别耗时 24d 和 26d[7],中心皮带机的拆卸与螺旋输土器的安装占用了主要时间。单次模式转换花费耗时长,对工期的影响很大,特别是软土地层或岩石地层位于隧道中间区域,进入和驶出需进行两次模式转换,将消耗更长时间。模式转换效率是盾构选型与双模盾构施工模式选择的重要衡量因素。现阶段双模盾构的模式转换技术还处于试验摸索阶段,转换工装设计不合理、转换工序繁琐、施工人员技术不熟练等都直接影响模式转换效率。模式转换时长将严重影响双模盾构的整机工作效率,阻碍双模盾构技术的发展。

因此,在保证安全施工的前提条件下,提高模式转换效率是双模盾构成功应用的关键问题。结合深圳地铁 12 号线怀福区间两台双模盾构的 4 次模式转换施工经验,对模式转换技术进行系统性的总结，包括模式转换场地选择与转换准备工作、土压平衡模式与 TBM 模式的相互转换技术、模式转换工装及工法的优化。

5.1 转换场地选择与转换准备

5.1.1 转换场地选择

地铁隧道双模盾构模式转换一般需要持续半个月至 1 个月时间，且必须在常压状态下进行。为保证模式转换期间的施工安全，模式转换场地需要选取在掌子面与洞壁岩体稳定段，满足岩体较完整、地下水涌水量少等条件。由于土压平衡模式不适于在岩石地层中施工，转换场地尽可能靠近软硬岩土体交界处[8]。根据施工经验[9-10]，模式转换场地选择需满足如下条件：盾构从土压模式向 TBM 模式转换时，盾构刀盘须进入全断面岩石段长度为 20～25m（盾体长度＋安全距离）时停机进行转换准备，盾体上覆盖硬岩厚度超过 1 倍洞径；盾构从 TBM 模式向土压平衡模式转换时，盾构刀盘须距离软硬岩体交接带 10～15m（安全距离）时停机进行转换，见图 5-2。

 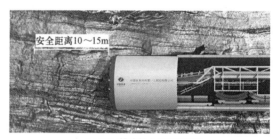

(a) 土压平衡模式转TBM模式　　　　　　(b) TBM模式转土压平衡模式

图 5-2　双模盾构模式转换场地选择

怀福区间两台双模盾构以土压平衡模式始发，连续掘进约 300m 的软土与土岩复合地层后进入全断面岩石地层。后续岩石地层长度超过 1000m，需进行土压平衡模式转 TBM 模式以提高施工效率。盾构掘进至土岩复合地层后，施工人员核对掘进里程与地质勘察数据，观察掘进操作参数与皮带出渣的变化。当渣土中不含土体时，表明盾构进入全断面岩石地层，此时盾构以常压模式空仓推进。盾构进入全断面岩石地层 15 环左右后停机，施工人员进入土仓内观察掌子面岩体条件与地下水条件，确定掌子面岩体较完整及地下水不发育后可进行模式转换准备工作。

区间右线于 2020 年 6 月 4 日进入全断面岩石地层，里程号为 YDK30＋287（200 环），于 2020 年 6 月 20 日停机进行土压平衡模式转 TBM 模式，里程号为 YDK30＋314（217 环）。区间左线于 2020 年 6 月 21 日进入全断面岩石地层，里程号为 ZDK30＋288（199 环），于 2020 年 7 月 1 日停机进行土压平衡模式转 TBM 模式，里程号为 ZDK30＋308（213 环）。区间左、右线模式转换场地岩体皆为微风化混合花岗岩，掌子面岩体完整。模式转换场地处隧道地质纵断面图见图 5-3。

区间左线盾构在穿越岩石地层后会出现一段长约 150m 的软土与土岩复合地层段，进入软土地层前需要进行模式转换，最终于 2020 年 12 月 26 日停机进行 TBM 模式转土压

第5章 盾构施工模式快速转换技术

 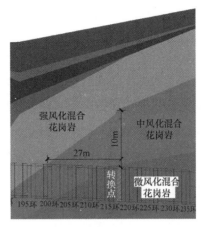

(a) 区间隧道左线　　　　　　　　(b) 区间隧道右线

图 5-3　双模盾构模式转换场地选择

平衡模式，里程号 ZDK31+413（950 环）。区间右线盾构掘进至 YDK31+460（982 环）观察到渣土中含有少量土体，查看掌子面后显示其上方有约 1m 厚的块状强风化岩体，详勘资料显示该处为全断面岩石地层。盾构停机并对前方地层钻孔补勘，发现掌子面前方地层为风化槽及岩体蚀变带，长度约 50m，TBM 模式穿越存在较大安全风险，在对掌子面前方进行注浆加固后，于 2020 年 2 月 23 日进行 TBM 模式转土压平衡模式，里程号为 YDK31+468（987 环）。

5.1.2　转换准备

双模盾构在确定转换前需要进行模式转换准备工作，包括洞外模式转换演练、转换工装与更换部件准备、盾构止水环施作、管路拆除与后配套后移、安全保证措施及应急预案等。

5.1.2.1　洞外模式转换模拟

双模盾构制造完成后，设备生产方与施工方需要对两类模式转换流程进行模拟并编制模式转换施工方案，确保洞内转换过程有序进行。图 5-4 为设备生产方编制的转换流程与

模式转换工序	工期(d)	进度(0.5d/格，共19d)
准备工作	2	
工装加工	1.5	
拆除螺机	1	
拆除回转中心	1	
安装溜渣槽	1	
安装主机皮带机	1.5	
台车前移	1.5	
仓内改造	6	
调试掘进	3.5	

图 5-4　模拟的土压平衡模式转 TBM 模式流程与工时

时间安排，模式转换计划工期为19d。仓内改造与整机调试掘进占用时间达到转换工期一半，各工序按流程依次独立进行，实际转换中还可进行优化。

洞内模式转换前，需对参与模式转换的全体施工管理人员及作业班组进行系统性培训，熟悉并确认模式转换流程、转换图纸及具体工序。

5.1.2.2 转换工装与部件准备

模式转换前应准备转换所需工装、更换的部件及工具，包括螺旋输土器与中心皮带机安装工装、回转中心相关部件、溜渣槽、刮渣板、搅拌棒等，确保转换过程中所需部件及工具准备齐全。每班施工作业任务结束后进行清点工作，并交由下一班签字确认，防止工具丢失现场或遗落土仓，影响下一班施工或盾构施工安全。

5.1.2.3 盾构止水环施作

盾构到达模式转换场地后进行壁后止水环施作，并加强二次注浆，确保盾体后方洞壁围岩裂隙水不侵入土压仓。止水环施作在盾尾后5～8环位置，并在其后适当位置打开手孔放水泄压，防止双液浆前窜包裹盾尾。止水环施做完成后打开土压仓仓壁下部球阀，确认无水或少部分清水流出。

5.1.2.4 管路拆除与后配套后移

管路拆除与台车后移之前应检测仓内气体，确认无有害气体，清理刀盘并排空土仓内所有渣土，确保刀盘与土仓干净。确认拼装机后移至限位，土压模式下螺旋输土器完全缩回、螺机前闸门完全打开，TBM模式下主机皮带机完全缩回，刀盘处于停机位置。

电瓶车将管片小车移至隧道末端，保证吊装口至主机轨道畅通。铺设拖车轨道，拖车行驶至设备桥底部，焊接设备桥拖拉支撑，见图5-5。

图5-5 设备桥拖拉支撑

将后配套与主机、螺旋输土器连接的管路及电线拆卸，管路临时固定在设备桥左右两侧走道，电线拖至设备桥顶部固定好，转换期间避免弄湿电线。断开拼装机拖拉油缸、设备桥与拼装机连接链条、设备桥与拼装机吊机梁拼接卡扣，见图5-6。

电瓶车将后配套整体后移30m，为拆除螺旋与安装皮带机创造施工空间。后配套后移完成后拆除设备桥拖拉支撑。焊接设备桥工装，将设备桥皮带机顶高，使皮带机底部与轨道间的距离可满足螺旋输土器与中心皮带机顺利通过，见图5-7。

图 5-6 断开设备桥与主机连接

图 5-7 设备桥工装

5.2 模式转换流程

5.2.1 土压平衡模式转换为 TBM 模式

土压平衡模式转换为 TBM 模式主要是将螺旋输土器与主机皮带机进行置换,并对配套的出渣辅助结构进行拆装,主要流程包括拆除螺旋输土器、改造溜渣槽、安装主机皮带机以及仓内改造,见图 5-8。

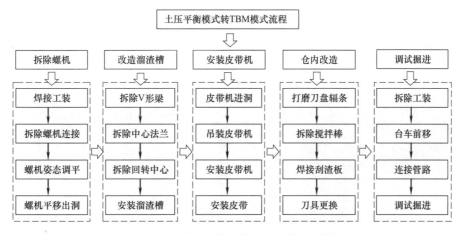

图 5-8 土压平衡模式转 TBM 模式流程图

5.2.1.1 拆除螺旋输土器

螺旋输土器的拆除是模式转换最具风险性的工序,为螺旋输土器提供吊点的工装安装焊接是螺旋输送机顺利拆除的重点。主要工序包括洞内工装焊接、拆除螺机连接、拔出螺机、螺机调平并移出洞外。

工装材料全部为 HW200 的型钢,在洞内定位焊接而成,见图 5-9。焊接完成后需对各焊点进行检查,保证结构强度及稳定性达到要求。

(a) 工装示意图　　　　　　　　　　　　(b) 工装实物图

图 5-9　工装

工装焊接过程的同时将螺旋输土器与主机连接拆除，通过在主机与工装上设置 6 个吊点将螺旋输土器拔出土压仓，每个吊点上安装一套手拉葫芦。本台双模盾构的螺旋输土器自重在 32t 左右，1～4 号吊点的手拉葫芦承重在 10t 左右，5 号吊点承重超过 12t，6 号吊点承重较小在 5t 左右。首先 3～6 号吊点用手拉葫芦拉住螺旋输土器，收紧 4～6 号吊点手拉葫芦，松动 3 号吊点手拉葫芦，将螺旋输土器逐渐拔出。而后断开 3 号吊点手拉葫芦，在 1 号和 2 号吊点用手拉葫芦拉紧螺旋输土器，将 4～6 号吊点手拉葫芦的挂钩位置下移，再收紧 4～6 号吊点手拉葫芦慢慢抬起螺旋输土器，调平螺旋输土器重心。最后拉紧 3 号吊点手拉葫芦，继续下移 4 号和 5 号吊点葫芦的挂钩位置，拉紧 4 号和 5 号吊点葫芦后再松动 1 号和 3 号吊点葫芦，最终将螺旋输土器的重心前移并缓慢放置于管片小车并运出洞外，见图 5-10。

(a) 拆除连接、设置吊点　　　　　　　　(b) 拔出螺旋输土器

(c) 螺旋输土器重心调平　　　　　　　　(d) 螺旋输土器下放

图 5-10　拆除螺旋输土器示意图

5.2.1.2 改造溜渣槽

溜渣槽为 TBM 模式的出渣通道，可以使刀盘旋转时刮渣板上滑落的渣土集中到主机皮带并外运。改造溜渣槽主要包括拆除 V 形梁、拆除中心法兰连接、拆除回转中心体以及分块焊接溜渣槽。

盾构的回转中心接头安装于刀盘中心后部并随刀盘同步旋转，是连接土压仓与后配套设备流体系统的核心部件[11]。拆除回转中心后主机皮带机可沿着该空间深入土压仓内。通过拆除相关连接螺栓，按照先后顺序依次拆除 V 形梁、中心法兰连接以及回转中心体，并吊运出洞外，见图 5-11 和图 5-12。

图 5-11 拆除中心法兰连接　　　　　　　图 5-12 拆除回转中心体

回转中心体拆除后，利用管片小车将溜渣槽运送至洞内，通过工装、主机及土压仓内的吊点将其吊至土压仓内。溜渣槽各部件分块焊接，并与土压仓中心开口四周的螺栓固定，见图 5-13。

5.2.1.3 安装主机皮带机

主机皮带机长度约 12m，质量 5t 左右，将其分割成两部分运送至拼装机末端，并在洞内焊接为一体。在工装 1 号、3 号吊点与管片 7 号吊点布置手拉葫芦，通过收紧 3 个手拉葫芦将主机皮带机拉起放置于主机皮带机滑轨，通过仓内手拉葫芦拖动主机皮带机前部至滑轨最前端，见图 5-14。

图 5-13 安装溜渣槽

最后安装皮带机皮带，皮带硫化过程如下：首先连接加热板，再连接好水囊加压管，然后按工艺要求设置好硫化时间和硫化速度开始硫化皮带。硫化开始时，将水囊加压至规定压力，然后接通加热板电源开始升温。当加热板温度达到硫化温度时，按下硫化计时开关，开始硫化计时，直到硫化完成。硫化过程中，须密切注意水囊压力，有漏压时须及时

(a) 安装主机皮带机　　　　　　　　　　　　(b) 安装主机皮带

图 5-14　安装主机皮带机

补压。同时注意硫化温度，防止电器故障引起的硫化温度不足或过高的问题。

5.2.1.4　仓内改造

仓内改造最主要的任务是分块安装刮渣板，刮渣板的功能是在刀盘转动时将开挖的岩渣收集至溜渣槽。刀盘每个辐条上需要配置 2 块刮渣板，刀盘共 6 个辐条，刮渣板的安装需要转动刀盘。

刮渣板安装前需要将后配套台车前移，该过程与后配套后移工序基本相反，可参考图 5-5～图 5-7。首先安装污风管与设备桥顶部平台，拆除工装并运出洞外。然后重新安装设备桥拖拉支撑，拆除设备桥工装，电瓶车将后配套台车推送至最前端。连接拼装机拖拉油缸、设备桥与拼装机连接链条、设备桥与拼装机吊机梁拼接卡扣，并拆除设备桥工装。最后，连接后配套与主机间的管路与电线。另外，拆除仓壁与刀盘背部共 4 根搅拌棒，见图 5-15。

图 5-15　拆除搅拌棒

盾构在土压平衡模式下长时间掘进造成刀盘辐条焊接位置受到污染且磨损严重，焊接质量难以保证。焊接刮渣板前需要用铲子或打磨机将待焊接区域打磨出金属光泽，打磨纹路应与焊缝方向平行且均匀。

焊接过程中将刮渣板分块依次吊运至土压仓内，按照编号 1～6 定位刮渣板位置。首先焊接 1 号位辐条刮渣板，通过土压仓内吊点，利用手拉葫芦吊起刮渣板，两人配合定位点焊刮渣板。每块刮渣板定位点焊不少于 3 处，每处定位点焊长度不超于 20mm，而后进行多层多道正式焊接，见图 5-16。1 号位刮渣板焊接完成后，施工人员出仓将刀盘顺时针转 60°后继续焊接 2 号位刮渣板，之后依次将所有刮渣板焊接完成。

由于仓内焊接施工空间有限，空气流动不顺畅，且对焊接工艺要求高。作业过程中，需要对土仓内进行除尘通风，降低作业环境温度，保证人身安全。焊接过程中，需有专人负责作业环境内所有人员的人身安全，保证焊接过程中，不出现人员挤伤、砸伤、高空坠落的风险。刮渣板焊接是双模盾构模式转换耗时最长的工序。

最后，检查刀盘与所有刀具，更换磨损量超限及异常磨损刀具，清理仓内环境并关闭

(a) 刮渣板焊接示意图　　　　　　　　　(b) 刮渣板焊接实物图

图 5-16　仓内刮渣板焊接

仓门。试掘进前检查各液压、流体、电气等系统是否正常工作，并以较低的刀盘推力与转速推进一段距离。之后，再次开仓检查刀盘与刀具状态，检查各机、电、液系统工作状态，待一切正常后正式掘进。

5.2.2　TBM 模式转换为土压平衡模式

TBM 模式转土压平衡模式主要是将主机皮带机与螺旋输土器进行置换，并对配套的出渣辅助结构进行拆装。该类模式转换流程与土压平衡模式转 TBM 模式流程相反，为提高模式转换效率，在部分流程上进行了优化。主要流程包括仓内改造、拆除主机皮带机、安装螺旋输土器以及调试掘进，见图 5-17。

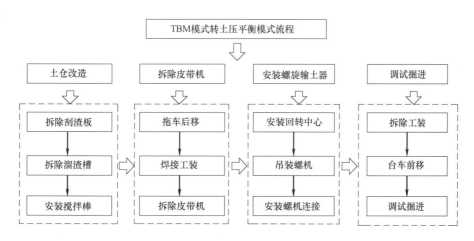

图 5-17　TBM 模式转土压平衡模式流程图

盾构到达模式转换场地后，进行止水环施作、仓内清理、工装材料准备等工作。与土压平衡模式转 TBM 模式不同的是，仓内改造阶段保持主机与后配套管线连接，便于刀盘旋转和清洗。拆除土压仓底部螺旋输土器盖板，依靠土仓内吊点固定刮渣板与溜渣槽，两人协作采用火焰切割方式将刮渣板与溜渣槽分块，通过螺旋输土器的开口依次运出仓外，刮渣板拆除前后见图 5-18。而后在仓壁与刀盘背部共安装 4 根搅拌棒。

(a) 刮渣板拆除前　　　　　　　　(b) 刮渣板拆除后

图 5-18　刮渣板拆除前后

主机皮带机拆除前需断开主机与后配套连接管线及拖拉油缸连接，并将后配套台车后移 30m 左右，为主机皮带机拆除和螺旋输土器安装腾出作业空间。安装工装、拆除主机皮带，依靠主机和工装上的吊点以及主机皮带机滑轨将主机皮带机缓慢地拉出并运出洞外。安装回转中心，吊装螺旋输土器并连接其线路。所有工序安装完成后拆除工装，后配套前移到位并与主机连接，连接主机与后配套管路，并进行调试掘进。

5.3　模式转换技术优化

针对双模盾构模式转换效率低、转换流程繁琐等问题，怀福区间模式转换过程中基于实际条件对前期制定的模式转换流程与工装进行了多次优化。

5.3.1　螺机拆装工装优化

双模盾构模式转换工作条件复杂，螺旋输土器拆装是转换工作的难点与重点。前期设计的工装结构方案在实际使用中不方便，且结构强度低，造成转换效率低，同时存在安全隐患。通过怀福区间两次土压平衡模式转 TBM 模式转换施工，现场对原施工工装进行两次优化，前期的工装方案与优化后工装方案见图 5-19。

通过将图 5-19（a）中虚线部分的结构拆除，并增加图 5-19（b）中加粗部分的结构，得到最终优化后的工装结构。与原工装方案相比，优化后工装方案主要改进如下：

（1）少拆除两根双轨梁，工装直接在双轨梁上进行焊接；

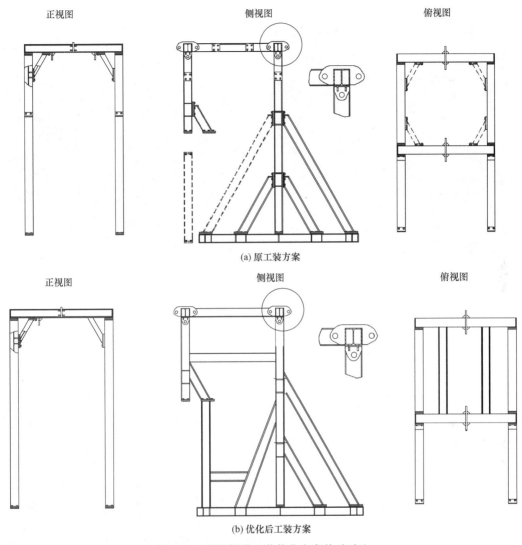

图 5-19 螺机拆装工装优化方案前后对比

(2) 工装左侧(侧视图)的两根斜支撑减少为 1 根,并调整斜支撑位置,同时增加 1 根竖向支撑与横向支撑;

(3) 工装顶部(俯视图)的 4 根较短的斜支撑改成 2 根较长的横向支撑;

(4) 工装底部所有支撑焊接闭合。

优化后的螺机拆装工装方案减少了焊接点位,加强了工装结构强度,并增加吊装点位。优化后的工装方案既增加了吊装的安全性,又节省了拆装设备的时间。

5.3.2 设备桥工装优化

设备桥工装用于支撑后移的后配套台车。原设备桥工装直接焊接在轨道侧边,优化后的工装采用单边带轮做支撑,减少二次焊接及设备桥拖拉支撑的加工,节省转换工期,见图 5-20。

(a) 原设备桥工装　　　　　　　　　(b) 优化后设备桥工装

图 5-20　设备桥工装优化前后对比

5.3.3　施工组织优化

对模式转换施工组织进行了优化，提前进行逐层工序衔接交底，交底至作业人员。现场由总调度统一指挥，保证了转换模式现场施工条理清晰，避免作业冲突影响工期。如安装溜渣槽期间可同时进行主机皮带机安装工作，台车前移期间可以进行仓内搅拌棒焊接和辐条清理作用。

通过优化螺机拆装工装、设备桥工装，合理安排工序次序，重叠开展部分工序，模式转换时间大幅度缩短。以土压平衡模式转 TBM 模式为例，区间右线转换实际完成时间比前期规划转换时间提前 4d，区间左线实际转换时间比前期规划转换时间提前 7d，见图 5-21。

模式转换工序	工期(d)
准备工作	1
工装加工	2.5
螺旋输土器拆除	1
回转中心拆除	1
溜渣槽安装	3
主机皮带机安装	1.5
台车前移	3
仓内改造	5
调试掘进	3

(a) 区间右线

图 5-21　区间左、右线土压平衡模式转 TBM 模式时间安排（一）

模式转换工序	工期(d)	进度(0.5d/格,共12d)
准备工作	1	
工装加工	2.5	
螺旋输土器拆除	0.5	
回转中心拆除	2	
溜渣槽安装	2.5	
主机皮带机安装	1.5	
台车前移	1.5	
仓内改造	4.5	
调试掘进	1	

(b) 区间左线

图 5-21 区间左、右线土压平衡模式转 TBM 模式时间安排（二）

参 考 文 献

[1] 陈伟国. TBM 和 EPB 双模式可转换盾构施工技术在复合地层中的应用 [J]. 路基工程，2015 (3)：210-212.
[2] 陈勇，马勤义. 敞开式-土压式双模式 TBM 模式转换分析 [J]. 重庆建筑，2017, 16 (12)：34-36.
[3] 叶蕾，袁文征，卓兴建. 单护盾-土压平衡双模式 TBM 设计及模式转换分析 [J]. 建筑机械化，2013 (12)：63-66.
[4] 凌铁坚. 盾构法施工新技术-泥水/土压双模式盾构施工 [J]. 建设科技，2017 (13)：136.
[5] 管会生，杨延栋，郭立昌，等. 煤矿斜井双模盾构推力计算 [J]. 矿山机械，2013, 41 (7)：123-127.
[6] 陈荣树，雷军，陈泽，等. 双模式盾构 TBM 模式转 EPB 模式施工技术 [J]. 建筑机械化，2020, 41 (12)：13-16.
[7] 陈铁. 奥村盾构机 TBM/EPB 模式转换技术总结 [C] //城市轨道交通技术和管理创新论坛. 中国：深圳，2013.
[8] 刘东. TBM 和 EPB 双模式盾构复合地层施工关键技术研究 [D]. 成都：西南交通大学，2017.
[9] 李青山，陈卓，陈强，等. 双模式盾构机在长距离复合地层中模式转换方法：CN104847367B [P]. 2018.
[10] 卓兴建，周亚州，袁文征，等. 一种土压/敞开双模盾构模式转换工法：CN110145321A [P]. 2019.
[11] 王竹君，张成杰. 盾构机中心回转接头性能试验台的研制 [J]. 上海建设科技，2017 (5)：7-11.

第6章 双模盾构隧道施工刀盘状态传感及评价

TBM掘进过程中，刀盘系统直接与岩体或岩土体相互作用，具有破碎岩石、切削岩土体与支护掌子面的功能。TBM在掘进过程中，虽然每日停机检修时都会进行刀具与刀盘的检查，但在完整岩体条件下，滚刀磨损速度快，经常出现偏磨、崩刃等异常磨损现象，需要及时掌握刀具与刀盘的工作状态。盾构施工过程中会遇到不同的地质条件，如砂卵石地层、复合地层等，刀具与刀盘易磨损，从而影响设备工作性能，刀具磨损到一定程度时应及时更换，否则会加重周围滚刀的载荷，加速磨损，甚至造成整个刀盘的损坏[1]。越来越多的隧道位于江河湖海下方，承受较高的水压力，盾构刀盘换刀更加困难，需要提前进行换刀规划，对刀盘工作状态及刀具磨损程度的监测提出了更高的要求。

按李凯磊[2]、孙志洪[3]、侯振德等[4-6]的分类，刀具磨损检测方法主要有开仓检测法、阈值检测法、异味添加剂法、掘进参数分析法、岩渣形状分析法和实时监测法等。开仓检测法是检测刀具磨损情况最直接、最有效的方法，但带压开仓检测通常耗时较长，不仅会影响施工进度，而且安全风险较高。阈值检测法是单一设定值检测。异味添加剂法适合在TBM中应用，在盾构中的应用大打折扣，只反映单个刀的破坏。掘进参数分析法通过分析掘进机工作的推力、贯入度和负载扭矩，推算出刀具的磨损量。因掘进机的施工工况不同，设备的推力、岩体条件或土体参数、土仓压力也不尽相同，很难应用到实际工程滚刀磨损估算。岩渣形状分析法，主要通过对岩渣的形状、大小进行分析，据此判断刀具的磨损情况，因影响岩渣形态的因素多，此种方法难以实用。

随着传感器、计算机及通信等技术的快速发展，国内外一些研究机构及公司在实时滚刀磨损和滚刀转速监测方面进行了有益的探索。夏毅敏等[7]发明了一种电感式位移传感器，用于测量滚刀刀刃面到传感器的距离信号，传感器的分辨率可以做到0.1mm。其信号采用无线传输方式，为了克服岩土介质和水对无线电波的屏蔽作用，无线发送和无线接收模块各用4个，每个间隔90°。郑伟等[8]设计了一种基于电涡流传感器的TBM滚刀刀刃磨损量在线监测系统。利用电涡流传感器将磨损前后滚刀刀圈与传感器之间的距离信号转化为电压信号，对信号进行处理，然后通过无线传输将信号传出，达到实时监测的目的。兰浩等[9]设计了一种基于电涡流传感器的TBM滚刀转速在线实时监测系统。滚刀转动时，电涡流传感器会检测到安装在刀体上的6个2mm高的圆形金属凸起，由此实时获得滚刀的转速，该方法在试验台上进行了标定。任德志和孙晓平[10]采用电涡流传感器，设计了低功耗短距离无线数据采集及传输系统，形成了盾构滚刀磨损实时监测系统。各个传感器实时监测滚刀磨损量、转速的变化，终端节点的微处理器将采集的数据加以处理，并以一定的数据格式经射频模块转发至中继路由。中继路由将数据传送给上位机。该系统在南宁地铁1号线进行了试用。孙志洪等[11]在上述研究的基础上，建立了一套复合盾构滚刀磨损的无线实时监测系统，也在某工程现场进行试验。但是，上述两个系统传感器测量量程小、介质中无线传输通信质量不稳定及安装结构易损坏，影响了实际应用效果。

张斌等[12]设计了一种基于平行激光光路通断的TBM滚刀磨损量在线监测装置。激光传感式滚刀磨损监测装置的监测原理是随着滚刀的磨损，激光线路的导通数目也将随之发生相应的改变，进而以此来判断滚刀的磨损量。刘泉声等[13]发明了一种TBM滚刀磨损在线实时监测装置及监测方法，其工作原理是随滚刀磨损，滚刀与永磁体之间的距离变大，引起磁敏Z元件阻值的变化，从而改变定值电阻两端的电压，单片机处理器测得定值电阻两端的电压值，并通过无线发射模块发送给计算机，计算机通过事先标定时录入的公式便可计算出滚刀的磨损量。该监测装置标明精度1.0mm，量程可达100mm，但还没具体应用。

罗宾斯公司研制了一套刀具监测系统（Smart Cutter），通过安装在刀轴上的电子传感器实时监测滚刀的振动、转速和温度，安装在刀盘内的数据接收器处理刀具传感器发出的信号，然后通过有线或无线的方式将数据传输到上位机[14]。根据滚刀转速的实时数据，可计算刀具的刀圈直径，制定合理刀具检查计划，但监测用的滚刀刀轴是特制的。海瑞克公司也设计了一套滚刀转动监控系统，可实时监测TBM滚刀的转动和温度，因商业保密具体原理不详。滚刀转动的监控结果可用于优化刀盘的维护时间间隔，提高隧道掘进作业效率。

对于掘进机中刮刀磨损的监测，侯振德等[4-6]设计了三种刮刀磨损在线监测装置：一种是电阻排式的盾构机刀具磨损量在线监测系统；一种是基于丝栅式的盾构机刀具磨损量在线监测系统；一种是电阻柱芯式盾构刀具磨损传感器及磨损量监测装置。何峰等[15]提出了一种盾构机刀具磨损监测装置。其主要由超声波测厚装置、蓝牙信号发射装置和蓝牙信号接收装置组成，保证工作时长在3个月以上。Gharahbagh[16]通过在管片拼装或者维修的间隙，做液压圆锥贯入测试来测量不同掘进步位置处的边刀超挖的深度，通过一定的关系将超挖深度转化为边刀磨损量。

目前国内外已提出的监测系统多为滚刀、刮刀磨损或滚刀转动监测等单参数或双参数的刀具监测系统，国内在工地测试过的系统主要是滚刀磨损量与滚刀转速的监测系统，使用的监测手段是电涡流传感器监测，其他方法基本还没有付诸应用。电涡流传感器量程小，一般在30mm左右，传感器体积大，安装不便且电涡流传感器所需功耗较大，连续应用的时间短。国外罗宾斯公司和海瑞克公司设计的滚刀实时监测系统仅监测滚刀的转动与温度，滚刀磨损量靠推算，且需要特殊设计的刀轴，不便于大规模监测应用。为准确可靠的监测掘进机隧道施工中刀盘工作状态，Gong等[17]研制了一套盾构刀盘工作状态监测系统，可实时获取滚刀磨损、滚刀转速以及刀盘温度等信息，结合施工开挖地层条件，辅以盾构操作参数，实时预测滚刀寿命，并综合判定盾构刀盘工作状态，为掘进机施工提供指导，避免相关施工事故。此双模盾构采用了龚秋明等[17-18]研制的刀盘状态监测系统对施工过程中的刀盘状态进行监测，并对监测数据进行了系统分析。

6.1 盾构刀盘状态监测系统

6.1.1 系统介绍

刀盘状态监测系统的目的是获取有关刀盘工作状态的数据，并评估其工作状态是否正常。该系统选取滚刀磨损、滚刀转速和刀盘温度作为监测参数。滚刀的磨损和转速直接显示滚刀的工作状态,包括滚刀的正常磨损和异常磨损(如刀圈脱落、滚刀偏磨)。刀盘结泥饼或滚刀偏磨会间接引起刀盘温度的异常升高。

6.1.1.1 系统组成

监测系统具备监测量的实时采集、数据及控制命令的实时传输以及监测数据的实时处理及可视化等功能,同时还接入工程地质参数和盾构施工参数,以便实时判定刀盘工作状态。整个系统由传感器子系统、控制与数据传输子系统和算法及显示子系统三部分组成,见图6-1。

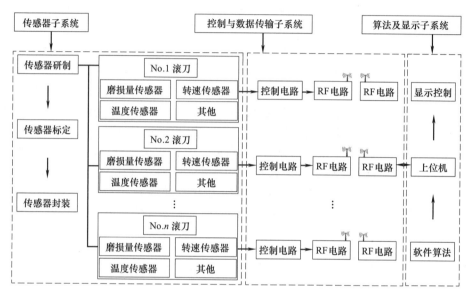

图 6-1 盾构隧道施工刀盘状态监测系统设计图

传感器子系统由滚刀磨损量监测、滚刀转速监测、刀盘温度监测及其他量监测四部分组成,各部分可独立工作,也可按现场要求灵活组合。控制与数据传输子系统主要任务是控制传感器的工作状态,并将传感器监测数据传输至上位机。算法及显示子系统是对接收到的数据进行综合分析及显示,包括实时监测数据与盾构施工数据的分析算法、显示界面软硬件,得出各测量数据并对其存贮、分析、展示等。该子系统各项功能主要是在上位机系统上实现。

1) 传感器子系统

刀盘状态监测系统采用非接触式磁传感器对滚刀磨损和转速进行监测。基于非接触式的磁传感器技术,设计了磁位移量、磁开关量传感器以实时监测滚刀磨损和转速,其技术原理见图6-2。由于滚刀不具磁性,需在磨损量传感器处配置一块激励磁铁,激励磁铁在传感器及滚刀周围产生磁场,随着滚刀磨损量增加,转动过程中通过传感器的磁通密度发生变化,磨损量传感器采集到这一变化,以数字信号形式传送到上位机,上位机根据预先标定的数据,求得滚刀的磨损量数据。通过在滚刀刀毂上打孔或焊接磁铁座的方式安装转速传感器的激励磁铁,转速激励磁铁随滚刀转动的同时引起转速传感器附近的磁场强度产生周期性的变化,转速传感器生成脉冲信号,经处理板计数后,获得滚刀转速并上传给上位机。刀盘温度监测采用低功耗数字输出温度传感器。磨损量传感器最大量程达80mm,精

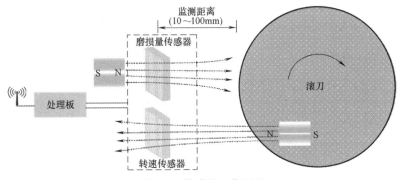

图 6-2 传感器工作原理

度为 0.1mm。转速传感器最大量程 100mm。温度传感器分辨率为 1℃。与电涡流传感器相比，磁传感器具有极低的功耗，并且能够在满足大量程的情况下做到较小体积，便于安装。

根据刀盘结构的不同，设计了多种结构类型的大量程传感器对掘进机滚刀磨损量以及滚刀转速进行实时测量，可分为嵌入式传感器、倾斜式传感器、跨接式传感器以及后拉式传感器。其中一体化倾斜式传感器安装于刀箱箱体内侧，其结构设计和实物见图 6-3。考虑到铁磁性物体对传感器的影响，采用特种材料作为传感器模块的前面板，在磁路方向，消除面板对磁场的影响。面板材料具有很好的防护性，比普通钢材的耐磨性更好。图 6-4 为实际应用于双模盾构的倾斜式传感器的安装结构。

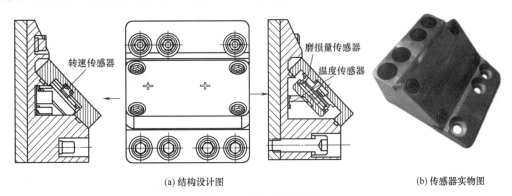

(a) 结构设计图　　　　　　　　　　　　　　(b) 传感器实物图

图 6-3 倾斜式传感器

2）数据传输与自动控制

(1) 数据传输模块

数据传输模块主要任务是将传感器监测数据传输至上位机，同时接收上位机发送的终端控制指令，发送给传感器，见图 6-5。根据刀盘结构及实际工作环境，可采用无线或有线两种数据传输方式。无线传输方式采用 LoRa 扩频通信技术，射频部分频率为 433MHz。有线传输方式为各传感器用 RS-485 线与集线器相连，集线器归集各路信号，经滑环引出土压仓，再经过中心端转换为网络信号传输到上位机。无线传输方式具有安装灵活，监测节点多等特点。有线传输方式实时性更高、数据传输速率更快，但受限于刀盘结构，可监测节点数相对较少。

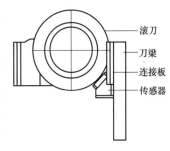

图 6-4 传感器安装示意图

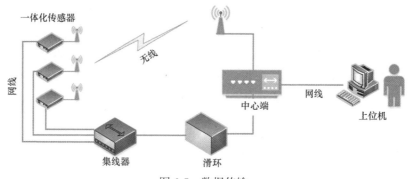

图 6-5 数据传输

(2) 自动控制模块

上位机软件需要持续获取盾构掘进数据和接受相关人员监督与管理，一直处于工作状态。根据盾构的工作状态，终端设置了待机模式与工作模式。在待机模式下，终端处于休眠状态，当上位机软件检测刀盘转速大于 0 时，并向终端下达数据采集命令，传感器自动进入工作模式。工作模式下，各个传感器按设定时间间隔获取滚刀磨损量、滚刀转速、刀盘温度及电量等参数，并向中心端发送数据，最终传输至上位机。当上位机软件检测出刀盘转速为 0 时，判断刀盘停转，下达信号让终端切入休眠状态。

3）系统软件

(1) 系统软件框架设计

上位机软件主要由以下五个模块组成，包括数据接收模块、数据分析模块、数据展示模块、参数设置模块和用户管理模块，各个模块再按其功能分成相对独立的子模块，按用户权限来实现各模块数据的相互调取，见图 6-6。TBM/盾构隧道施工刀盘状态机监测系统上位机软件由 Qt 和 VC++编程语言开发完成，使用 SQLite 作为数据库。

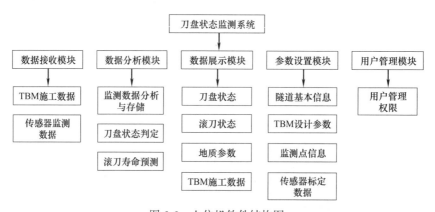

图 6-6 上位机软件结构图

上位机数据接收模块主要负责接收中心端转发的由传感器模块采集到的数据，包括滚刀的磨损量、滚刀转速、刀盘温度以及传感器本身状态参数，并存储到数据库中。另外数据接收模块还接收掘进机施工参数并存入数据库。数据分析模块从数据库中读取监测数据，解析出磨损量、转速、温度及电池电量等数据，再存入数据库并为数据展示模块做数据服务支持。数据分析模块分析监测数据、地层数据与 TBM 或盾构施工参数之间的关联，预测滚刀寿命，判定当前盾构的工作状态，对异常工况进行预警。数据展示模块的主要功能是展示刀盘工作状态、滚刀磨损量、滚刀转速、刀盘温度、当前地层条件、单个刀具寿命、掘进机各施工参数等，既可以查阅历史数据，也可以进行一些关联计算，对于超过给定阈值的数据用特定颜色进行预警，给予操作人员告警信息。隧道工程地质剖面图也在数据展示模块展示，显示实时的掘进里程与相关的地层信息。参数设置模块包括隧道基本信息、掘进机参数、监测点参数、传感器标定数据等。用户管理模块用于对不同用户的管理权限的设定，便于项目相关人员了解刀盘工作状态，并对掘进机施工进行有效监督与管理。

（2）系统软件界面

上位机软件主界面见图 6-7，界面左侧为刀盘状态监测系统主界面。左侧显示刀盘及监测终端位置，并显示刀盘当前的工作状态；中间部分用于显示终端节点所采集的滚刀实时工作信息；界面右侧则显示掘进机当前掘进参数；界面最下面用于显示实际隧道的掘进里程及隧道沿线的工程地质信息。

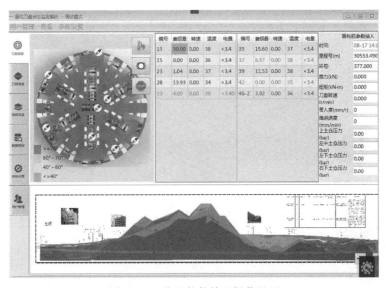

图 6-7 上位机软件管理操作界面

除主界面外，上位机软件还包含刀具信息界面、地质信息界面、数据查询页面、系统设置界面和用户管理等分界面。其中，刀具信息界面用来显示所有被测量滚刀的信息，如滚刀磨损量、滚刀转速和温度等，见图 6-8，可以看到滚刀当前的轮廓曲线、滚刀磨损量和滚刀转速随里程的变化曲线。地质信息界面用来显示项目的工程地质条件及与之相对应的 TBM 或盾构施工参数。数据查询页面可以查询、存储掘进机掘进数据及监测系统实时监测的所有数据。

6.1.1.2 系统搭建

该系统由一台上位机、一个中心端和多个传感器组组成。传感器安装在滚刀刀箱内，中心端口通过无线或电缆与传感器组连接，并通过网线与上位机连接。系统软件安装在主控室的上位机，见图 6-9。

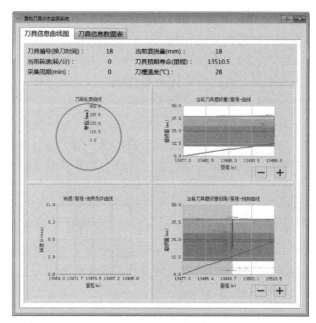

图 6-8　刀具信息界面

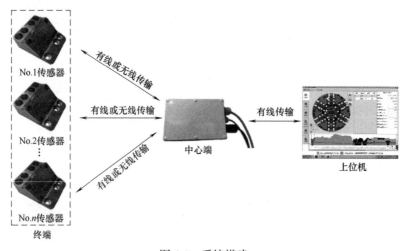

图 6-9　系统搭建

6.1.2　系统安装

为对整个刀盘的工作状态进行全方位的监测，选择对 18 把不同安装半径滚刀进行监测，刀盘结构及监测点布置见图 6-10。监测的滚刀包括中心刀 2 把，面板刀 10 把，边刀 6 把，涵盖刀盘的所有辐条及面板。考虑不影响刀盘出渣、换刀及刀盘结构强度，采用了不同传感器结构类型进行安装，包括倾斜式、后拉式、跨接式及嵌入式，见图 6-11。监测点的具体安装信息见表 6-1。系统采用无线方式进行数据传输，系统的整机布局见图 6-12。系统安装完成后进行整机调试，系统工作一切正常。

怀福区间左、右线双模盾构分别于 2020 年 4 月 17 日和 3 月 27 日始发，盾构始发前完成刀盘状态监测系统全部安装工作，盾构始发后各传感器运行正常。受盾构刀盘工作环

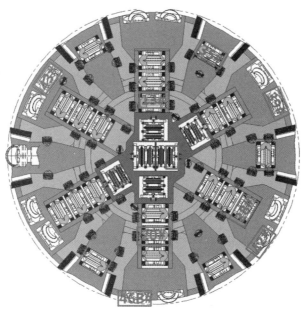

图 6-10 刀盘结构及监测点布置

(a) 倾斜式传感器

(b) 跨接式传感器

(c) 嵌入式传感器

(d) 后拉式传感器

图 6-11 传感器安装示意图

境影响，部分传感器在运行过程中发生损坏，分别于 2020 年 8 月与 2021 年 1 月对部分损坏的传感器进行维护及更换。此外，盾构施工中在部分区间段因传感器电池电量耗尽而未及时更换造成数据缺失。

图 6-12 监测系统整机布局

监测点安装信息　　　　　　　　　　　　　　　表 6-1

滚刀编号	安装半径(m)	滚刀类型	传感器形式	滚刀编号	安装半径(m)	滚刀类型	传感器形式	安装角度(°)
4	0.34	中心刀	跨接式	33	2.635	副梁刀	嵌入式	
12	1.06	中心刀	跨接式	34	2.71	副梁刀	倾斜式	
13	1.135	主梁刀	跨接式	35	2.785	副梁刀	倾斜式	
15	1.285	主梁刀	后拉式	37	2.92	边刀	倾斜式	28
20	1.66	主梁刀	跨接式	39	3.025	边刀	倾斜式	42
23	1.885	主梁刀	倾斜式	42	3.143	边刀	倾斜式	61
24	1.96	主梁刀	倾斜式	43	3.176	边刀	倾斜式	67
25	2.035	主梁刀	倾斜式	46-A	3.236	边刀	倾斜式	80
28	2.26	主梁刀	嵌入式	46-B	3.236	边刀	倾斜式	80

6.2 刀盘状态监测数据分析

结合盾构操作参数、工程地质参数以及监测系统监测数据，对盾构运行过程中的刀盘工作状态进行分析。

6.2.1 刀盘温度分析

6.2.1.1 刀盘温度变化规律

盾构掘进中，刀具破碎岩土体、刀盘与渣土摩擦都会产生热量，特别是当滚刀发生异常磨损或刀盘"结泥饼"等状况时，刀盘整体或局部区域温度会出现大幅度升高。开仓换刀、地下水增多、长时间停机等会降低刀盘温度。图 6-13 为怀福区间隧道右线盾构掘进前 700 环各监测点处的刀盘温度随环号的变化曲线，刀盘和滚刀皆处于正常工作状态，总体上可以表征盾构掘进不同地层或不同施工模式下的刀盘温度变化。通过分析可知，各监测点处的刀盘温度随着环号的变化基本上呈现相同的变化趋势，且在相同环内温差较小，特别是在土压平衡模式下，土压仓为封闭环境，各监测点的温度基本上保持一致，整个刀盘温度非常均匀。即滚刀或刀盘处于正常工作状态下，各监测点的温度应该处于较小范围内波动，换言之，若某监测点处的刀盘温度明显高于其他区域，该处可能发生滚刀偏磨或刀盘"结泥饼"等异常状态。

第6章 双模盾构隧道施工刀盘状态传感及评价

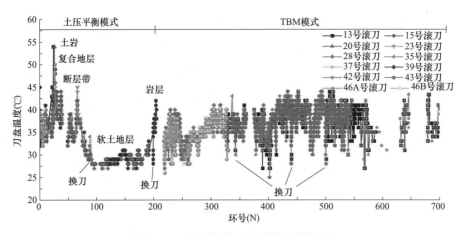

图 6-13 区间隧道刀盘温度随环号变化

结合地层条件对刀盘温度进行分析，见图 6-13，土压平衡施工模式下，盾构掘进土岩复合地层的刀盘温度明显高于其他类型地层，土岩复合地层中刀盘温度最高接近 55℃。掘进至 89 环时开仓检查，刀盘未出现"结泥饼"，监测的滚刀也处于正常磨损状态。刀盘温度较高主要是因为该地层下掘进滚刀转动不顺畅，长时间处于滑动状态，另外滚刀研磨岩土体会产生大量的热量。而且在土岩复合地层，设定的贯入度一般较小，每环连续掘进时间往往可达 3~5h。因土压平衡模式下土压仓为密闭环境，热量散失较慢，刀盘温度大幅度提高。盾构掘进软土地层，推进速度快，刀具切削土体产生的热量少，地下水也会加快刀盘温度降低，如 100~180 环之间，刀盘温度在 26~30℃ 范围内。TBM 模式下，滚刀破碎岩体产生大量热，但土压仓通过中心开口与外界连通，热量流失快，刀盘温度一般在 30~45℃ 范围内。综上所述，土压平衡模式掘进土岩复合地层刀盘温度一般不超过 55℃，掘进软土地层刀盘温度一般不超过 35℃。TBM 模式下，刀盘温度一般不超过 45℃。盾构掘进中，某监测点处的刀盘温度明显高于上述温度阈值或其他区域时，建议停机对刀盘进行检查。

6.2.1.2 基于刀盘温度的滚刀异常状态判定

图 6-14 为怀福区间隧道右线掘进到 1000 环附近刀盘温度的变化。双模盾构于 988 环进行 TBM 模式转土压平衡模式，继而以土压平衡模式掘进土岩复合地层。由图 6-14 可知，该里程段刀盘温度大幅度提高，由 30℃ 左右逐渐上升至 60℃，最高达到 62℃，远高于土压平衡模式掘进土岩复合地层的刀盘温度阈值（55℃），系统判断刀盘可能出现异常状态，建议开仓检查。于 1006 环开仓检查发现刀箱出现不同程度的泥饼，与监测预测结果基本一致，见图 6-15。

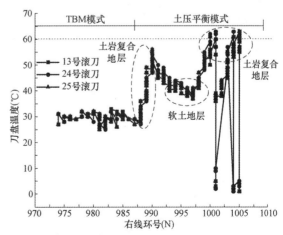

图 6-14 渣土糊刀盘时刀盘温度变化

(a) 13号滚刀

(b) 24号滚刀

图 6-15 渣土糊住刀盘

6.2.2 滚刀转速分析

6.2.2.1 滚刀转动规律

盾构掘进中，刀盘旋转带动滚刀自转，滚刀理论转速为滚刀与掌子面不发生相对位移时的转速，该值与刀盘转速、滚刀安装半径、安装角度及磨损量相关，可通过下式进行计算：

$$\omega = \frac{N \times (R + (r - \varphi)\sin\beta)}{(r - \varphi)} \tag{6-1}$$

式中，ω 为滚刀理论转速（rpm）；N 为刀盘转速（rpm）；R 为滚刀安装半径（mm）；r 为滚刀半径（mm）；β 为滚刀安装倾角（°）；φ 为滚刀磨损量（mm）。

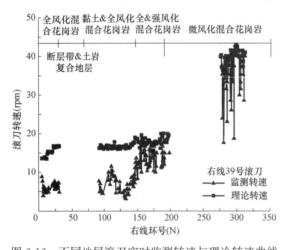

图 6-16 不同地层滚刀实时监测转速与理论转速曲线

图 6-16 为区间隧道右线 39 号滚刀实时监测转速与理论转速关系曲线，滚刀处于正常磨损状态。无论地层条件如何变化，监测到的滚刀转速都无法达到理论转速水平，且随着岩体风化程度越高，两者的差值呈现增大趋势。即在任何地层下，滚刀与掌子面岩体间都会发生相对位移或滑动，也是造成滚刀偏磨的主要原因。在全风化混合花岗岩地层中，主要是刮刀切削土体，滚刀与土体间的相对滑动最严重，但监测到的转速值波动范围最小。全风化—强风化混合花岗岩地层中，滚刀监测到的转速与理论转速差异减少，但在任何时刻都无法达到理论转速，且波动范围增加，在 10～16rpm 之间。在微风化混合花岗岩地层中，岩体节理裂隙发育不均，监测转速的波动范围非常大，在 17～43rpm 之间，部分时刻内滚刀的监测转速与理论转速基本相等。

不同地层、不同安装半径的滚刀监测转速和理论转速统计结果见表 6-2 和图 6-17，表中的转动率为监测转速与理论转速的比值，该值越小说明滚刀与掌子面岩体间的相对运动越严重。除土岩复合地层外，同一地层下不同安装半径滚刀的转动率差异较小。因为均一地层条件下掌子面地层分布较均匀，滚刀滚动状态较一致。微风化岩体受节理影响，转动率会出现波动，但总体上差异在5%左右。土岩复合地层中，滚刀在软硬岩土体间的滚动状态不一致，且掌子面岩体面积占比处于变化中，转动率波动较大，超过16%。不同地层条件下的滚刀平均转动率相差较大，且呈现随着岩体风化程度增加而降低的趋势。全风化岩体的滚刀平均转动率为36.4%，即盾构掘进中滚刀约2/3的时间处于滑动状态。完整性较好的微风化岩体的平均转动率超过94%，滚刀与掌子面岩体间极少有相对滑动。

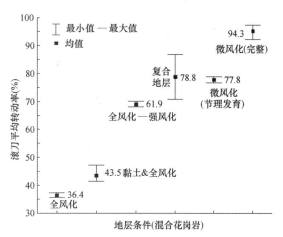

图 6-17 地层条件与滚刀平均转动率的关系

滚刀监测转速与理论转速关系　　　　　　　　表 6-2

地层条件	滚刀编号	监测环号（N）	理论转速（rpm）	监测转速（rpm）	转动率（%）	平均转动率（%）
全风化混合花岗岩	右线 43 号	3～29	16.21	5.88	36.3	36.4
	右线 42 号	3～12	14.68	5.23	35.6	
	右线 39 号	3～31	16.25	6.06	37.3	
粉质黏土与全风化混合花岗岩	右线 39 号	92～145	16.70	6.99	41.9	43.5
	右线号 42	92～145	17.64	7.32	41.5	
	左线号 37	70～87	16.80	7.93	47.2	
全风化—强风化混合花岗岩	右线号 42	145～180	18.97	13.29	70.1	69.1
	右线 39 号	145～180	17.95	12.23	68.1	
土岩复合地层	左线 13 号	961～1000	5.10	4.02	78.8	78.8
	左线 20 号	961～994	7.46	6.48	86.9	
	左线 24 号	961～987	8.85	6.27	70.8	
微风化混合花岗岩（节理发育）	左线 46B 号	214～232	38.81	29.77	76.7	77.8
	左线 23 号	214～319	21.38	16.87	78.9	
微风化混合花岗岩（岩体较完整）	右线 35 号	329～361	36.23	33.43	92.3	94.3
	右线 39 号	329～342	38.17	37.19	97.4	
	左线 13 号	950～960	20.9	20.27	96.7	
	左线 20 号	950～960	17.48	16.5	94.4	
	左线 24 号	950～960	12.12	11.65	96.1	
	左线 39 号	276～313	39.90	36.81	92.3	
	左线 42 号	276～280	40.19	36.69	91.3	

全风化花岗岩岩体的原岩结构基本破坏，在地下水作用下易软化、崩解，且其黏聚力及内摩擦角都比较小。掘进中土体所能提供的摩擦力往往无法达到滚刀滚动所需的初始扭矩，造成滚刀长时间处于滑动状态。强风化岩体中原岩基本已风化，部分岩芯呈碎块状，局部夹有少量中等风化岩石碎块，其黏聚力及内摩擦角都相对较高。相比于全风化岩体，强风化岩体所提供的摩擦力基本上可满足滚刀的初始扭矩。一般而言，在微风化岩体中，滚刀破岩所需的滚动力矩远大于滚刀初始扭矩，理论上滚刀的监测转速应与理论转速保持一致。实际施工中，即使在岩体较完整区间段，滚刀仍有6%的时间处于停转或滑动，对于岩体节理发育区间段，滚刀停转时间超过20%。滚刀破岩产生岩片，造成岩面及切槽不平整或出现凹槽，滚刀经过凹槽时则出现滑动或停转。图6-18为完整岩体下的滚刀破岩后的掌子面，可以看出该处岩面不平整，滚刀刀痕呈现不连续，此时对应的监测转速在23~33rpm，小于理论转速。掌子面节理发育时，掌子面会更加不平整，甚至出现塌坑，监测转速也将大幅度降低。对于土岩复合地层，滚刀在软土及岩层中的破岩模式不同，软土中的转动率低，岩层中的转动率高，平均转动率介于强风化岩体与微风化岩体之间，且随着掌子面岩体占比的增加平均转动率上升。

图6-18　怀福右线286环掌子面照片

滚刀的转动状态直接反映滚刀磨损状态，滚刀转速为0可表示滚刀发生异常磨损，如滚刀偏磨、刀圈脱落等。滚刀偏磨是最常见的滚刀失效形式，滚刀由正常磨损发展至偏磨是滚刀圆度逐渐降低的过程，直接反应为滚刀的转速逐渐降低至0。滚刀圆度降低至一定程度后就需要对滚刀进行更换，以保护周边刀具。结合滚刀监测转速、地层条件及平均转动率，可以对滚刀转动状态进行判断。由于同一地层条件下，滚刀的平均转动率在一个较小的范围内波动。在确定的地层条件下，某一滚刀的转动率低于平均转动率时，表示滚刀转动不顺畅、圆度降低。如完整岩体条件下，滚刀平均转动率在93%左右，若某一滚刀的转动率降低至80%，该滚刀可能出现磨损不均匀或偏磨。此外，掘进中滚刀的平均转动率出现忽高忽低，可初步判断开挖地层条件发生变化，以调整掘进参数。

6.2.2.2　滚刀停转分析

图6-19为区间左线盾构以土压平衡模式由岩石地层进入土岩复合地层的滚刀监测转速与理论转速变化。岩石地层中滚刀监测转速与理论转速基

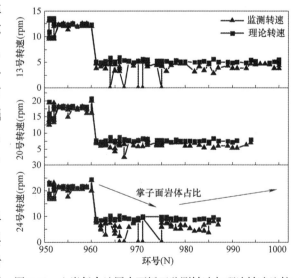

图6-19　土岩复合地层中面板刀监测转速与理论转速比较

本保持一致，进入土岩复合地层后，刀盘转速降低至 1rpm 左右（961 环），滚刀理论转速和监测转速都大幅度降低。960～975 环区间滚刀监测转速有较大幅度的波动，与理论转速的差距较大，偶尔出现滚刀停转现象。975 环后监测转速出现提高，980～990 环间监测转速再次出现降低。根据盾构渣土形态判断，960～975 环与 980～990 环左右渣土中岩块占比较少，说明掌子面土体占比较高。滚刀转速的变化与岩体条件具有较好的一致性，掌子面土体占比越高，滚刀滑动越严重，其转速也越低。滚刀处于正常磨损状态时，依靠滚刀转速可对岩体条件进行初步判断。

975 环后 13 号和 20 号滚刀的转动率皆为 83%，而 24 号滚刀的转动率仅为 66%，24 号滚刀转动率偏低。相比于 13 号和 20 号滚刀，24 号滚刀可能转动不顺畅，磨损不均匀，后续施工中极有可能发生偏磨风险。随后在 1001 环带压查刀时，

图 6-20　区间隧道左线 24 号滚刀偏磨（1026 环）

滚刀皆处于正常磨损，在 1026 环再次带压查刀时发现 24 号滚刀出现偏磨，不同部位磨损量差异较大，见图 6-20。

6.2.3　滚刀磨损分析

滚刀工作环境恶劣，失效形式多样，如滚刀偏磨、刀圈断裂、卷刃、刀刃磨尖或磨圆等。实际施工中，由于滚刀磨损不均匀，测量工具简易，换刀工人对磨损量的测量一般采用单点卡尺测量，其结果往往不准确，重复测量误差较大，也不能反应滚刀磨损全貌。特别是在异常磨损状态下，滚刀磨损量没有明确定义，对于刀刃磨尖、磨圆等异常磨损滚刀，磨损量的测量部位也没有统一说法，一般采用刀刃较宽处的磨损值作为滚刀磨损量。监测系统测量值为滚刀刀尖至传感器面板之间的距离，滚刀磨损量定义为滚刀刀尖的磨损量，见图 6-21。上述原因造成系统测量结果与换刀人员测量结果存在误差，如图 6-21 所示换刀工人多次测量值在 9～13mm，系统测量值为 3.29mm，通过塞尺测量的滚刀刀尖磨损值为 3.5mm。无论是正常磨损还是异常磨损，系统磨损量监测值代表滚刀刀尖的磨损量，且与实际测量值之间的误差小，监测结果可靠。

 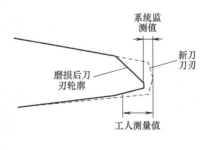

图 6-21　监测系统与换刀工人测量滚刀磨损量差异

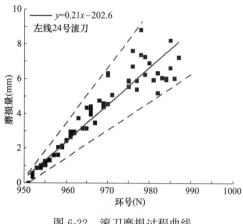

图 6-22 滚刀磨损过程曲线

滚刀的磨损过程见图 6-22,地层条件为全断面岩层到土岩复合地层。滚刀磨损量随着盾构开挖长度的增加呈线性增大趋势,磨损量的波动同样逐渐增大。滚刀在刀盘推力和扭矩作用下切削岩土体,滚刀破碎岩土体体积与盾构开挖长度呈正相关。结合滚刀转动规律可知,破岩过程中滚刀与掌子面岩土体间存在相对滑动,还承受极大振动荷载。随着滚刀磨损量的增加,滚刀刀刃不同部位的磨损量差异也随之增大,滚刀磨损不均匀,圆度逐渐降低。总的来说,滚刀磨损量的增加整体上是受地层条件和滚刀破岩量控制,局部的波动与滚刀的滑动距离或振动荷载相关。

6.3 盾构滚刀磨损规律

6.3.1 岩石磨蚀性 Cerchar 试验

6.3.1.1 试验原理

岩石磨蚀性与矿物含量、硬度、岩石结构、颗粒尺寸、形状及颗粒间的连接密切相关。矿物组成及硬矿物的含量是影响滚刀磨损的一个重要因素。岩石中高硬度矿物的含量越高,磨蚀性就越强。测定岩石磨蚀性的试验有 NTNU 的系列试验、LCPC 试验及 Cerchar 摩擦试验,目前较为通用的试验为 Cerchar 摩擦试验,测得磨蚀性指数(CAI)。其试验原理为在一尖锥角度为 90°的钢针上加以 70N 的重量,使其在 60s 内均匀于试样表面移动 10mm,然后在高清数码显微镜下测量试验针端部的磨损直径。Cerchar 磨蚀性指数为被磨损的钢针针尖的平均直径(mm)的 10 倍。试验针为一定硬度的钢针,硬度(HRC)为 54~56,或者为 44~46。

6.3.1.2 试验装置介绍

试验装置由 Cerchar 试验仪和针尖磨损测量装置两部分组成。Cerchar 试验装置包含试样夹、2 个螺栓手柄、刻度尺、钢针、钢针固定架、固定负载(重量为 70N),试验仪器见图 6-23。

针尖测量装置由高清数码显微镜和钢针固定装置组成。装置与典型针尖见图 6-24 和图 6-25。

6.3.1.3 试验操作步骤

试验开始前用轻机油涂在钢针的轴部

图 6-23 Cerchar 试验仪器

图 6-24 针尖测量装置

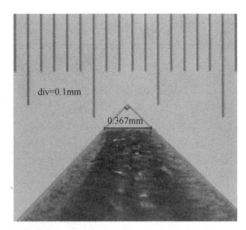

图 6-25 典型针尖侧面图（标定尺 div=0.1mm）

以及螺纹处，使试验仪器便于使用。试验中选择试样平整的岩石表面作为摩擦面，并将岩石固定。将钢针从仪器上部孔槽轻轻放入到岩石样本上，再将 70N 的固定荷载轻轻放在钢针上。在 1min 内匀速转动控制手柄 10 圈，使钢针在岩石试样上移动 10mm。试验结束后，移除重物，把钢针从仪器上取下，并对钢针进行编号。对同一个岩石样本进行 5 次（5 根钢针）测量。

试验结束后测量钢针磨蚀面直径。首先把钢针端部的岩屑清除，放到测量装置上，在针尖同一高度摆放显微镜专用标定尺（div=0.1mm），并进行标定。然后用高清数码显微镜依次对针尖 4 个方向的侧面拍照，分别垂直或平行于钢针磨蚀方向。再使用测量软件对图片进行量测，读数每张图片中的磨蚀面直径，精确到 0.001mm。

6.3.1.4 试样准备及试验数据

怀福区间隧道穿越岩石地层主要为混合花岗岩和细粒花岗岩，磨蚀性试验主要针对这两种岩石。混合花岗岩试样取自怀德站基坑深 17m 处，为微风化，岩体中有石英岩脉分布，故对岩脉也进行了取样与磨蚀性试验。细粒花岗岩取自望牛亭公园山顶钻孔岩芯，为微风化。参照国际岩石力学协会 ISRM 推荐的试验流程，对每根钢针的侧面进行 4 次拍照并读取磨蚀面直径 d_1、d_2、d_3、d_4，岩样信息及表面针痕见表 6-3，数据记录见表 6-4。

岩样信息及表面针痕　　　　　　　　　　　表 6-3

序号	试样名称	表面针痕	
1	石英岩脉		

续表

序号	试样名称	表面针痕
2	混合花岗岩	
3	细粒花岗岩	

钢针量测数据记录　　　　　　　　　　　　　　　表 6-4

编号	钢针编号	测量值(mm)				平均值 d_m (mm)	试样均值 (mm)
		d_1	d_2	d_3	d_4		
1	1	0.408	0.418	0.401	0.416	0.411	0.427
	2	0.400	0.412	0.417	0.404	0.408	
	3	0.430	0.455	0.421	0.448	0.438	
	4	0.437	0.453	0.444	0.462	0.449	
	5	0.429	0.424	0.446	0.416	0.429	
2	1	0.398	0.405	0.413	0.451	0.417	0.417
	2	0.430	0.440	0.401	0.412	0.421	
	3	0.383	0.404	0.384	0.400	0.393	
	4	0.461	0.450	0.457	0.442	0.452	
	5	0.397	0.410	0.404	0.393	0.401	
3	1	0.493	0.492	0.516	0.508	0.503	0.510
	2	0.527	0.524	0.538	0.520	0.527	
	3	0.498	0.511	0.492	0.499	0.500	
	4	0.497	0.489	0.517	0.500	0.501	
	5	0.516	0.512	0.524	0.528	0.520	

注：d_1、d_2、d_3、d_4 分别是针尖磨蚀平面直径的 4 个侧面测量长度。

6.3.1.5　Cerchar 试验结果

Cerchar 磨蚀性指数为被磨损的钢针针尖平均直径的 10 倍，据此算出岩石的 Cerchar

磨蚀性指数。国际岩石力学协会根据以往试验结果，推荐了 CAI 分级标准，见表 6-5。对怀福区间所取岩样的磨蚀性分级见表 6-6。混合花岗岩和石英岩脉的磨蚀性为很高，细粒花岗岩的磨蚀性为极高。

国际岩石力学协会 CAI 分级（钢针硬度 54~56） 表 6-5

CAI 区间	磨蚀性描述	CAI 区间	磨蚀性描述
0.1~0.4	极低 Extremely low	3.0~3.9	高 High
0.5~0.9	很低 Very low	4.0~4.9	很高 Very high
1.0~1.9	低 Low	≥5	极高 Extremely high
2.0~2.9	中等 Medium		

岩石 CAI 值的磨蚀性分级 表 6-6

试样名称	磨损平均直径 d(mm)	CAI 值	磨蚀性评价
石英岩脉	0.427	4.27	很高
混合花岗岩	0.417	4.17	很高
细粒花岗岩	0.510	5.10	极高

6.3.2 滚刀磨损规律

6.3.2.1 地层条件对滚刀磨损的影响

图 6-26 为区间隧道右线 28 号滚刀在不同地层中的滚刀磨损增长曲线，一次项系数可表述为滚刀平均每环磨损量。不同地层条件下，滚刀磨损量随环号的增加皆呈线性增长趋势，但一次项系数不同。结合滚刀安装半径与管片宽度，可以获得滚刀的实际磨损速度。同一安装半径滚刀，在不同地层中的磨损速度差异明显，在相同地层中的磨损速度基本一致。土岩复合地层中滚刀磨损速度最快，达到 0.074mm/m^3，超过岩石地层的 4 倍，是软土地层的 17 倍。

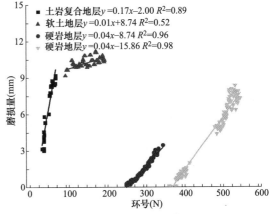

图 6-26 同一安装半径滚刀在不同地层下的滚刀磨损曲线

盾构掘进软土地层时，滚刀和刮刀共同作用切削土体，滚刀受力小，且土体磨蚀性低于岩石，滚刀磨损速度慢。但土体中滚刀转动不顺畅，长时间滑动造成滚刀磨损不均匀，磨损量波动大。岩石地层中滚刀直接破岩，滚刀承受较大的推力及滚动力，且混合花岗岩磨蚀性较高，Cerchar 试验所得 CAI 值为 4.17，滚刀磨损较快。土岩复合地层中滚刀破岩模式在软土和岩层之间快速切换，软土和岩层的磨蚀性及滚刀受力差异大，特别是在滚刀破岩由软土进入岩层时，滚刀需承受较大的冲击荷载，加剧了滚刀磨损。此外，滚刀正常磨损时，相同岩体条件下的滚刀磨损速度具有一致性，为滚刀磨损预测提供依据。

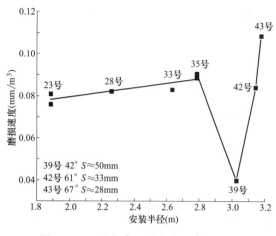

图 6-27 土岩复合地层中滚刀磨损速度与安装半径曲线

6.3.2.2 安装半径对滚刀磨损的影响

图 6-27 为盾构以土压平衡模式掘进土岩复合地层时的滚刀磨损速度随安装半径变化曲线，统计数据为左、右线 25～90 环的 9 把滚刀。6 把面板刀的磨损速度随安装半径的增大而加快，增长幅度较小。不同安装半径面板刀主要差异在于滚刀线速度，滚刀线速度与安装半径呈正相关。由 5.2.3 节可知，在一定范围内的刀盘转速提高会增加刀盘振动，也就是说滚刀线速度越快破岩所受的冲击荷载越大，造成滚刀磨损更加严重。

39 号边刀的磨损速度最小，小于面板刀，而后边刀磨损速度快速增长。随着边刀安装半径增大，滚刀间距减小，安装倾角增大，直接影响边刀的受力模式，造成边刀磨损速度差异明显。39 号边刀磨损速度较小于 35 号面板刀，主要是因为 39 号边刀的刀间距降低造成滚刀破岩所需的推力大幅度降低，而较小的安装倾角对磨损速度影响有限。相比于 39 号边刀，42 号与 43 号边刀的磨损速度大幅度提高，超过 60°的安装倾角，造成滚刀破岩受力非常不合理。滚刀一侧刀尖与岩面接触，且承受较大侧向力，增加滚刀磨损速度。总的来说，安装半径增大造成面板刀线速度增加，滚刀磨损速度加快。边刀的安装半径增加，破岩所受滚刀力降低的同时受力模式变得更加不合理。随着安装半径增加，安装倾角对磨损速度影响逐渐突出，边刀磨损加快。

6.3.2.3 掘进参数对滚刀磨损的影响

滚刀在刀盘推力作用下侵入岩体，刀盘旋转带动滚刀破岩。掘进参数的变化反应滚刀破岩过程，也直接影响滚刀磨损速度。以左线 23 号滚刀为例分析岩石地层中盾构掘进参数与滚刀磨损速度关系，见图 6-28。由图可知，425 环前的滚刀磨损速度明显小于 425 环以后，掘进参数也呈现较大幅度的波动，特别是在 250～280 环及 390～425 环，刀盘推力最低降至 5000kN。425 环前后的平均刀盘推力均值分别为 9300kN 和 10800kN。刀盘推力的增加直接导致单刀推力增大，加剧滚刀磨损速度。盾构掘进期间查看掌子面及岩渣，425 环前掌子面岩体节理裂隙发育，之后岩体完整性较好。如 270 环左右掌子面有塌坑、节理发育，岩渣中岩片块度大，节理面有水锈痕迹。400 环处遇到蚀变带，掌子面上方为强风化岩体。

掘进参数变化的根本是岩体条件的变化。相同岩体条件下，掌子面岩体节理发育时，较小的单刀推力就可获得较大的贯入度，滚刀破岩效率高，磨损速度较慢。

6.3.2.4 滚刀磨损曲线波动分析

滚刀掘进中承受振动荷载，且与掌子面岩土体间存在相对运动，造成滚刀磨损不均匀。图 6-29 为区间隧道左线盾构以土压平衡模式进入土岩复合地层后的滚刀磨损曲线，结合图 6-26 对滚刀磨损曲线的波动进行分析。岩石地层中滚刀磨损量平稳增长，软土地层磨损量波动增大，土岩复合地层中的波动最大。结合滚刀破岩模式与转动规律可知，岩

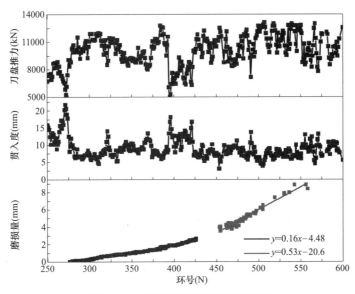

图 6-28 掘进参数与滚刀磨损关系

石地层中滚刀与掌子面岩体间的平均转动率达 95%，相对运动量少，滚刀磨损相对比较均匀。软土地层中滚刀长时间处于滑动状态，但滚刀受力小、磨损速度慢，波动范围在 1.5mm 内。土岩复合地层中滚刀在软硬岩土体间的磨蚀性不同，磨损速度不同。滚刀经过岩体交界面会产生较大的冲击荷载，滚刀刀刃易受损，磨损最不均匀。滚刀磨损量波动大，磨损不均匀，易造成滚刀偏磨。

图 6-29 为滚刀由岩层进入土岩复合地层的滚刀转速变化，岩石地层中滚刀监测转速与理论转速基本保持一致，进入土岩复合地层后，监测转速与理论转速差距增大，且偶尔出现停转，也进一步说明滚刀磨损不均匀。24 号滚刀磨损量波动最大，超过 4mm，且滚刀转动率最低。24 号滚刀在后续破岩中最有可能发现偏磨，随后 1026 环带压查刀也验证了这一判断。

6.3.3 岩石地层滚刀磨损预测

通过上述分析可知，滚刀磨损主要与地层条件、滚刀安装半径及倾角、掘进参数等因素有关。土岩复合地层的掌子面岩土体占比快速变化，地层条件难

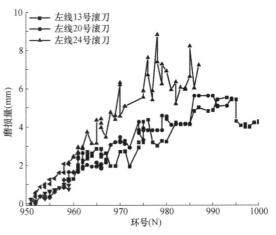

图 6-29 土岩复合地层中面板刀磨损曲线
（960 环后为土岩复合地层）

以确定，滚刀磨损速度不具有代表性。岩石地层中盾构处于转弯阶段，边刀下方安装有垫块以扩挖隧道防止盾构卡机，滚刀受力及磨损形式与直线掘进差异大，中心刀未进行连续监测。基于监测系统数据，仅对岩石地层中面板刀磨损进行预测。盾构开挖岩石地层为微风化混合花岗岩，抗压强度最大达 150MPa，平均为 97MPa，石英含量为 31%，Cerchar

摩擦性指数（CAI）为4.17，磨蚀性很高。表6-7为不同安装半径下隧道每延米滚刀磨损量，统计的滚刀覆盖整个面板刀范围。相同地层下，滚刀磨损速度与安装半径、刀间距相关。滚刀破岩实际是相邻滚刀共同作用的结果，滚刀破岩面积为滚刀安装半径两侧各一半刀间距范围，则滚刀磨损速度计算公式如下：

$$\omega = \omega'/A \qquad (6\text{-}2)$$

$$A = \pi(r+S_r)^2 - \pi(r-S_1)^2 \qquad (6\text{-}3)$$

式中，ω 为滚刀磨损速度（mm/m³）；ω' 为隧道每延米滚刀磨损量（mm/m），该值通过监测系统获得；r 为滚刀安装半径（m）；A 为滚刀破岩面积（m²）；S_r 和 S_1 分别为滚刀与左、右相邻滚刀间距（mm）。

面板刀磨损统计结果 表6-7

滚刀编号	安装半径（m）	统计环号	每延米滚刀磨损（mm/m）	滚刀磨损速度（mm/m³）
右线13	1.135	420～750	0.011	0.018
左线23	1.885	275～584	0.019	0.020
左线23	1.885	616～770	0.018	0.019
左线24	1.96	215～424	0.020	0.020
左线25	2.035	577～795	0.021	0.021
右线28	2.26	350～500	0.023	0.020
右线28	2.26	540～800	0.028	0.024
左线33	2.635	218～326	0.030	0.023
右线35	2.785	329～437	0.035	0.025
左线35	2.785	210～400	0.037	0.026

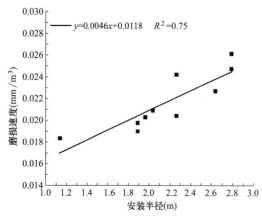

图6-30 岩石地层面板刀滚刀磨损速度与安装半径关系

图6-30为滚刀磨损速度与安装半径关系曲线，滚刀磨损速度与安装半径呈线性增长趋势，则滚刀磨损速度预测结果如下：

$$\delta = 0.0046r + 0.0118 \quad R^2 = 0.75 \qquad (6\text{-}4)$$

式中，δ 为滚刀磨损速度预测值（mm/m³）；$1.1 < r < 2.8$。

滚刀寿命一般表示为滚刀破岩量（m³/cutter）。滚刀寿命与滚刀磨损速度及滚刀磨损阈值相关，滚刀寿命计算公式如下：

$$L = \varphi/\delta \qquad (6\text{-}5)$$

式中，L 为滚刀寿命，即滚刀平均破岩量（m³/cutter）；φ 为滚刀磨损阈值（mm/cutter）。

6.3.4 滚刀磨损预测结果与换刀结果比较

双模盾构以 TBM 模式掘进岩石地层时，滚刀磨损速度较快，为防止滚刀超磨或偏磨，换刀工人每 8 环左右会开仓查刀以确定滚刀磨损量。需要注意的是滚刀磨损量阈值直接影响到滚刀寿命，图 6-31 为换刀人员实际换刀的磨损量阈值，磨损量阈值范围在 14~25mm，平均值约为 20mm。

剔除查刀数据中滚刀异常磨损相关数据，获取滚刀正常磨损状态下的查刀磨损量与环号信息，以计算滚刀磨损速度，进而求得滚刀寿命。滚刀寿命预测值与滚刀寿命计算值见图 6-32。

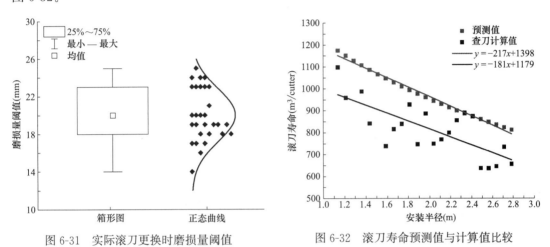

图 6-31 实际滚刀更换时磨损量阈值　　　图 6-32 滚刀寿命预测值与计算值比较

随着安装半径增大，滚刀寿命预测值与计算值皆呈现降低趋势。滚刀寿命计算值基本上处于预测值的下方，仅有少数几把滚刀的预测值与计算值相近。主要原因如下：一方面区间隧道滚刀磨损多为刀刃磨尖或磨圆，换刀人员查刀数据一般较大于系统监测值，造成计算所得的滚刀磨损速度更快，寿命更低；另一方面预测值与计算值所统计的滚刀数量有限，结果存在误差。

参 考 文 献

[1] 张厚美. 盾构隧道的理论研究与施工实践 [M]. 北京：中国建筑工业出版社，2010.
[2] 李凯磊. TBM 刀具消耗分析研究 [D]. 石家庄：石家庄铁道大学，2015.
[3] 孙志洪，李东利，张家年. 复合盾构滚刀磨损的无线实时监测系统 [J]. 隧道建设，2016，36（4）：485-489.
[4] 侯振德，岳澄，亢一澜，等. 基于电阻排式的盾构机刀具磨损量在线监测方式：102288099A [P]. 2011.
[5] 侯振德，岳澄，亢一澜，等. 基于丝栅式的盾构机刀具磨损量在线监测装置：102352754A [P]. 2012.
[6] 侯振德，岳澄，亢一澜，等. 电阻柱芯式盾构刀具磨损传感器及磨损量监测装置：203772666U [P]. 2014.
[7] 夏毅敏，兰浩，朱宗铭，等. 一种 TBM 滚刀磨损实时监测装置：103148771A [P]. 2013.
[8] 郑伟，赵海鸣，兰浩等. TBM 滚刀刀圈磨损量在线监测系统 [J]. 仪表技术与传感器，2015（4）：46-50.
[9] LAN H, XIA Y M, ZHU Z M, et al. Development of on-line rotational speed monitor system of TBM disc cutter [J]. Tunnelling and Underground Space Technology, 2016 (57)：66-75.
[10] 任德志，孙晓平. 基于 CC1101 的盾构滚刀磨损监测系统的设计 [J]. 矿山机械，2015，43（4）：120-124.
[11] 孙志洪，李东利，张家年. 复合盾构滚刀磨损的无线实时监测系统 [J]. 隧道建设，2016，36（4）：485-489.

[12] 张斌,刘建琴,郭伟,等.TBM滚刀磨损检测装置:103234903A[P].2013.

[13] 刘泉声,张建明,张晓平,等.一种TBM滚刀磨损在线实时监测装置及监测方法:105352420A[P].2016.

[14] SHANANAN A. Cutter instrumentation system for tunnel boring machines[C]. North American Tunneling 2010 Proceedings,2010:110.

[15] 何峰,吕传田,任勇,等.盾构机刀具磨损监测装置:201540105U[P].2010.

[16] GHARAHBAGH E A, MOONEY M A, FRANK G, et al. Periodic inspection of gauge cutter wear on EPB TBMs using cone penetration testing[J]. Tunnelling and Underground Space Technology,2013,(38):279-286.

[17] GONG QM, WU F, WANG D J, et al. Development and Application of Cutterhead Working Status Monitoring System for Shield TBM Tunnelling[J]. Rock Mechanics and Rock Engineering,2021,54(1).

[18] 龚秋明,王庆欢,王杜娟,等.盾构隧道施工刀盘状态实时监测系统研制[J].现代隧道技术,2021,58(2):41-50.

第7章 双模盾构掘进振动状态监测

刀具在破岩过程中会产生剧烈的振动。刀盘承受刀具破岩传递的全部载荷，其振动为所有刀具振动的叠加。刀盘振动表现为弹性体在多点随机冲击载荷作用下的旋转和横向振动[1-2]。掘进机在开挖高强度岩层与土岩复合地层时，刀盘所受的推力及扭矩更大，冲击荷载更为强烈，刀盘振动也更加剧烈[3]。刀盘系统的振动常常诱发拉紧块螺栓松动、刀具异常磨损、刀盘面板焊缝开裂、主轴承密封失效等问题，甚至导致刀盘解体[4-6]。振动引起的刀盘开裂是秦岭隧道、大伙房引水隧洞、中天山隧道等隧道工程刀盘失效的关键因素之一[7]。振动引起的机械故障将导致施工效率降低，施工时间延长，甚至引发严重的安全事故。操作参数与岩体条件不匹配、刀盘布置或主机结构不合理会导致刀盘异常振动。刀盘振动的监测有利于掌握掘进机的工作状态，优化掘进机操作参数。

许多学者在理论分析和数值模拟的基础上，对刀盘的振动特性及其影响因素进行广泛的研究。Li[8]建立了刀盘驱动系统的二维动态非线性时变振动模型，提出可以通过减小齿轮相对间隙、减小转矩或增大摩擦系数等来减小振动强度。敖日汗和张义同[9]基于振动结构模态分析理论，分析直径和柔度对刀盘模态特征的影响。研究发现刀盘振动频率与刀盘直径呈正相关，与刀盘柔度呈负相关。凌静秀等[10-11]采用Newmark-β数值方法对刀盘系统多自由度耦合的动态特性进行求解，得到刀盘系统不同构件的振动特性及载荷传递规律。结果表明沿隧道轴线方向的刀盘振动最大。驱动齿轮均匀布置时，刀盘径向振动最小。需要注意的是，该模型仿真结果与实际刀盘振动监测结果最大相对误差接近50%。霍军周等[12]基于adams多体系统动力学仿真平台研究了前支撑对刀盘振动的影响。Sun[2,13]利用有限元法建立了刀盘动力学方程，研究发现刀盘振动最容易造成螺栓法兰连接和刀盘焊接点的损坏。

盾构刀盘结构复杂，各部件的耦合关系难以准确建立，开挖岩体具有非均质性及各向异性，数值模拟及理论研究方法由于无法对刀盘结构与岩体进行准确建模，获取的刀盘振动与实际存在差异，为此许多学者开始着手刀盘实时振动监测。廖建炜[14]通过INV3080A设备监测TBM主驱动电机、泵站电机等部位振动信号，发现4号泵站振动速度峰值为4.39m/s，达到报警界限。辛书杰等[15]研制盾构/TBM专用振动监测传感器VM-BOX，配备16g和200g两种量程加速度传感器，分别用于常规振动监测和较大冲击振动监测。该系统应用于合肥地铁3号线盾构刀盘驱动泵振动监测，但振动信号受外界干扰较大。Mooney[16]和Walter[17]通过在仓壁上安装振动传感器，研究操作参数和地质条件对振动响应的影响。冲击响应试验表明，振动信号可以从刀盘传递到仓壁，但该振动监测装置不适用于TBM刀盘。Huang[18]研制了一套BeeTech A302EX型无线加速度传感器监测刀盘振动，监测数据通过无线传输模块传输至上位机的BeeDate数据处理软件，实现刀盘振动信号实时获取及显示。该设备成功搭载于兰州引水工程的双护盾TBM，结果表明垂直于刀盘面方向的振动最为剧烈，刀盘振动随着刀盘转速和贯入度的增加而增大。基于上述监测系统，张晓波等[19]也获得类似的结果。Huo[20]和Ling[21]对辽西北供水工程隧道TBM刀盘振动进行了监测，研究表明掘进过程中刀盘径向加速度呈周期性变化，轴向加速度主要由破岩振动引起，随机性强且大于径向加速度。

事实上，在软土地层中，土压平衡和泥水平衡盾构刀盘后方为土压仓，刀盘周围充满渣土或泥浆，其土压力最高可达到2～3bar。硬岩地层中，破岩产生的岩渣可能对传感器产生破坏。因此，刀盘振动监测设备需要具有良好的密封性能、牢固的安装结构、长时间续航以及稳定的数据传输功能。大部分研究所用的振动监测设备传感器终端保护结构不坚固，密封性较差，电池连续工作时间短，有遮挡情况下无线通信数据易丢失，无法应用于盾构刀盘的长时间振动监测。为实现盾构刀盘振动的实时监测，北京工业大学联合北京玖瑞科技公司研制一套盾构刀盘振动监测系统。该系统可安装至盾构刀盘及其他关键部位，获取各监测点的三轴振动加速度。上位机软件可对监测数据进行频域及时域显示，并且对监测数据进行处理获得振动特征。监测结果可实时反馈给操作人员，从而帮助优化盾构操作参数和判断岩体参数，为盾构施工提供指导，避免相关施工事故。

7.1 刀盘振动监测系统研制

7.1.1 系统组成

刀盘振动监测系统主要由数据获取模块、通信与控制模块、数据处理与显示模块三个模块组成。系统框架见图7-1。数据获取模块包括三轴加速度传感器、陀螺仪、时钟芯片、电源和安装结构。通信与控制模块用于连接系统软件和数据获取模块。该模块集成工业交换机、控制板和天线，实现控制命令和监测数据的传输。数据处理及显示模块的主要功能包括监测数据的解析、存储、分析和可视化。

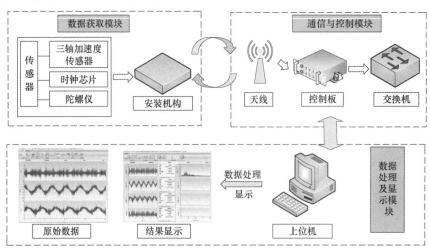

图7-1 系统组成

7.1.1.1 数据获取模块

盾构掘进软土地层，土压仓内充满渣土或泥浆以维持掌子面稳定性，无线通信效果较差。整个隧道施工过程中,大部分时间处于管片安装及停机,盾构实际掘进时间占比较低。此外,同一掘进环内地质条件往往差异较小。也就是说,对整个隧道施工过程中刀盘振动的监测是不必要的,长时间的连续监测不仅造成数据传输困难,而且电量消耗过快。通过对每个掘进环进行一定时间的连续监测,来表征整个掘进环的振动响应,既获得了足够的振动信息,也延长了传感器的工作时间。基于以上考虑,本系统选择了三轴振动传感器、三轴陀螺仪和时钟芯片三种类型的传感器,集成到一个模块中。陀螺仪用于获得刀盘的角度和旋转状态,数据采集时间由时钟芯片确定。

为了实现刀盘振动的长时间监测,设计了低功耗传感器板。可给传感器板写入不同的控制程序,以满足不同工况下的振动监测需求。内设内存卡存储传感器采集的所有数据,防止因通信不畅造成数据丢失。通信接口与通信及控制模块连接,用于接收上位机指令以及传输监测数据。传感器板通过电源接口进行供电,供电电源为大功率锂电池,可给电路板连续供电 60~90d。三轴加速度传感器的量程可调,目前使用的量程为 $\pm 16g$,数据采集频率 1000Hz。

根据刀盘的工作环境,设计了一套安装结构,具有抗撞击、抗磨损、防水等功能,见图 7-2。安装结构分为电池仓、传感器仓和天线仓。各隔间之间采用防水接头连接,所有的盖子都用密封进行防水处理。安装结构四周采用加厚钢板,可有效保护安装结构不受损坏。安装结构通过焊接方式固定在刀盘上。

7.1.1.2 通信与控制模块

1) 通信模块

通信模块作为数据获取模块和系统软件之间的桥梁,主要负责监测数据和控制命令的传输,见图 7-3。为满足不同工况

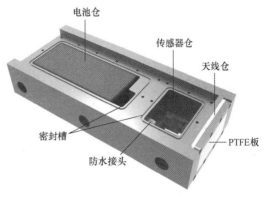

图 7-2 数据获取模块的安装结构

及不同部位的振动监测,设计了有线和无线两种数据传输方式。无线传输方式采用 LoRa 扩频通信技术,射频为 433MHz。它具有功耗低、体积小、传输距离长等优点。有线传输方式主要适用于主轴承、电机等部件的振动监测。有线控制板与传感器板和中心端连接。中心端直接为传感器板供电。为避免数据丢失,两种模式下传感器所有的监控数据均可存储在内存卡中。

2) 控制模块

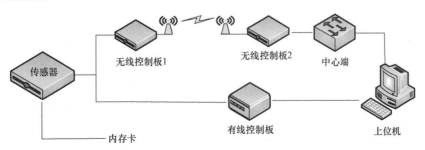

图 7-3 通信模块示意图

为了使振动监测与盾构掘进同步进行，设计一套自动控制程序。自动控制程序具有两种控制模式，分别为软件控制模式和传感器控制模式。软件控制模式主要适用于硬岩地层的刀盘振动监测或主轴承等部位的振动监测，传感器控制模式适用于软土地层的刀盘振动监测。在软件控制模式下，系统软件从盾构的可编程控制器（PLC）获取刀盘转动状态。当刀盘持续旋转数分钟后，系统软件向传感器发送数据采集命令。然后，传感器进入工作状态，并连续采集特定的时间。数据采集完成后，传感器进入睡眠模式，以降低功耗。在传感器控制模式下，刀盘的转动状态由陀螺仪监测。刀盘转动时，陀螺仪角速度大于0。后续的控制命令与软件控制模式基本一致。盾构停止掘进后，监控数据将依次发送到系统软件。此外，在系统软件中还嵌入了手动控制模式，以满足特定条件下的监测需求。

7.1.1.3 数据处理和可视化

1）数据处理

数据处理的主要目的是获取振动信号的时域和频域信息，以及振动特征参数。数据处理过程见图7-4。系统软件接收到监测数据后，首先将数据解析为三轴加速度和时间，然后根据后续分析需求对数据进行截取。由于传感器自身误差、温度变化和周围环境的干扰，造成监测数据中存在噪声和趋势项。由于趋势项的存在，积分过程中残余误差被放大，导致波形失真。目前，主要采用多项式拟合来消除趋势项。系统软件由MATLAB软件编写，调用polyfit和polyval函数实现多项式拟合：

$a = polyfit(t, x, m)$；采用polyfit进行m阶的多项式拟合；

$y = x - polyval(a, t)$；采用x-polyval进行多项式数值预测；

其中，x为原信号向量；y为消除趋势项后的信号向量；a为多项式系数；m为拟合多项式阶数，本书m取4；t为离散时间向量。

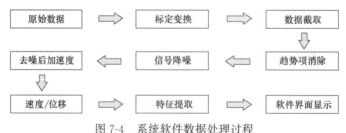

图7-4 系统软件数据处理过程

一般情况下，噪声信号的频率与实际信号的频率有显著差异，滤波器可有效地降低或消除噪声。通过以上分析，将多项式拟合与滤波相结合可以得到预期结果。对加速度进行一次积分和二次积分可得到速度和位移。

系统软件中已嵌入振动信号的时域和频域分析程序。时域分析表示加速度随时间的变化，频域分析反映振动的频率分布，对振动信号进行快速傅里叶变换，可以得到振动信号的频谱图。此外，系统软件还可分析振动信号的一些基本特征参数，如极值、均值、信号能量等，见表7-1。

振动特征参数定义及描述　　　　　　表7-1

参数	定义	描述
极值 x'_p	$\max(x')/\min(x')$	振动信号最大值和最小值
平均值 $\overline{x'}$	$\sum x'/N$	振动信号的平均值

续表

参数	定义	描述
方差 σ^2	$\sum(x'-\overline{x'})^2/(N-1)$	振动信号的离散程度
信号能量 E	$\sum(x')^2$	振动信号的能量水平

注：x' 为数据处理后的振动信号向量；N 是 x' 的个数。

2）系统界面

为方便管理系统监控数据，开发一套可视化软件。系统软件提供以下功能：数据管理、数据处理、结果显示和用户管理。软件架构见图 7-5。例如，数据管理功能主要包括数据存储、历史数据查询和存储卡数据导入。结果显示功能提供加速度、速度及位移的结果数据可视化，以及数据和图片的存储。系统采用 Microsoft Visual Studio 2013 软件开发，C♯编程语言编写。数据处理算法基于 MATLAB。

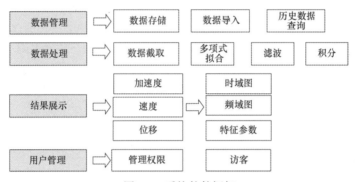

图 7-5 系统软件框架

系统软件界面见图 7-6。主界面顶部的菜单栏中包括标定变换、数据导入、自动和手动采集、数据存储、用户管理等，见图 7-6（a）。中间部分为原始数据、数据处理、加速度、速度以及位移按钮，点击上述按钮可进入不同的子界面。界面底部显示原始振动监测数据。加速度子界面见图 7-6（b），用于显示加速度处理结果。加速度子界面的左、中、右部位分别显示时域谱、特征参数和频谱图。速度和位移子界面布局与加速度子界面布局相似。

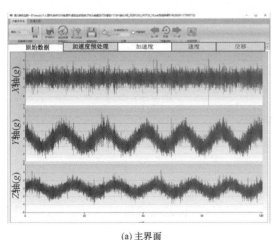

(a) 主界面　　　　　　　　　　(b) 加速度子界面

图 7-6 系统软件界面

7.1.2 系统搭建及室内测试

为了验证刀盘振动监测系统的可靠性和准确性,在室内进行系统搭建和测试,见图 7-7。为模拟 TBM 刀盘转动,研制了一套旋转平台。传感器固定在旋转平台上,启动电机,旋转平台带动传感器旋转,旋转平台转速可调整。

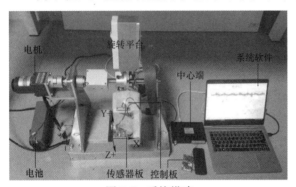

图 7-7 系统搭建

系统测试前,将控制程序写入传感器板。将传感器调整至水平位置,即 $Z+$ 垂直向下。旋转平台静止,通过手动模式控制传感器连续采集振动信号 100s。静态振动监测数据如图 7-8(a)所示。监测数据显示 Z 轴加速度围绕 9.8m/s^2 波动,与重力加速度一致。X 轴和 Y 轴围绕一个初始值波动。三轴加速度的波动幅度较小,基本在 0.05m/s^2 以内。初始值主要与传感器自身误差、安装误差及环境影响有关,初始值造成的趋势项可通过软件处理程序进行消除,基本上对后续的监测结果无影响。打开旋转平台,将转速调整到 5rpm。采用传感器控制模式获取监测数据,以验证控制程序可靠性。图 7-8(b)为旋转试验下的监测数据,从图中可以看出,X 轴加速度不受平台旋转影响,围绕 0 值波动。Y 轴和 Z 轴在重力作用下呈周期性变化,周期为 12s。振动加速度的波动主要受旋转平台的影响。通过改变传感器安装方向,可以获得相似结论。结果表明,振动监测系统工作正常,监测数据可靠。

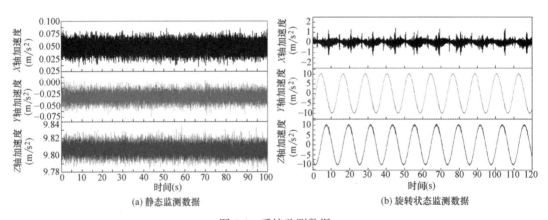

图 7-8 系统监测数据

7.1.3 系统现场安装

刀盘内振动传感器的安装需不影响换刀作业,且尽量避免在渣土运移路径上,安装位置尽量靠近刀盘中心,以表征刀盘的复合振动。最终选定将传感器安装于刀盘辐条的刮刀正后方,安装半径 2.5m,见图 7-9(a)。传感器 X 轴垂直于掌子面,Y 轴和 Z 轴平行于掌子面,Y 轴为径向,Z 轴为切向。将安装结构直接焊接在辐条上,天线仓朝着土压仓隔板方向。中心端和控制板固定在土压仓后方。与控制板连接的天线延伸至土压仓隔板上的预留孔内，实现与仓内天线正常通信。系统软件安装在操作室的上位机，通过网线与中心端相连。

除了在刀盘内安装有振动传感器外，盾体土压仓隔板壁后方也安装了振动传感器，刀盘内传感器采用无线传输模式与中心端相连，土压仓隔板壁后的传感器采用有线传输模式与中心端相连。此种传感器的布置一方面用于研究刀盘振动与整机振动间的传递规律，另一方面可作为软土地层中刀盘无线信号传输不畅时的数据补充。隔板壁后振动传感器安装见图7-9（b）。系统布局见图7-10，系统安装完成后进行了调试，一切功能正常。

2020年3月30日双模式盾构机以土压平衡模式始发，始发前完成区间左、右线盾构土压仓隔板壁后振动传感器及监测系统的安装。双模盾构进入硬岩地层后，在TBM模式下，于2020年11月1日进入刀盘完成振动传感器安装工作。系统安装完成后，两套振动传感器工作正常，所获取的数据准确可靠。

(a) 刀盘振动监测

(b) 隔板壁后振动监测

图7-9 振动监测系统安装

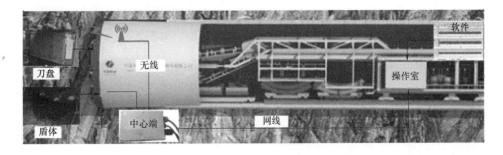

图7-10 系统布局

7.2 刀盘三轴振动规律分析

图7-11为双模盾构在TBM模式下正常掘进中刀盘三轴振动加速度，数据采集时间为

2020年11月17日,里程号为YDK31+107,对应环号为742环。掌子面为微风化混合花岗岩,平均刀盘推力和转速分别为12500kN和3.0rpm。

刀盘三轴振动加速度的时域分析见图7-11(a),X轴不受刀盘旋转影响,加速度在0值两侧对称分布。Y轴和Z轴加速度呈周期性变化,周期为20s,与刀盘转速一致。传感器随着刀盘的旋转而连续转动,见图7-12。Y轴和Z轴的重力分量随传感器角度变化而变化,相位差为90°。此外,Y轴还受到刀盘旋转引起的向心加速度,但数值很小,通过计算得到向心加速度为$0.25m/s^2$。即Y轴的整体波动受向心加速度和重力分量影响,Z轴的整体波动受重力分量影响。重力分量影响见图7-13中的红线所示,局部波动是由刀盘破岩和撞击引起的。经过系统软件的高通滤波功能剔除重力分量后,刀盘三轴加速度的极值分别为$77.4m/s^2/-79.6m/s^2$、$30.9m/s^2/-27.6m/s^2$和$38.0m/s^2/-40.4m/s^2$,均值接近于0。刀盘三轴振动信号能量分别为$1.42×10^7$、$0.76×10^7$和$1.01×10^7$。刀盘三轴加速度频率直方图见图7-13,刀盘三轴加速度幅值主要集中在较小的范围内,如X轴加速度的95%都在$±25m/s^2$区间内,超过$±70m/s^2$的振动不超过5次。即刀盘的局部振动是由多数低幅值振动与偶尔冲击振动叠加而成,但偶尔的冲击振动的强度数倍于低幅值振动,是造成滚刀异常破坏、刀盘开裂等问题的主要因素。

频域分析见图7-11(b),TBM模式掘进岩石地层时,X轴的振动频率集中在200Hz范围内,主频率约为90Hz,幅值为$0.5m/s^2$,频率主要分布在75Hz和115Hz左右。Y轴和Z轴的主频率和幅值分别与刀盘转动频率和重力加速度一致。主频率在0.05Hz左右,幅值接近重力加速度$9.8m/s^2$。X轴的主频率一般不随掘进参数变化,与地层条件相关,后续将进行进一步分析。

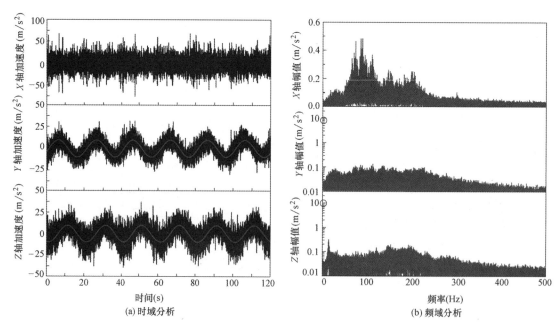

图7-11 盾构正常掘进中刀盘三轴振动加速度

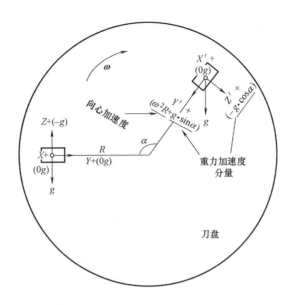

图 7-12 传感器角度变化

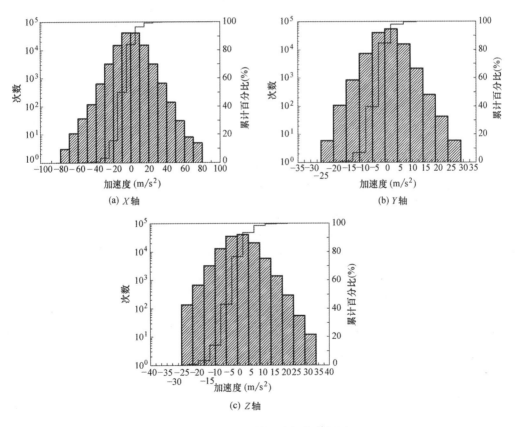

图 7-13 刀盘三轴振动频率直方图

7.3 刀盘振动影响参数分析

7.3.1 地层条件对刀盘振动影响

7.3.1.1 不同类型地层对刀盘振动特性影响

2021年1月14日区间隧道左线盾构在完成模式转换后,以土压平衡模式由岩石地层逐渐进入土岩复合地层与软土地层,里程号为ZDK31+413~ZDK31+532,对应环号为951~1030环。掘进过程中盾构刀盘三轴加速度数据见图7-14,该数据为经过滤波后的结果,消除了重力加速度的影响。三轴加速度取每环监测数据的极值,以表征不同地层下刀盘的振动强度。

结合盾构渣土形态、滚刀监测转速及掘进参数对掌子面岩体条件进行大致判断,950~960环盾构开挖岩体为微风化混合花岗岩,贯入度在2~5mm。掘进至960环后半段发现渣土中含有少量的土体,判定盾构进入土岩复合地层。961环时刀盘转速由2.8rpm左右降低至1.0rpm,之后转速控制在1.0rpm左右。而后渣土中的岩石占比逐渐降低,在965环后进入软土地层。经过短距离的软土地层后,于967环再次进入土岩复合地层,之后掌子面基岩起伏大,掌子面岩土体占比变化快。995~1005环周围出现全风化—微风化细粒花岗岩侵入岩,1007环后再次进入混合花岗岩复合地层,掌子面岩层占比逐渐增加。

由图7-14可知,微风化岩石地层中,X轴的加速度最大,振动最强烈,Z轴加速度次之,Y轴加速度最小,三轴的正负两个方向加速度值基本一致。结合滚刀破岩机理可知,滚刀在刀盘推力作用下侵入岩体,在刀盘扭矩作用下滚压破碎岩体。滚刀推力方向承受最大荷载,滚动方向承受荷载较小。破岩过程中滚刀与岩石的接触区域发生应力集中,径向裂纹逐渐扩展并在相邻的滚刀之间贯通。而后,岩石碎片产生并从滚刀侧向崩出,在滚刀下方形成一个凹槽。岩片产生时,滚刀的应力瞬间释放,产生振动。X轴为滚刀推力方向,受力最大,变形储能高,振动最剧烈。Z轴为滚刀滚动方向,受力较小,振动较弱。Y轴为滚刀侧向,岩片由两侧崩出也会造成该方向的振动,但幅值小于其他两个方向。也就是说,刀盘推力对刀盘振动的影响最大。

土岩复合地层中,受掌子面岩、土体占比影响,三轴加速度极值波动明显。如960~965环区间,随着掌子面岩体占比逐渐降低,刀盘振动出现先增大后降低趋势。刚进入土岩复合地层时刀盘振动减弱主要与刀盘转速有关,转速降低造成破岩量减少,因而破岩振动减弱。随着岩体占比的减少,刀盘转动造成大部分滚刀都需要通过岩土体交接带。破岩产生的冲击荷载将增强,振动更加剧烈。岩体占比进一步降低后,掌子面基本为土体,破碎岩体的滚刀数量减少,刀盘振动大幅度减弱。在土岩复合地层中,Z轴加速度偶尔会出现突变,振动幅度可超过X轴。如995~1005环内,$Z-$的峰值达到80m/s^2。

在软土地层中,滚刀主要切削土体,所受的滚刀力较小,刀盘振动非常缓和,三轴加速度的幅值基本不超过1m/s^2。

图7-15和图7-16分别为盾构掘进不同地层时典型环的刀盘三轴加速度时域图和频域图,数据已消除重力加速度的影响。就加速度幅值而言,岩石地层中滚刀时刻处于破岩状态,刀盘振动呈现连续、无规律、高幅值振动状态。土岩复合地层中,刀盘振动随时间变

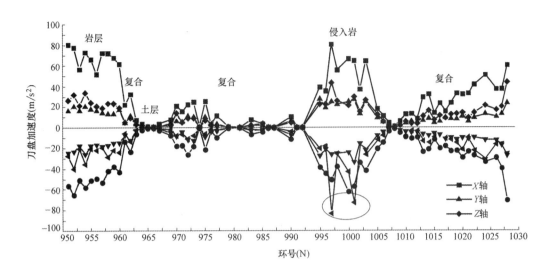

图 7-14 盾构掘进不同地层时刀盘三轴加速度变化

化有明显的高低起伏，加速度变化呈现与刀盘转速一致的周期性，部分监测数据表明加速度会出现周期性的突增。图 7-15（b）中加速度变化周期在 53s 左右，与刀盘转动周期 53s 保持一致，且第 11s，64s 和 117s 的 Z 轴加速度远大于其他时刻。滚刀在岩层、土体间的破岩模式差异大，随着刀盘转动呈周期性变化。滚刀经过岩、土体交界处会产生较大的冲击荷载，能够解释土岩复合地层中滚刀易发生异常破坏的问题。软土地层中刀盘振动不明显，偶有较小幅值的振动。

就振动信号能量而言，岩石地层中振动信号能量随时间基本呈现平缓的线性增加趋势。土岩复合地层中振动信号能量波动上升，快速上升处表明刀盘振动强烈。软土地层中偶尔的小幅值振动对振动信号能量影响明显。一般而言，岩石地层和土岩复合地层中滚刀需要破碎岩体，X 轴的刀盘振动信号能量最高，多倍于其他两轴。软土地层中滚刀切削土体，推进方向受力较小，Z 轴的振动信号能量与 X 轴接近，大于 Y 轴。软土地层的振动信号能量远低于岩石地层，不足岩石地层的千分之一。土岩复合地层振动信号能量与掌子面岩土体占比关系较大。

就刀盘振动频率而言，由于 Y 轴和 Z 轴的振动主频率与刀盘振动频率一致，此处仅分析 X 轴振动频率。刀盘振动频率除了与刀盘结构、质量、重心位置有关系外，刀盘周围的介质同样也会影响振动响应。盾构掘进中土压仓渣土围绕在刀盘周围，渣土具有一定的刚度和阻尼，改变了刀盘结构边界。岩石地层、土岩复合地层以及软土地层中产生的渣土性状不同，土仓内渣土堆积高度也差异较大，造成刀盘振动频率存在较大差别。盾构在土压平衡模式下掘进不同地层时，刀盘 X 轴振动频率差异明显。岩石地层和土岩复合地层的振动频率主要在 50～200Hz 范围内。岩石地层中刀盘 X 轴主频率在 85～90Hz，其他频率在 110～120Hz、60～70Hz、140～145Hz、195～205Hz 等，土岩复合地层中 X 轴主频率在 105～115Hz，其他频率在 130～140Hz、185～205Hz 等。软土地层刀盘的频率集中在 100Hz 以内，其中 X 轴主频率在 10～40Hz。

总体而言，不同地层下刀盘振动特性差异较大。岩石地层中刀盘三轴振动幅值大，振

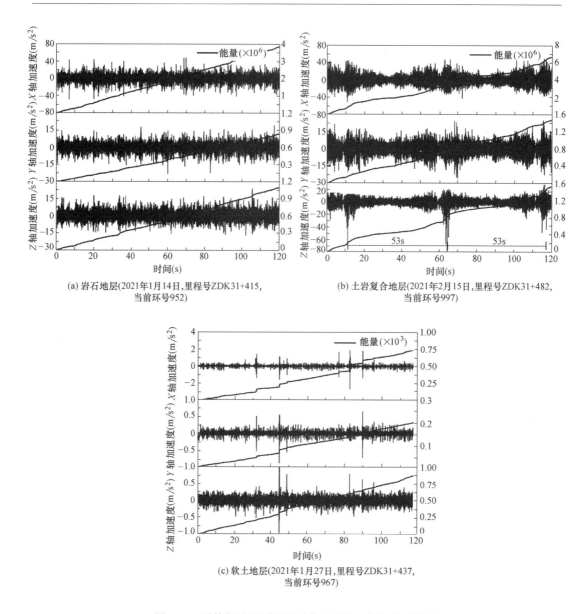

图 7-15 盾构掘进不同地层时典型环的刀盘振动时域图

动连续,振动信号能量线性增加。土岩复合地层中刀盘三轴振动波动明显,振动信号能量波动上升。软土地层中偶有几处较小振动,加速度幅值很小。此外,土岩复合地层的刀盘主频率较高于岩石地层,软土地层中主频率最低。

7.3.1.2 穿越断层带时刀盘振动变化

2020 年 11 月 16 日至 2020 年 11 月 19 日期间,区间右线盾构以 TBM 施工模式穿越断层带,即从微风化细粒花岗岩掘进至断层带,再到微风化混合花岗岩。细粒花岗岩和混合花岗岩的单轴抗压强度分别为 110.5MPa 和 97.5MPa。断层带由强风化—中风化裂隙岩组成。

考虑到岩石地层中刀盘 X 轴的加速度最大,振动最强烈,对 X 轴的分析最为必要。

图 7-17 为盾构穿越断层带时刀盘 X 轴振动特性与岩体可掘性指数变化。刀盘振动具有随机性，采用每组监测数据中 10 个极值点绝对值的平均值来表征 X 轴振动特性。岩体可掘性指数是指单刀推力与贯入度的比值。岩体可掘性指数越高，滚刀越难破碎岩体。盾构穿越断层带过程中，X 轴加速度由 $60\mathrm{m/s^2}$ 迅速下降到 $30\mathrm{m/s^2}$，然后逐渐上升到 $50\mathrm{m/s^2}$，振动信号能量变化规律与加速度变化规律基本一致，穿越断层带时的振动信号能

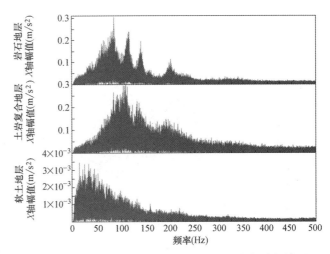

图 7-16 盾构掘进不同地层时典型环的刀盘振动频域图

量不足 0.5×10^7。盾构掘进细粒花岗岩时刀盘 X 轴的振动比掘进混合花岗岩时的振动更强烈。也就是说，岩石抗压强度越高刀盘振动越剧烈。随着岩石抗压强度的增加，破岩所需的推力增大，导致岩石破碎时振动更加剧烈。断层带内岩体松散，整体性差，岩石可掘性指数小，滚刀容易破碎岩体，所以振动较弱。

通过上述分析，TBM 模式下穿越断层带时刀盘振动幅值显著降低。通过对振动幅值的分析可对掌子面岩体条件进行初步判断，即刀盘振动加速度可以作为判断掌子面岩体条件的初步参数。盾构以 TBM 模式在岩石地层中掘进时，当刀盘 X 轴加速度降低至 $30\mathrm{m/s^2}$ 以下，掌子面岩体条件为断层带或强风化岩层。

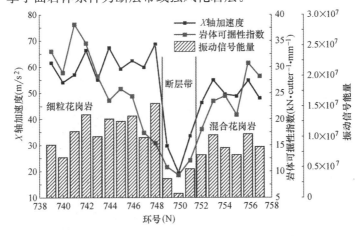

图 7-17 盾构穿越断层带时刀盘 X 轴振动特性与岩体可掘性指数变化

7.3.2 掘进参数对刀盘振动影响

7.3.2.1 现场掘进试验

盾构以 TBM 模式掘进岩石地层时，掘进参数改变造成滚刀破岩力变化，直接影响刀

盘的振动。为研究刀盘推力和转速对刀盘振动的影响，在怀福区间隧道进行了一系列 TBM 模式下的现场掘进试验。掘进试验时间为 2020 年 11 月 5 日，试验点里程号 YDK31+010，隧道埋深约 34m。试验点掌子面岩体为混合花岗岩，岩体完整无节理发育，见图 7-18。试验前，对所有滚刀进行检查，滚刀皆处于正常磨损状态。

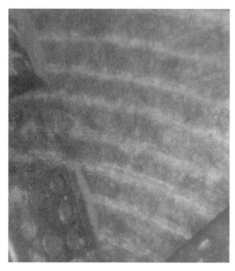

图 7-18 掘进试验点掌子面照片

不同刀盘推力等级掘进试验中，刀盘转速控制在 3rpm。根据推力大小，设计 6 个掘进步。每个掘进步试验时长 10min 左右，并从出渣口收集岩渣 30kg 左右。对于不同刀盘转速掘进试验，共进行 6 个掘进步，刀盘推力控制在 13000kN 左右。试验过程中，采用手动控制模式对整个掘进试验中刀盘振动进行连续监测。试验过程的盾构掘进参数见图 7-19。掘进试验结果见表 7-2。

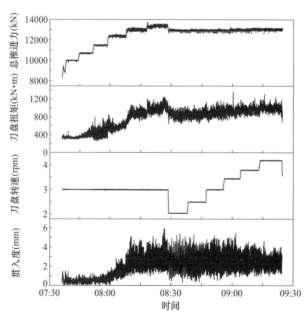

图 7-19 现场掘进试验掘进参数随时间变化

掘进试验结果　　　　　　　　　　　　　　　　　表 7-2

	试验步	1-1	1-2	1-3	1-4	1-5	1-6
	刀盘推力(kN)	9991	10729	11498	12402	13019	13391
	刀盘扭矩(kN·m)	328.1	384.2	442	570.3	853.8	991.8
不同推力等级试验	刀盘转速(rpm)	3	3	3	3	3	3
	贯入度(mm)	0.43	0.48	0.59	1.25	2.41	2.83
	试验时间(min)	6	7	7	8.5	11.5	10
	粗糙度指数	411.5	434.6	419.6	487.9	563.4	580.4
	X轴加速度(m/s^2)①	33.2	33.6	34.0	40.8	50.4	60.4
	X轴信号能量(10^7)②	0.14	0.15	0.14	0.80	2.34	3.08
	试验步	2-1	2-2	2-3	2-4	2-5	2-6
	刀盘转速(rpm)	2	2.5	3	3.4	3.8	4.2
不同刀盘转速试验	刀盘推力(kN)	12939	12943	12934	12967	13022	13043
	刀盘扭矩(kN·m)	842.8	851	881	921.8	953.2	1000
	贯入度(mm)	2.5	2.5	2.6	2.6	2.5	2.4
	试验时间(min)	9	8.5	8	7.5	9	10.5
	X轴加速度(m/s^2)	44.9	50.4	55.8	65.7	66.1	65.0

注：① X 轴加速度定义为每个试验步中 20 个极值点的绝对值的平均值。
② X 轴信号能量为每个试验步连续 6min 振动信号能量的累加。

7.3.2.2 刀盘推力与振动幅值的关系

图 7-20 给出贯入度、X 轴加速度与刀盘推力的关系曲线。由图可知，刀盘推力存在一个临界值，当刀盘推力低于临界值时，随着刀盘推力的增大，X 轴加速度基本保持不变。当刀盘推力越过临界值后，随着刀盘推力的增大，X 轴加速度迅速增大，此规律与滚刀破岩曲线一致。在低推力下，滚刀难以侵入岩体，其下方的裂纹扩展范围小，相邻滚刀间的相互作用较弱。只有当刀盘推力超过临界值后，较大的滚刀推力加速了滚刀下方裂纹的扩展范围，相邻滚刀间作用效果增强，岩片产生的频率增高，刀盘的振动显著增强。而 X 轴加速度随贯入度的增加几乎呈线性增加，见图 7-21。

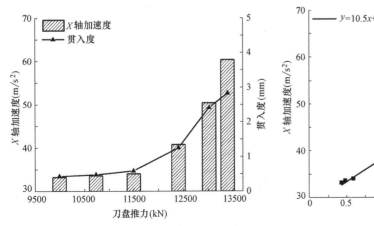

图 7-20　刀盘推力对贯入度及 X 轴加速度的影响

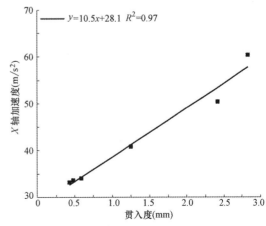

图 7-21　贯入度与 X 轴加速度的关系

7.3.2.3 掘进效率与振动信号能量的关系

岩渣粗糙度指数与掘进效率相关,岩渣粗糙度指数越大,说明破碎单位体积岩石时,岩片质量占比更高,掘进效率越高。粗糙度指数、振动信号能量和贯入度之间皆呈现良好的线性关系,见图7-22。随着贯入度的提高,破岩过程中产生岩片更多,盾构的掘进效率更高。岩片的形成一般伴随着刀盘振动,随着岩片增加,刀盘振动变得更加频繁和剧烈,所以振动信号能量也随之增加。因此,振动能量也可以用来表征盾构掘进效率,刀盘振动信号能量越高,盾构掘进效率一般越高。

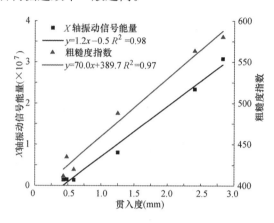

图7-22 X轴振动信号能量、粗糙度指数与贯入度的关系

7.3.2.4 刀盘转速对振动幅值的影响

图7-23为刀盘转速对X轴加速度的影响。对于怀福区间双模盾构来讲,存在一个临界刀盘转速,临界值为3.5rpm。当刀盘转速小于临界值,随着刀盘转速的提高,刀盘的振动幅度迅速增大。因掌子面岩体完整且强度较高,在贯入度不高的情况下,滚刀下方裂纹扩展达不到临界值,相邻滚刀间裂纹的贯通至岩片产生往往需要经历滚刀的多次碾压。在刀盘转速较高的情况下,滚刀在相同时间内滚压破岩的次数增多,产生岩片数量相应增多,造成刀盘的振动更强烈、更频繁。

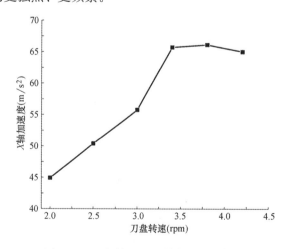

图7-23 刀盘转速对X轴加速度的影响

7.4 盾构振动传递规律分析

盾构掘进中，滚刀破岩产生振动并传递至刀盘，刀盘再传递至盾体。盾构刀盘施工环境恶劣，监测设备安装和维护较困难，而盾体土压仓隔板壁后振动监测系统的安装较方便。获取刀盘至盾体的振动传递规律后，通过监测隔板壁后的振动特征可反推刀盘的振动特征。因刀盘和盾体的振动沿着隧道轴线方向最强烈，故后续分析仅针对隧道轴线方向，即刀盘 X 轴方向和与之对应的盾体 Z 轴方向。

7.4.1 TBM 模式振动传递规律

双模盾构以 TBM 模式掘进时，刀盘背部焊接有刮渣板，采用皮带机出渣，原有土压仓基本为空仓状态，刀盘振动向盾体传递受土压仓环境影响可忽略。图 7-24 为盾构以 TBM 模式掘进岩石地层的隧道轴线方向刀盘和盾体振动加速度时域和频域分布。刀盘与盾体的振动响应具有较好的一致性，特别是在刀盘振动较为剧烈时。刀盘的振动幅值较大于盾体振动。刀盘的振动频率主要在 200Hz 范围内，主频率约为 90Hz。盾体振动频率集中在 80Hz 范围内，主频率约为 30Hz。刀盘的振动频率范围广，主频率更高。振动由刀盘向盾体传递后，频率出现了大幅度的降低。

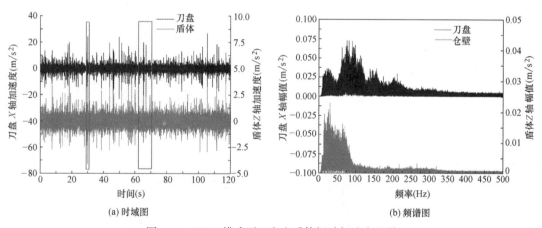

图 7-24 TBM 模式下刀盘和盾体振动加速度差异

图 7-25 为 TBM 模式下刀盘 X 轴与盾体 Z 轴加速度之间的关系，选取数据为刀盘与盾体振动一致性较好的极值点。由图可知，随着刀盘振动加速度的增加，盾体的振动同样呈现明显增强趋势，两者之间呈现较好的线性相关关系，一次项系数为 0.126，相关性系数为 0.95。即振动由刀盘传递至盾体后强度会出现大幅度衰减，盾体振动一般为刀盘振动的 1/8 左右。也就是说，掘进中通过获取盾体振动，可大致判断刀盘振动强度。

7.4.2 土压平衡模式振动传递规律

土压平衡模式下在刀盘背部和土仓壁上安装搅拌棒，采用螺旋输土器出渣。其振动传递规律与土压仓内渣土压力和性质等密切相关。图 7-26 为土压平衡模式施工不同地层中

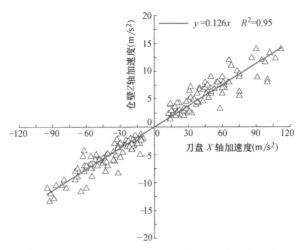

图 7-25 TBM 模式下刀盘与盾体加速度传递关系

刀盘和盾体振动幅值关系,由于土仓内渣土状态时刻处于变化中,振动由刀盘向盾体的传递规律差异较大。软土地层中为控制地面沉降,土压力较大,仓内渣土较高,刀盘振动传递至盾体时基本完全衰减,盾体振动主要以设备主机振动和噪声为主。土岩复合地层中,刀盘 X 轴振动与盾体 Z 轴振动呈线性相关,盾体振动一般为刀盘振动的 1/16 左右,但比较离散。受掌子面节理裂隙发育和地下水影响,岩石地层中土仓内渣土状态也在快速变化,刀盘振动向盾体传递时振动幅值的衰减程度不同,盾体振动为刀盘振动的 1/12~1/16,但数据相当离散。

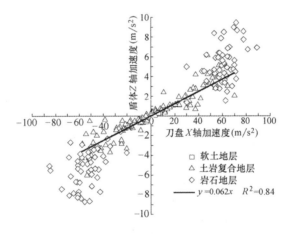

图 7-26 土压平衡模式下刀盘与盾体振动幅值差异

图 7-27 为不同地层下刀盘和盾体振动典型频谱图,同类地层下不同时刻的频谱图会有小幅度变化,但总体趋势一致。岩石地层和土岩复合地层中,相比于刀盘 X 轴,盾体 Z 轴的振动主频率都出现大幅度的降低。刀盘 X 轴和盾体 Z 轴在岩石地层中的主频率分别为 85~90Hz 与 60~75Hz,在土岩复合地层中的主频率分别在 105~115Hz 与 60~75Hz。软土地层中刀盘振动较难传递至盾体,盾体振动小,振动频率主要为盾构主机频率和噪声。

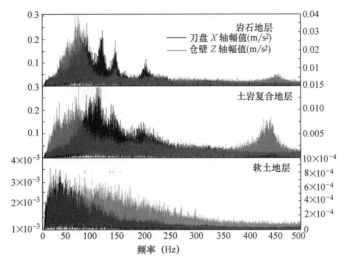

图 7-27　土压平衡模式下刀盘与盾体振动频率差异

参 考 文 献

[1] SCHLANGEN E, MIER JGMV. Simple lattice model for numerical simulation of fracture of concrete materials and structures [J]. Materials & Structures, 1992, 25 (9): 534-542.
[2] SUN W, ZHU Y, WANG W Z, et al. Evaluation of TBM cutterhead vibration under complicated condition [C]. 2016 12th IEEE/ASME International Conference on Mechatronic and Embedded Systems and Applications (MESA) IEEE, NewZealand: Auckland, 2016.
[3] HUO J Z, SUN X L, LI G Q, et al. Multi-degree-of-freedom coupling dynamic characteristic of TBM disc cutter under shock excitation [J]. Journal of Central South University, 2015, 22 (9): 3326-3337.
[4] BAYATI M, HAMIDI J K. A case study on TBM tunnelling in fault zones and lessons learned from ground improvement [J]. Tunnelling and Underground Space Technology, 2017, 63: 162-170.
[5] BILGIN N. An appraisal of TBM performances in Turkey in difficult ground conditions and some recommendations [J]. Tunnelling and Underground Space Technology, 2016, 57 (8): 265-276.
[6] QI M X, LI H L, WANG Y J. Research and application of refit technology of all-section rock tunnel boring machine [J]. Construction Machinery Technology & Management, 2009 (3): 97-102.
[7] LI J B, ZHANG Z G, MENG Z C, et al. Tunnel boring machine cutterhead crack propagation life prediction with time integration method [J]. Advances in Mechanical Engineering, 2019, 11 (6): 1-14.
[8] LI X H, YU H B, ZNEG P, et al. Dynamic two-dimensional nonlinear vibration modeling and analysis for shield TBM cutterhead driving system [J]. Transactions-Canadian Society for Mechanical Engineering, 2014, 38 (4): 417-463.
[9] 敖日汗，张义同. 盾构掘进中刀盘振动分析 [J]. 机械设计, 2010, 27 (2): 27-29.
[10] 凌静秀. 空间分布载荷下 TBM 刀盘振动分析及寿命预测 [D]. 大连：大连理工大学, 2017.
[11] LING J X, SUN W, HUO J Z, et al. Sensitivity of vibration response about TBM cutterhead system with multi-degree-of-freedom coupling [J]. Journal of Central South University, 2017, 48 (3): 650-657.
[12] HUO J Z, OYANG X Y, ZHANG X, et al. The Influence of Front Support on Vibration Behaviors of TBM Cutterhead under Impact Heavy Loads [J]. Applied Mechanics and Materials, 2014, 541-542: 641-644.
[13] SUN W, LING J X, HUO J Z, et al. Dynamic Characteristics Study with Multidegree-of-Freedom Coupling in TBM Cutterhead System Based on Complex Factors [J]. Mathematical Problems in Engineering, 2013: 1-17.

［14］ 廖建炜. 城市轨道交通工程 TBM 设备振动检测试验与分析［J］. 铁道建筑技术，2016（6）：84-86.

［15］ 辛书杰，周远航，张萌，等 盾构/TBM 专用振动监测传感器 VM-BOX 的研发［J］. 隧道建设（中英文），2018，213（4）：197-202.

［16］ MOONEY M，WALTER B，STEELE J，et al. Influence of geological conditions on measured TBM vibration frequency［C］//Proceedings of 2014 North American Tunneling Conference，Seattle Washington，2014.

［17］ WALTER B W. Detecting changing geologic conditions with tunnel boring machines by using passive vibration measurements［D］. USA：Colorado School of Mines，2013.

［18］ HUANG X，LIU Q S，LIU H，et al. Development and in-situ application of a real-time monitoring system for the interaction between TBM and surrounding rock［J］. Tunnelling and Underground Space Technology，2018，81：187-208.

［19］ 张晓波，刘泉声，张建明. TBM 掘进刀具磨损实时监测技术及刀盘振动监测分析［J］. 隧道建设，2017，37（3）：6.

［20］ HUO J Z，WU H Y，YANG J，et al. Multi-directional coupling dynamic characteristics analysis of TBM cutterhead system based on tunnelling field test［J］. Journal of Mechanical Science & Technology，2015，29（8）：3043-3058.

［21］ LING J X，SUN W，YANG X J，et al. Vibration response and parameter influence of TBM cutterhead system under extreme conditions［J］. Journal of Mechanical Science & Technology，2018，32（10）：4959-4969.

第 8 章 双模盾构隧道施工效果

双模盾构具有 TBM 和土压平衡两种施工模式。土压平衡模式下采用螺旋输土器出渣，通过控制螺旋输土器出渣速度或者控制气压来平衡掌子面的水土压力，从而控制地面变形。土压平衡模式适用于软土地层、土岩复合地层、岩石地层等，但在岩石地层中掘进速度慢，滚刀磨损严重。TBM 模式采用皮带机出渣，土压仓为敞开状态。皮带机出渣效率较高，不存在或很少存在岩渣的二次破碎，滚刀磨损较慢。TBM 模式可用于岩石地层和加固后的软弱地层等。

怀福区间双模盾构土压平衡模式施工用于土层、土岩复合地层及短距离岩石地层施工，而 TBM 模式仅用于岩石地层施工。由于两种模式施工原理不同，在不同地层下的施工效果存在较大差异，通过跟踪区间隧道施工过程，从盾构施工进度、掘进参数、滚刀磨损等方面探究两种施工模式在不同地层下的施工效果。

8.1 施工进度分析

掘进机的施工进度定义为掘进机的总掘进里程与总当班时间的比值，表示为米/天（m/d）或米/月（m/mth）等。施工进度主要由实际掘进时间和掘进速度控制，而实际掘进时间则受滚刀更换、洞壁支护、设备维修和保养等占用时间影响。

8.1.1 怀福区间左线盾构施工进度分析

怀福区间左线双模式盾构机于 2020 年 4 月 17 日由怀德站以土压平衡模式始发，并于 2021 年 6 月 10 日出洞。期间共进行 2 次模式转换，分别为 2020 年 7 月 1 日至 7 月 12 日（213 环）进行土压平衡模式转 TBM 模式和 2020 年 12 月 26 日至 1 月 8 日（950 环）进行 TBM 模式转土压平衡模式。

怀福区间左线施工进度曲线见图 8-1。盾构以土压平衡模式始发，在土岩复合地层及断层带中的施工速度快速提升，5 月中旬的周掘进里程超过 40m。进入软土地层前进行拆负环及带压换刀，该阶段耗时超过一周。软土地层中施工速度达到最大值，周掘进里程超过 70m。该阶段盾构工作正常，未出现长时间停机，施工过程比较连续。为保证盾构的正常掘进，在进入土岩复合地层之前再次进行带压换刀。再进入土岩复合地层后，盾构掘进参数变化大，剧烈振动加剧了刀具磨损，土压平衡模式在土岩复合地层及岩石地层的施工速度较慢，周掘进里程平均不足 15m。

盾构完全进入岩石地层后，于 213 环进行土压平衡模式转 TBM 模式，模式转换持续 12d。相比于土压平衡模式，TBM 模式下施工进度曲线稳定增长。在敞开模式下，刀盘维护、刀具检查和更换的时间更短，基本没有长时间停机。除了 10 月中旬受设备故障停机维修影响，施工速度缓慢外，周掘进里程基本在 40～60m，最高达到 91.5m。其中，11 月月掘进里程最高，达到 270m（180 环）。

盾构进入软土地层前，于 950 环再次进行模式转换，之后以土压平衡模式施工至洞通。土压平衡模式掘进复合地层时，滚刀磨损加快，期间进行 3 次带压换刀。单次开仓更换滚刀的数量多，且多数滚刀出现偏磨和刀圈开裂等异常磨损。密闭土压仓环境下，长时间掘进造成土压仓温度升高，换刀前需要等待较长时间使温度降低到作业水平。每次开仓换刀时间都在 6～10d，造成整体施工速度缓慢。盾构以土压平衡模式进入硬岩地层后，与 TBM 模式相比，施工速度大幅度降低。一方面滚刀磨损速度快，平均 1～2d 就需要开仓检查及更换刀具；另一方面，地下水涌入土压仓，造成螺旋输土器出渣口严重喷渣，喷涌的渣土从皮带机上滑落并堆积在管片拼装区域，见图 8-2。每一环掘进完成后都需要工作人员花费大量时间进行清渣，严重耽误掘进进度。此外，边刀的快速磨损造成刀盘开挖直径降低，引发卡机事故，停机时间接近 2 周。

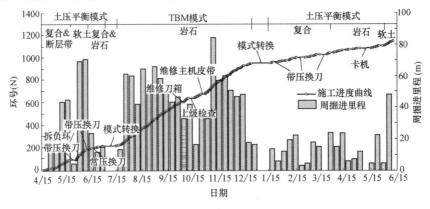

图 8-1 怀福区间左线双模盾构施工进度曲线

通过对区间隧道施工进度进行统计，左线不同地层条件下双模盾构平均施工速度见图 8-3，其中第一次模式转换前的岩石段为试验段，未进行统计。土压平衡施工模式下，土岩复合地层与岩石地层施工速度较慢，分别为 2.4m/d 和 1.6m/d，软土地层施工进度较快，达到 7.4m/d。TBM 施工模式下，岩石地层施工速度达到 6.8m/d。

图 8-2 土压平衡模式掘进岩石地层螺机喷渣

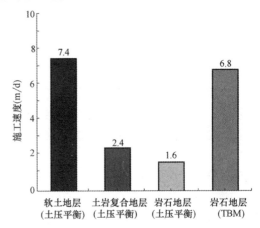

图 8-3 怀福区间左线双模盾构施工进度比较

怀福区间左线双模盾构在岩石地层的机器利用率见图 8-4。TBM 模式的机器利用率（包括开挖和管片架设）为 32.8%，土压平衡模式下机器利用率仅为 12% 左右。TBM 模式的机器利用率是土压平衡模式的 3 倍左右。就停机时间而言，TBM 模式下，机器维修占据时间接近 20%，主要包括主机皮带机和开裂刀箱的维修。土压平衡模式下滚刀更换和清渣占用时间超过 1/2，滚刀更换和清渣是降低机器利用率的主要因素，最终影响土压平衡模式下盾构的推进速度。

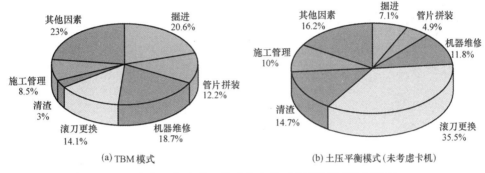

图 8-4　怀福区间左线双模盾构在岩石地层机器平均利用率

8.1.2　怀福区间右线盾构施工进度分析

怀福区间右线双模式盾构机于 2020 年 3 月 27 日由怀德站以土压平衡模式始发，于 2021 年 8 月 1 日出洞。期间共进行 2 次模式转换，分别为 2020 年 6 月 20 日至 7 月 4 日（217 环）由土压平衡模式转 TBM 模式和 2021 年 2 月 23 日至 3 月 6 日（987 环）由 TBM 模式转土压平衡模式。

右线双模盾构施工进度曲线见图 8-5。右线施工进度的变化与左线总体相似。土压平衡模式始发后，施工速度逐渐提高。土岩复合地层及断层带中的周掘进里程最快接近 40m。进入软土地层前进行拆负环及带压换刀，期间更换滚刀 14 把，耗时超过 10d。软土地层中施工速度达到最大值，周掘进里程接近 80m。盾构在进入土岩复合地层之前同样进行带压换刀，更换滚刀 23 把，6 把中心刀皆发生异常磨损。硬岩地层中的施工速度出现大幅度降低，周掘进里程平均不足 10m。

217 环后将土压平衡模式转换为 TBM 模式，盾构施工速度大幅度提升，周掘进里程基本在 40~60m，最高达到 76m。其中，11 月月掘进最高，达到 360m（240 环）。8 月进行 2 次主机皮带维修工作，停机时间较长，施工速度缓慢。987 环后再次进行模式转换，之后以土压平衡模式掘进。土压平衡模式下，滚刀更换、清渣等工序占用大量的工作时间。此外，岩石地层中的刀盘维修及卡机同样造成盾构长时间停机，盾构整体施工速度缓慢。

通过对区间施工进度进行统计，右线不同地层条件下双模盾构平均施工进度见图 8-6，其中第一次模式转换前的岩石段为试验段，未进行统计。土压平衡施工模式下，土岩复合地层与岩石地层施工进度较慢，分别为 2.7m/d 和 1.4m/d，软土地层施工进度较快，达到 9m/d。TBM 施工模式下，岩石地层施工进度达到 6.2m/d。

怀福区间右线双模盾构在岩石地层的机器平均利用率见图 8-7，TBM 模式的机器利

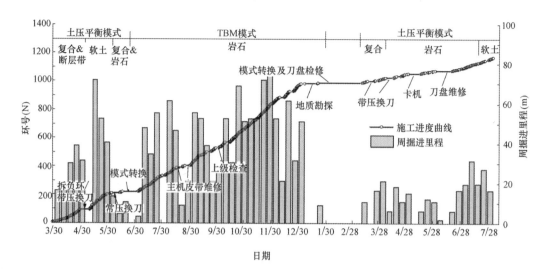

图 8-5　怀福区间右线施工进度曲线

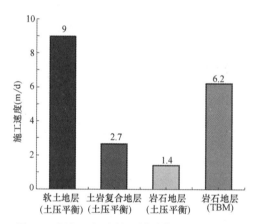

图 8-6　怀福区间右线双模盾构施工进度比较

用率接近 35%，土压平衡模式下机器的利用率接近 20%。相比于区间隧道左线，右线土压平衡模式下机器利用率有较大幅度的提高，主要原因在于滚刀更换时间的减少。

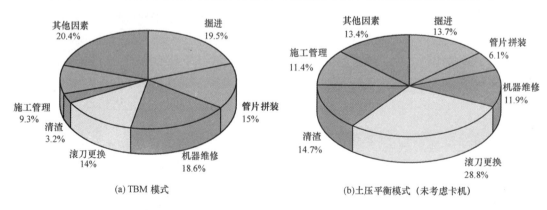

图 8-7　怀福区间右线双模盾构在岩石地层机器平均利用率

8.2 掘进参数分析

8.2.1 怀福区间左线盾构掘进参数分析

通过对双模盾构掘进数据的收集及整理，怀福区间左线盾构掘进参数每环平均值见图 8-8。结合地层条件及掘进参数可知，盾构以土压平衡施工模式始发后，先穿越土岩复合地层及断层带，受始发反力架及掌子面稳定性限制，刀盘推力控制在较低水平，贯入度及转速都较小。盾构掘进至 20 环左右，刀盘推力的反力可由管片与周围土体的摩擦力提供，刀盘推力逐渐提高至 13000～16000kN。盾构掘进土岩复合地层及断层带时，滚刀破岩模式在软硬岩土体间快速变化，滚刀受力不均，造成刀盘承受较大的偏心荷载和倾覆力矩。滚刀通过软硬岩土体交界面时会产生极大的横向冲击荷载，刀盘转速越大，冲击荷载往往越强烈。在该类地层中掘进时刀盘推力和扭矩波动明显，较低的刀盘转速和贯入度可以有效地降低刀盘振动，以保护滚刀及刀盘不受破坏。盾构进入软土地层后，地层主要为全风化—强风化混合花岗岩及粉质黏土。为降低掘进对周围土体的扰动，刀盘转速一般采用较低的水平，如 1.2rpm。在螺旋输土器的出渣能力范围内，尽可能提高贯入度以提高盾构的推进速度。该地层下刀盘转速为 1.2rpm，贯入度可达到 40～60mm。盾构再次进

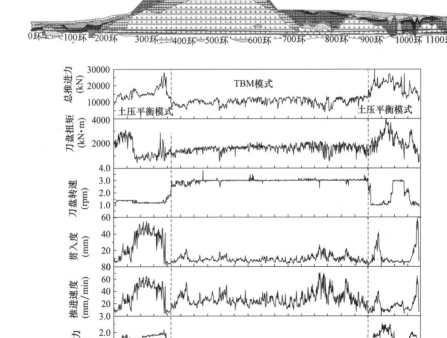

图 8-8 区间隧道左线盾构施工参数分析

图 8-9　区间隧道左线 396 环掌子面

入土岩复合地层，随着掌子面岩体占比的不断增加，刀盘推力由 16000kN 逐渐提高至 27000kN，但贯入度却下降至 2~3mm。一方面滚刀破碎岩体所需的推力随着掌子面岩体占比增加大幅度提高；另一方面土岩复合地层中滚刀磨损快、异常磨损严重，刀盘破岩能力降低。盾构进入全断面岩石地层后，掌子面可以自稳，通过增加螺旋输土器转速来降低土压出渣土高度，土仓压力随之降低到较低水平。因土仓压力降低及更换新刀，刀盘推力降低至 13000kN 左右，贯入度提高至 3~5mm，刀盘转速提高至 1.8rpm，最终推进速度在 5~8mm/min。

217 环后盾构以 TBM 模式掘进，中心皮带机出渣。TBM 模式施工段，掘进参数变化相对平缓，刀盘推力总体维持在 8000~13000kN，贯入度在 8~10mm，刀盘转速提升至 3rpm，相应的推进速度增加至 20~30mm/min。由于区间隧道岩层埋深较浅，岩体风化程度差异大，掌子面岩体节理裂隙发育不均，造成部分施工段掘进参数发生较大的波动。如 230~280 环区间段，掌子面节理裂隙发育，节理面有水锈痕迹，破岩产生的岩渣中岩片多呈现块状，有较多节理面。刀盘推力由 10000kN 逐渐降低至 5000kN，贯入度由 5mm 提升至 20mm。如 395~400 环区间段，刀盘推力及扭矩突降至 5800kN 和 720kN·m，贯入度提高到 40mm。盾构停机后查看掌子面，发现此处为蚀变带，见图 8-9，掌子面上部为强风化混合花岗岩，占比约 1/3，下部为中风化—微风化岩体，掌子面干燥、无地下水。掘进期间产生的岩渣量突然增多，包含有大量砂粒，块状岩片居多，表面有风化明显。为保障施工安全，盾构加速通过该蚀变带。如 750~800 环，岩体条件为中风化—微风化细粒花岗岩，掌子面节理裂隙不均，地下水较发育。刀盘推力和扭矩出现大幅度波动，贯入度在 8~25mm 范围内变化。TBM 模式施工段的刀盘推力基本维持在 13000kN 以下，刀盘转速在 3.0rpm 左右。主要是因为较大的刀盘开口率造成刀盘刚度降低，较小的刀盘推力可降低刀盘损坏的风险。但在实际施工中依旧出现刀箱开裂、滚刀 C 形块变形及拉紧块螺栓松动等问题，见图 8-10。较低的刀盘转速主要是由于稳定器性能较差，无法起到降低前盾振动和扭转作用，实际施工中基本上未采用稳定器。

基于地勘报告，盾构进入软土地层前（950 环）再次进行模式变换。模式转换前后盾构掘进岩石地层的掘进参数差异较大。相比于 TBM 模式，土压平衡模式下刀盘推力和扭矩增大，贯入度和刀

图 8-10　区间隧道左线 576 环 38 号滚刀刀箱开裂

盘转速降低。通过控制螺旋输土器转速，逐渐建立土压仓压力。鉴于前期土压平衡模式掘进岩石地层施工经验，为更好发挥双模盾构高转速优势，刀盘转速由 1.8rpm 提高至 2.5rpm，推进速度由 5~8mm/min 提高至 8~11mm/min，刀盘推力和扭矩处于正常水平。之后盾构穿越一段短距离软土地层后进入土岩复合地层及全断面岩石地层。土岩复合地层中刀盘推力及扭矩达到最大值，土仓压力超过 2.5bar。再次进入岩石地层时，刀盘转速提高至最高 3.0rpm，相应的推进速度提升至 8~20mm/min。

8.2.2 怀福区间右线盾构掘进参数分析

怀福区间右线盾构掘进参数每环平均值见图 8-11。结合图 8-8 可知，盾构以 TBM 模式掘进岩石地层时，区间左、右线的各项掘进参数基本上保持一致，而在土压平衡模式下，掘进参数呈现出较大差异。

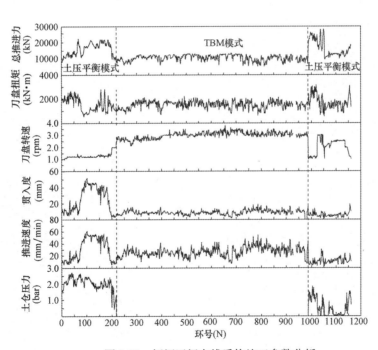

图 8-11 怀福区间右线盾构施工参数分析

土压平衡模式掘进软土地层时，右线的刀盘推力和扭矩均大于左线，但贯入度和转速等差距较小。可能与土仓压力设置有关，右线的土压力在 2~2.5bar，左线的土压力较低，在 1.7~2.0bar。在推进速度相近情况下，刀盘推力和扭矩与土压力呈正相关。第二次模式转换后盾构掘进岩石地层时，区间左、右线的掘进参数除贯入度相差较小外，右线的其他掘进参数都出现不同程度的降低。右线在该段施工滞后于左线，在总结左线施工经验后对掘进参数进行了调整。一方面右线的地下水稍小，以常压推进，掘进中加快螺旋输土器转速，尽可能排出仓内渣土。土仓内渣土减少直接造成刀盘推力和扭矩的下降。另一方面为减小刀盘振动以保护滚刀与刀盘,刀盘转速调低,区间段刀盘转速在2.4rpm左右。刀盘转速降低也进一步影响到盾构的推进速度,右线推进速度约为12mm/min,为左线的75%。

也就是说,对于TBM施工模式,掘进参数主要受岩体节理发育程度影响。对于土压平衡施工模式,土压力和刀盘转速对掘进参数影响明显。在软土地层中,保证地面变形在设计范围内,尽可能降低土压力。在岩石地层中,尽量减少积渣高度,提高刀盘转速,以提高推进速度。

8.3 滚刀磨损分析

盾构掘进过程中,滚刀切削岩土体需要承受极大的推力以及与岩土体间的摩擦力,会产生磨损。滚刀寿命一般表示为滚刀开挖方量(m^3/cutter)或者滚刀开挖长度(m/cutter)。滚刀正常磨损到极限或滚刀发生异常破坏时(如滚刀偏磨、刀圈开裂或崩刃、刀轴损坏等)需要进行更换,见图8-12。

(a) 正常磨损　　　　　　　　　(b) 滚刀偏磨

(c) 刀圈开裂或崩刃　　　　　　(d) 轴承损坏

图8-12 滚刀的几种失效形式

掘进参数、岩土体性质、刀盘结构、滚刀布局等都对滚刀磨损有直接影响。滚刀的失效形式也是盾构运行状态的直接反映,其中异常磨损反映了一种非正常的盾构运行状态。实际掘进中,当滚刀磨损快、异常磨损严重时,需要对掘进参数进行调整,甚至改变刀盘结构,以优化盾构施工。

8.3.1 怀福区间土压平衡模式滚刀磨损分析

不同地层或施工模式下滚刀磨损机理及破坏形式不同,基于换刀台账及地质条件对怀福区间滚刀磨损进行分析。图8-13为怀福区间左线土压平衡模式的换刀统计结果。软土及土岩复合地层中异常磨损占比约35%,3把中心刀发生偏磨。岩石地层中滚刀异常磨损占比34%,中心刀异常磨损占比78%。图8-14为怀福区间右线土压平衡模式的换刀统计结果。软土及土岩复合地层中滚刀异常磨损占比约30%,7把中心刀磨损皆为偏磨或刀圈开裂。岩石地层中滚刀异常磨损占比63%,中心刀换刀皆为偏磨。土压平衡模式下,左、右线更换的中心刀基本上都为异常磨损。盾构在黏土地层或全风化混合花岗岩地层中掘进,中心区域渣土流动不畅,渣土容易糊住刀盘,滚刀滚动受阻,最终造成滚刀偏磨。其根本原因在于渣土改良未达到需求的效果。岩石地层中仓内渣土堆积,滚刀长时间研磨渣土,致使土压仓内温度较高,易造成渣土堵塞滚刀,滚刀停转及偏磨。

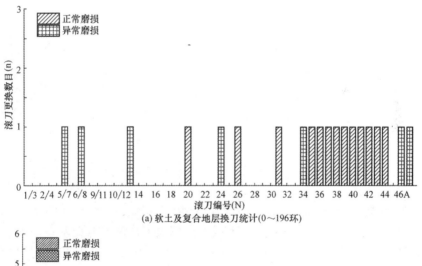

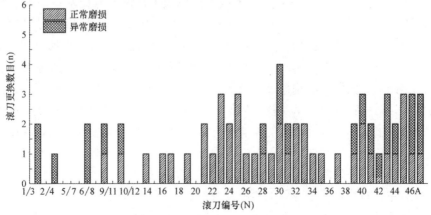

图8-13 怀福区间左线土压平衡模式换刀统计

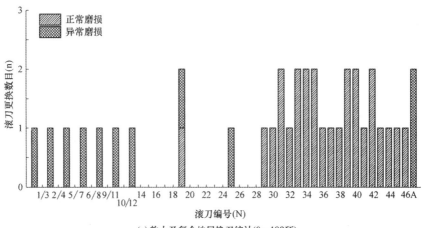

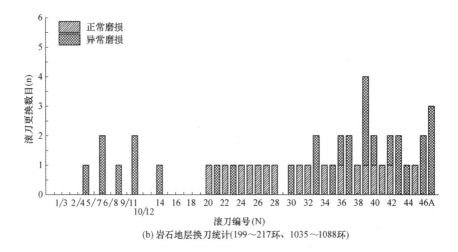

图 8-14 怀福区间右线土压平衡模式换刀统计

将滚刀按照中心刀、面板刀、边缘刀进行分类，结合滚刀布局、地层条件及开挖里程对滚刀寿命进行统计，结果见图 8-15。土压平衡模式下，滚刀寿命基本呈现边缘刀寿命最短、中心刀次之、面板刀寿命最长。主要是因为边缘刀除了破岩外还有维持开挖洞径、防止盾构卡机的作用，其磨损量上限一般小于中心刀及面板刀，滚刀更换更加频繁。如本工程中边缘刀磨损上限为 10mm，中心刀及面板刀磨损上限为 25mm。边缘刀安装半径较大且具有一定的安装倾角，盾构掘进中边缘刀运动的距离更长、滚动速度更快，刀刃与岩壁倾斜接触，接触面积较小且承受较大的偏心力矩，造成滚刀磨损速度更快。此外，岩石地层中土仓内岩渣堆积，边缘刀会对岩渣进行重复研磨，也会加剧滚刀磨损速度。中心刀旋转半径小，滚动中受到侧向力作用大，且中心刀区域出渣不顺畅，易引发异常磨损。面板刀的刀间距适中，破岩时滚刀受力较合理，滚刀寿命更长。

区间隧道左、右线在软土地层中的滚刀寿命大于岩石地层，主要因为土体的磨蚀性低于岩石。对比区间左、右线滚刀寿命，软土地层中左线的滚刀寿命更长，岩石地层中右线的滚刀寿命更长。结合盾构掘进参数可知，软土地层中左线施工时的土压力小于右线，造成刀盘推力、扭矩更小。岩石地层中右线施工时基本上是常压推进，而左线部分区间段土压力超过 1bar，造成左、右线刀盘推力和扭矩存在较大差异。即盾构施工中土压力增加，会加剧滚刀磨损速度。

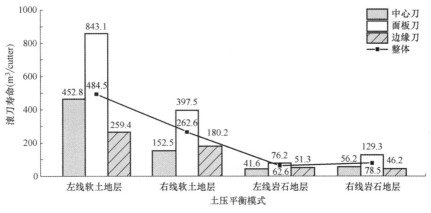

图 8-15 怀福区间土压平衡模式滚刀寿命

8.3.2 怀福区间 TBM 模式滚刀磨损分析

图 8-16 为怀福区间左线 TBM 模式的换刀统计结果，换刀数据分为两部分，213~583 环采用新刀，584~950 环采用修复刀。采用新刀和修复刀时滚刀的异常磨损分别为 28% 和 72%。图 8-17 为怀福区间右线 TBM 模式的换刀统计结果，218~516 环采用新刀，517~987 环采用修复刀。采用新刀和修复刀时滚刀的异常磨损分别为 23% 和 58%。相比于新刀，修复刀更易发生异常磨损，异常磨损占比约是新刀的 2.5 倍。修复刀主要是对滚刀刀圈、密封及轴承等损坏的部件进行维修或更换，而其他部件因前期的长时间使用可能存在损伤，所以在实际使用中修复刀更易发生偏磨等异常破坏。

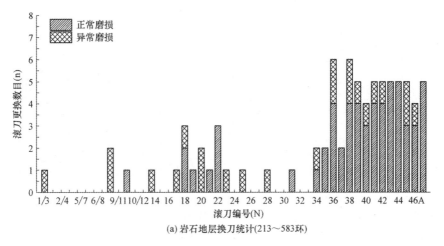

图 8-16 怀福区间左线 TBM 模式换刀统计（一）

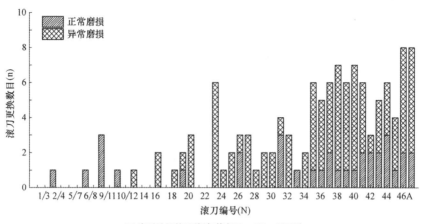

(b) 岩石地层换刀统计(修复刀，584~950环)

图 8-16 怀福区间左线 TBM 模式换刀统计（二）

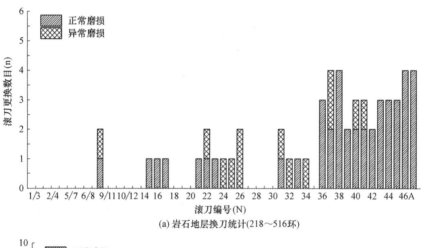

(a) 岩石地层换刀统计(218~516环)

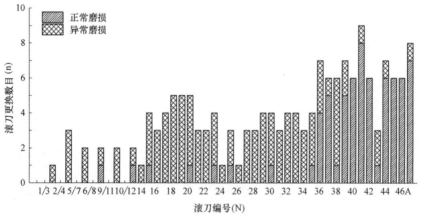

(b) 岩石地层换刀统计(修复刀，517~987环)

图 8-17 怀福区间右线 TBM 模式换刀统计

图 8-18 为怀福区间左、右线 TBM 模式施工的滚刀寿命统计结果。TBM 模式下的滚刀破岩方量基本呈现中心刀破岩方量最大、面板刀次之、边缘刀最小。边缘刀由于受力不

合理且磨损上限低，滚刀更换最为频繁。与土压平衡模式不同的是，TBM模式采用皮带机出渣，仓内极少有残留岩渣。中心刀区域基本不会发生结泥饼，滚刀寿命较长，部分中心刀可连续掘进400~500环。采用新刀掘进时，右线滚刀寿命略高于左线。相比于新刀，修复刀的寿命大幅度降低，仅为新刀的50%~65%。采用修复刀虽然可有效降低滚刀成本，但频繁的滚刀更换严重影响机器的利用率，降低施工速度，增加施工成本。

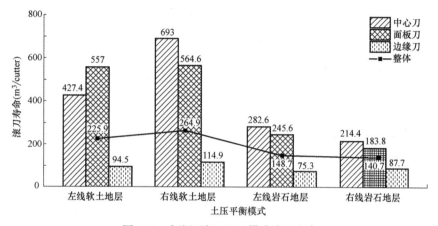

图 8-18 怀福区间 TBM 模式滚刀寿命

第9章 岩石地层双模盾构与复合土压平衡盾构施工对比分析

盾构在掘进长距离隧道时可同时遇到软土地层、硬岩地层及土岩复合地层，特别是在重庆、四川、广州及深圳等地区[1-4]。针对上述复杂地质条件，多采用复合土压平衡盾构进行施工。复合盾构采用复合式刀盘设计，刀盘面板同时布置有滚刀及刮刀，即可满足软土地层中刮刀切削土体作业，也可实现岩石地层中滚刀破岩作业。掘进岩石地层时，根据掌子面岩体条件及地下水条件控制土仓内渣土高度，可在敞开式、半敞开式或土压平衡模式之间来回切换[5-8]。然而，在长距离岩石地层施工中，复合盾构的滚刀磨损严重、施工速度慢等问题较为突出，特别是在重庆轨道交通6号线[9]，厦门轨道交通3号线[10]，广州地铁2号线[11-12]等工程。

TBM与土压平衡双模盾构通过模式转换可满足复杂地质条件下的安全高效施工，已经在一些工程中得到验证[13-15]。双模盾构设计需要兼顾TBM和土压平衡两种施工模式，复合盾构按土压平衡施工模式设计。两类盾构在机械结构及关键参数上存在较大不同，特别是在刀盘系统、出渣系统、支护系统等方面，造成掘进岩石地层时施工效果差异较大。施工效果的差异直接影响到盾构设备选型，选择合适的盾构关乎整个盾构项目施工的成败。针对双模盾构与复合盾构在岩石地层中施工性能的研究可用于优化盾构施工参数及指导盾构选型，是非常有必要的。

翠怀区间与福永区间皆采用复合盾构开挖，怀福区间采用双模盾构施工，三个区间隧道皆需穿越一段岩石地层。本章比较了双模盾构和复合盾构设计参数，并从施工参数、刀具磨损以及岩渣形态等方面对两种盾构在岩石地层中的施工性能进行对比分析，为类似地层盾构选型提供参考。

9.1 双模盾构与复合盾构设计参数比较

翠怀区间和福永区间隧道开挖地层皆以软土地层为主，翠怀区间中部包含一段长度约300m的微风化混合花岗岩地层，福永区间左侧包含一段长度超过400m的微风化混合花岗岩与变粒岩地层。两区间盾构都由中铁装备设计制造，盾构关键设计参数见表9-1，刀盘结构见图9-1。翠怀区间复合盾构的刀盘直径6470mm，主轴承直径3000mm，质量68t，开口率35%，装机功率1692kW，刀盘推力最高可达3991t，刀盘转速在0～3.35rpm之间。福永区间的复合盾构设计参数与翠怀区间基本一致，部分设计值有略微差别，如刀盘直径6480mm，开口率为35%，刀盘最大推力为4270t。两区间复合盾构皆采用辐条加面板的刀盘结构形式，刀盘共布置有47把滚刀，其中6把中心刀、22把面板刀和13把边刀，滚刀直径18in。中心刀和面板刀的刀间距分别为90mm和75mm，边缘刀的刀间距有些许差异。

结合双模盾构设计参数可知，翠怀区间与福永区间所用的复合盾构与怀福区间所用的双模盾构在某些设计参数上差异很小，如刀盘结构形式、滚刀布局、滚刀型号等方面。复合盾构与双模盾构的土压平衡模式施工原理一致。双模盾构的 TBM 模式采用皮带机出渣，刀盘背面布置有刮渣板和溜渣槽，出渣机理与复合盾构完全不同。在一些关键参数设计上，双模盾构与复合土压平衡盾构存在较大差别，如双模盾构在刀盘转速、主轴承直径、装机功率等方面的设计值更大，而刀盘开口率略小。较小的开口率可能影响软土地层渣土流动性，增加刀盘结泥饼的风险。此外，双模盾构配备有豆砾石系统以有效的控制岩石地层中管片上浮，并设计有稳定器可降低高转速掘进时盾体振动与滚动。

复合盾构与双模盾构在刀盘结构设计上较为相似，开挖岩层相同，说明两类盾构在施工性能上具有可比性。出渣方式及设计参数的差异是造成施工性能差异的主要原因，也是进行施工性能比较的依据。

三区间盾构关键设计参数　　　　　表 9-1

技术参数	设计值			单位
	翠怀区间	福永区间	怀福区间	
刀盘结构形式	辐条+面板	辐条+面板	辐条+面板	
装机功率	1692	1740	2942	kW
刀盘直径	6470	6480	6470	mm
主轴承直径	3000	3061	3400	mm
开口率	35	35	28	%
额定扭矩	6650	6000	6686	kN·m
刀盘转速	0～3.35	0～3.35	0～5.0	r/min
最大推力	3991	4270	4086	t
最大推进速度	80	80	80	mm/min
刀盘质量	66	68	75	t
稳定器设计	无	无	前盾对称布置	
水平转弯半径	250	250	250	m
滚刀尺寸	18	18	18	in
滚刀数量(单刃+双刃)	35+6	35+6	35+6	
滚刀间距(中心/面板)	90/75	90/75	90/75	mm
出渣方式	螺旋输土器	螺旋输土器	螺旋输土器+皮带机	
回填注浆系统	同步注浆	同步注浆	同步注浆+豆砾石	

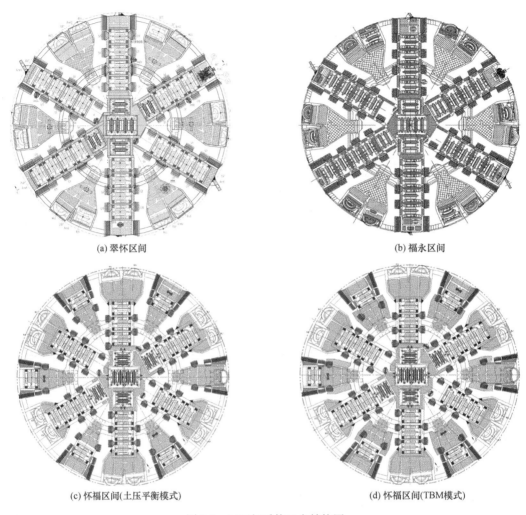

(a) 翠怀区间　　(b) 福永区间

(c) 怀福区间(土压平衡模式)　　(d) 怀福区间(TBM模式)

图 9-1　三区间盾构刀盘结构图

9.2　施工参数对比分析

9.2.1　施工进度对比分析

翠怀区间隧道左、右线的岩石地层区间段分别位于 180～370 环与 200～380 环之间，区间隧道左、右线施工进度曲线见图 9-2。区间隧道左线在第一段软土地层的施工中多次发生机器故障，造成长时间的盾构停机维修。掘进中螺旋输土器喷渣严重，管片拼装前需要占用较长时间进行清渣作业，造成掘进过程间断，周掘进里程最快不超过 50m。第二段软土地层中的施工过程比较连续，仅有两次因带压换刀作业造成的长时间停机。盾构施工进度较快，日掘进最高 13 环（19.5m），周掘进里程最高超过 90m。岩石地层中盾构的施工进度缓慢，频繁的开仓换刀及清渣作业造成盾构长时间停机，单次换刀作业时间最长超过 14d。

区间隧道右线施工进度曲线与左线相似,第一段软土地层施工进度慢,第二段施工进度较快。但在岩石地层中,右线的换刀作业次数减少,单次换刀作业时间相对较短,施工进度明显加快,大约是左线的2倍。

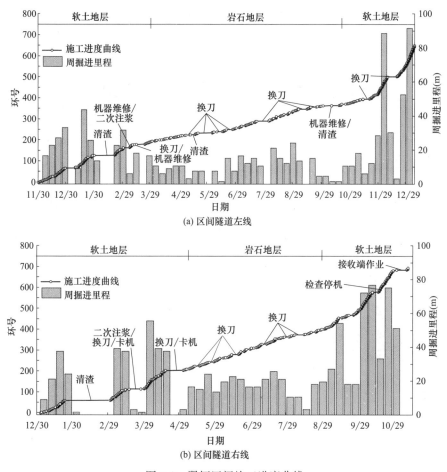

图 9-2 翠怀区间施工进度曲线

福永区间隧道左、右线施工进度曲线见图 9-3,左、右线的岩石地层分别为 820~1066 环和 800~1047 环。区间隧道左、右线施工过程比较连续,长时间停机的次数较少。复合盾构在软土地层中施工未进行换刀作业,每次机器维修用时较短。相比于翠怀区间,福永区间复合盾构的施工进度更快,周掘进里程普遍超过 40m,最大达到 90m。

岩石地层中,相比翠怀区间,福永区间盾构施工中开仓换刀次数较少,换刀效率更高,每次开仓换刀停机时间一般在 2d 内。福永区间隧道左、右线周掘进里程在 10~20m,最高达到 31.5m。

软土地层中,双模盾构土压平衡模式与复合盾构施工原理相同,此处不进行施工速度的对比。两类盾构施工速度差异主要体现在岩石地层中,三区间隧道左、右线盾构掘进岩石地层的平均施工速度见图 9-4。怀福区间双模盾构在同一施工模式下,左、右线施工进度差异较小,而 TBM 模式下的平均施工进度大约是土压平衡模式下的 4 倍。翠怀区间与福永区间的复合盾构平均施工进度在 1.1~2.4m/d 之间,左、右线施工进度相差较大,

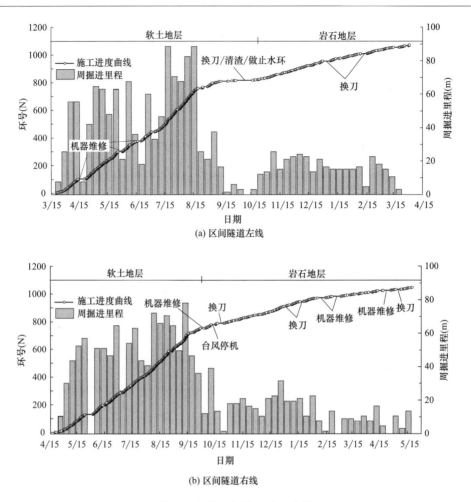

图 9-3 福永区间施工进度曲线

右线施工进度超过左线的 2 倍。总体而言，双模盾构在 TBM 模式下施工进度最快，复合盾构施工速度略大于双模盾构土压平衡模式。

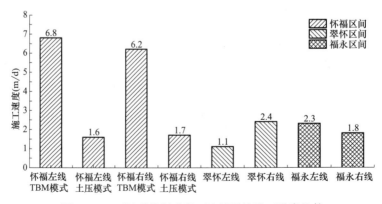

图 9-4 三区间盾构掘进岩石地层平均施工进度比较

施工进度的差异与机器平均利用率密切相关，对区间隧道盾构掘进岩石地层时各施工工序占时进行统计,得到各区间的机器平均利用率,见图9-5～图9-7。机器利用率包括盾构掘进时间及管片拼装时间。怀福区间双模盾构 TBM 模式下的机器利用率在33%左右,停机时间主要为滚刀更换和机器维修,其中机器维修主要包括主机皮带维修和开裂刀箱的更换,占时接近19%。双模盾构土压平衡模式及翠怀区间复合盾构的机器利用率仅在12%～20%之间,两者停机时间占比较接近,滚刀更换占时最高接近1/3左右,清渣作业占时也超过10%。福永区间复合盾构的机器利用率超过25%,滚刀更换占时在16%～17%,清渣作业占时小于5%。

双模盾构 TBM 模式下机器的利用率远高于复合盾构和双模盾构土压平衡模式,该模式下滚刀磨损慢、更换效率高,清渣较干净。但过大的滚刀推力及刀盘振动易造成刀盘故障,如刀箱开裂、C形块变形、拉紧块螺栓松动等,掘进中需要经常对刀盘进行例行检查。掌子面岩体节理发育时,较大的岩块可通过收渣口进入刀盘,极易砸坏主机皮带,主机皮带维修会耽误较长时间。双模盾构土压平衡模式及翠怀区间复合盾构施工中有近一半的时间用于滚刀更换及清渣。因为地下水位较高,土压仓长期处于带压工作模式,滚刀磨损更加严重,异常磨损多,也造成螺旋输土器出渣口压力大,渣土喷涌严重,清渣困难。同样是复合盾构施工,福永区间滚刀更换及清渣作业占时比较低,与 TBM 模式接近。常压推进是提高滚刀更换效率、减少清渣作业时间的最直接原因。

(a) 区间隧道左线TBM模式

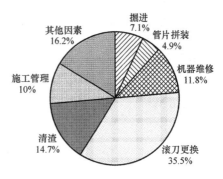

(b) 区间隧道左线土压平衡模式(未考虑卡机)

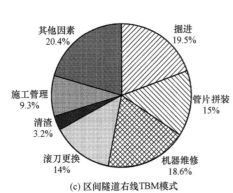

(c) 区间隧道右线TBM模式

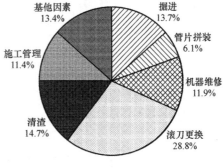

(d) 区间隧道左线土压平衡模式(未考虑卡机)

图9-5 怀福区间双模盾构掘进岩石地层机器平均利用率

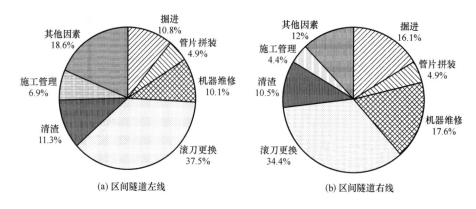

图 9-6 翠怀区间复合盾构掘进岩石地层机器平均利用率

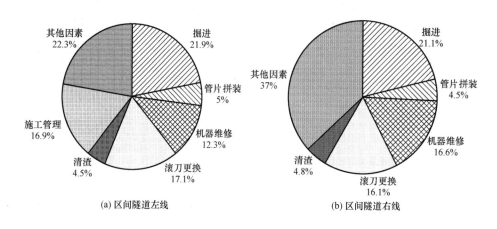

图 9-7 福永区间复合盾构掘进岩石地层机器平均利用率

9.2.2 掘进参数对比分析

图 9-8 为翠怀区间隧道左、右线盾构掘进参数随环号变化。软土地层中,盾构的掘进参数波动较大,刀盘转速维持在 1~1.5rpm,掘进速度主要在 20~50mm/min。岩石地层中,左、右线的刀盘转速皆提高至 2rpm 左右,贯入度在 5mm 左右。区间隧道沿线地下水发育,大量掌子面渗水造成土仓压力大幅度波动。右线的土仓压力较大于左线,最大达到 4bar。较大的土仓压力也直接影响其他掘进参数,如贯入度相似时,右线的刀盘推力和扭矩较大于左线。

图 9-9 为福永区间隧道左、右线盾构掘进参数随环号变化。岩石地层中,左线前期采用较高的刀盘转速进行推进,但施工中存在刀盘振动强烈、滚刀磨损加快等问题,后期刀盘转速降低至 1.5rpm 左右。整个掘进期间地下水水位低,采用常压推进,土仓压力受仓内残留渣土影响,一般在 0.5bar 以下,远小于翠怀区间。

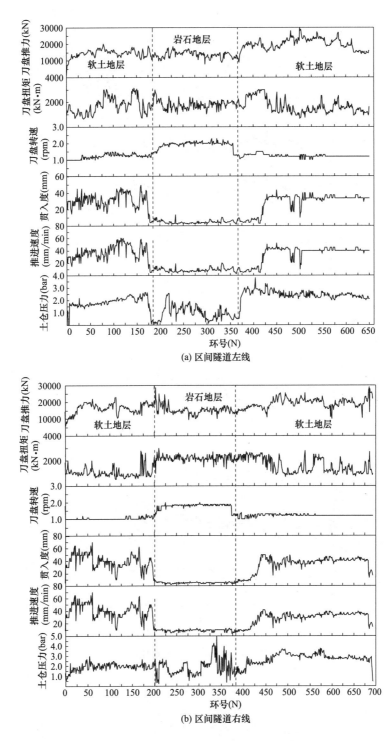

图 9-8 翠怀区间盾构掘进参数随环号变化

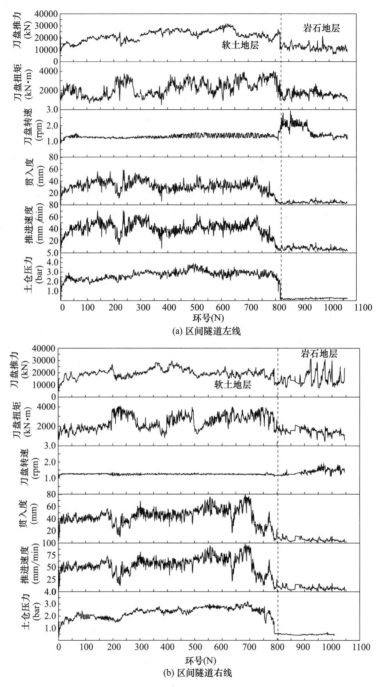

图 9-9 福永区间盾构掘进参数随环号变化

掘进参数变化直接反应盾构的掘进性能，区间隧道盾构操作参数对比见图 9-10。对于双模盾构的两种施工模式，TBM 模式的刀盘推力和扭矩均小于土压平衡模式，TBM 模式的贯入度是土压平衡模式的 1.7 倍左右，刀盘转速也较高。双模盾构掘进岩石地层时，TBM 模式的推进速度可以达到土压平衡模式的 2 倍。双模盾构 TBM 模式与复合盾构相比，刀盘推力和扭矩都有不同幅度的降低，但刀盘转速和贯入度有大幅度提高，推进

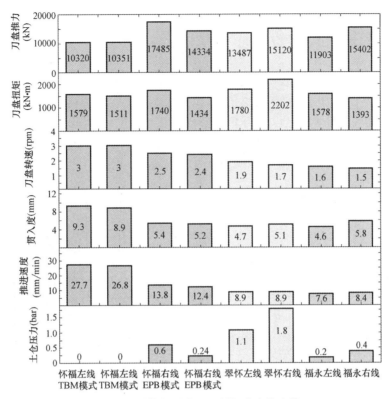

图 9-10 盾构掘进岩石地层掘进参数比较

速度可达到后者 3 倍左右。双模盾构土压平衡模式与复合盾构相比，三区间盾构掘进的贯入度差异较小，受土仓压力和刀盘转速影响，刀盘推力和扭矩差异较大。土压平衡模式的刀盘转速可达 2.5rpm，是复合盾构的 1.3~1.6 倍，推进速度提升了 50%~80%。总体来说，在岩石地层掘进中，双模盾构 TBM 模式下的推进速度是土压平衡模式的 2 倍左右，是复合盾构的 3 倍左右。

双模盾构 TBM 模式下，滚刀破碎岩体产生的岩渣通过刀盘收渣口进入刀盘。刀盘转动将刀盘底部岩渣带到高处，岩渣在重力作用下落入土压仓中心的溜渣槽，最后由主机皮带输送出刀盘。因此在土压仓内、刀盘与掌子面之间基本不会有岩渣残留，刀盘推力主要用于破碎掌子面岩体，滚刀推力较大，贯入度较高。由于是空仓推进，较小的刀盘扭矩就可以维持刀盘的高速旋转。因双模盾构配置的稳定器性能不稳定，刀盘转速通常在 3rpm 左右，低于设计值 5rpm，这是双模盾构 TBM 模式设计需要改进的地方。

双模盾构土压平衡模式及复合盾构掘进时，土压仓内渣土需要维持在一定高度才能满足螺旋输土器的正常出渣，且部分地段隧道地下水较发育，造成土仓压力较大，特别是翠怀区间施工时土仓压力达 4bar。盾构掘进中，刀盘系统不仅需要推动土压仓内渣土前进，还需要克服较高的水压力。即使在较大的刀盘推力下，作用于滚刀的实际推力仍然处于较低的水平，造成贯入度无法提高。同时，需要更大的扭矩来驱动刀盘旋转，造成刀盘转速无法达到双模盾构 TBM 模式的水平。因复合盾构的装机功率仅为双模盾构的 60% 左右，复合模式下的刀盘转速一般不超过 2rpm，也是其推进速度低于双模盾构土压平衡模式的原因之一。

9.3 刀具磨损对比分析

图 9-11 为翠怀区间隧道岩石地层滚刀磨损统计。左线共计换刀 207 把，异常磨损占比 38%。右线共计换刀 201 把，异常磨损占比 25%。图 9-12 为福永区间隧道岩石地层滚刀磨损统计，左线共计换刀 147 把，异常磨损占比 19%。右线共计换刀 142 把，异常磨损占比 15%。两区间的中心刀基本上都是异常破坏，且以偏磨为主。福永区间滚刀异常磨损占比较低于翠怀区间，且面板刀与中心刀更换数量相对较少。

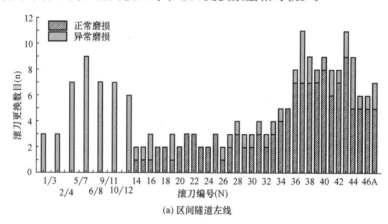

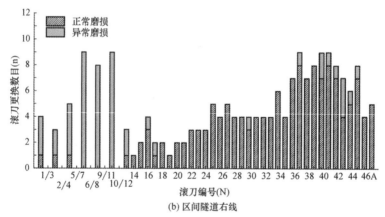

图 9-11 翠怀区间复合盾构掘进岩石地层滚刀磨损统计

图 9-13 为两种类型盾构掘进岩石地层的滚刀寿命及换刀耗时对比。双模盾构 TBM 模式下的平均滚刀寿命在 240m³/cutter 左右，是土压平衡模式或复合盾构的 3～5 倍，翠怀区间复合盾构的滚刀寿命最短，低至 45m³/cutter。对于平均换刀耗时，TBM 模式下该值为 2.4h/cutter，土压平衡模式或复合盾构施工时该值最低为 4.3h/cutter，最高为 10.3h/cutter。

三区间盾构的刀盘结构和开挖岩体条件相似，滚刀寿命与换刀耗时差异主要与盾构出渣方式和掘进参数相关。双模盾构 TBM 模式下为常压、空仓推进，滚刀基本上不需要重复破碎岩渣，因此滚刀磨损速度相对较低，寿命较长。此外，土压仓通过主机皮带口与仓

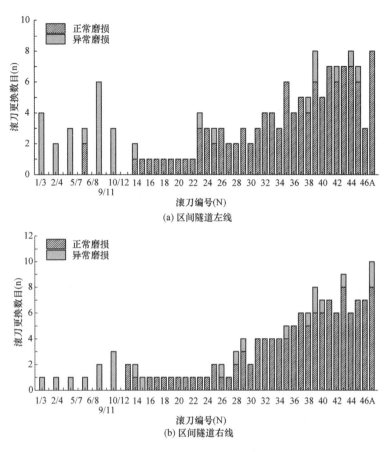

图 9-12 福永区间复合盾构掘进岩石地层滚刀磨损统计

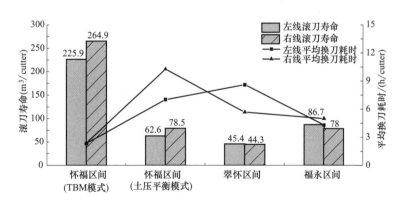

图 9-13 区间隧道岩石地层滚刀寿命及换刀耗时统计

外连通,掘进过程中仓内温度一般在 40℃以下,且停机后温度会快速降低,适宜的温度较适合工人进行滚刀更换,换刀耗时短。

双模盾构土压平衡模式或复合盾构为带压或无压推进,在土压仓内、掌子面与刀盘间隙有较多的岩渣堆积。滚刀除了破碎掌子面岩体外,刀盘旋转时滚刀还会对刀盘与掌子面之间的岩渣进行反复研磨,且仓内岩渣也会对滚刀产生磨损,造成滚刀磨损速度快、寿命短。岩渣在反复研磨并与地下水混合后,附着于刀箱或滚刀上,易在刀盘上结泥饼,特别是在刀盘中心区域,这也是中心刀多为异常磨损的主要原因。封闭的土压仓环境,连续掘进造成土仓内温度大幅度升高,最高可超过60℃,滚刀更换前,往往需要对土压仓进行长时间降温,增加了滚刀更换时间。福永区间滚刀寿命略高,换刀耗时更低,主要是因为福永区间地下水不发育,土仓压力小,仓内残留渣土高度低,刀具重复研磨岩渣的区域小,刀具平均寿命更长。

9.4 岩渣筛分结果对比

岩渣粒径分布与岩片形态直接反应盾构掘进效率。盾构掘进岩石地层时收集岩渣试样,进行筛分试验和大块岩片尺寸测量,研究两种类型盾构掘进效率差异。为保证收集的岩渣试样具有代表性,怀福区间双模盾构在TBM模式和土压平衡模式下分别取岩渣试样6次和3次,翠怀区间和福永区间复合盾构掘进中各取岩渣试样4次。取样点的岩体条件皆为微风化混合花岗岩,岩体节理发育不均。两类盾构掘进岩石地层岩渣的筛分结果与筛分曲线见图9-14和图9-15。

双模盾构TBM模式下的岩渣筛分曲线位于图像的右下部,大块岩片的占比较高,细颗粒占比较低。土压平衡模式和复合盾构的筛分曲线位于图像左上方,3条曲线差距较小。例如,TBM模式下筛网孔径大于31.5mm的颗粒占比超过25%,而土压平衡模式或复合盾构施工该粒径的岩渣占比仅5%左右。但翠怀区间复合盾构筛分曲线位于最上方,颗粒最小,掘进效率也最差。筛分试验结束后,对35个长度最大的岩片进行三轴尺寸测量,岩片长轴变化及岩片形状见图9-16和图9-17。TBM模式下的岩片的长轴最大,土压平衡模式和复合盾构的岩片长度差距较小,都远小于TBM模式。TBM模式的岩片中轴与长轴之比、短轴与中轴之比都小于土压平衡模式和复合盾构。双模盾构TBM模式的岩渣中岩片更多,形状呈细长且扁平,土压平衡模式和复合盾构的岩渣中几乎没有大块岩片,形状以短且方为主。

双模盾构与复合盾构的滚刀类型、滚刀布局及刀盘结构基本一致,滚刀破岩产生的岩渣粒径分布与形状差异主要由出渣方式不同造成。TBM模式下,极少发生重复破碎,岩渣的完整性较好、尺寸较大。土压平衡模式与复合盾构下,滚刀对刀盘与掌子面间隙内的岩渣有重复破碎作用,搅拌棒也对土仓内的岩渣有再次破碎作用,螺旋输土器也对岩渣有破碎作用。整个出渣过程持续时间较长,岩渣在收集及出渣过程中被反复碾压,完整性较差、大块岩片少。

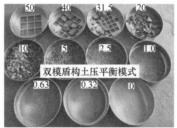
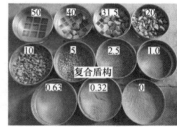

图9-14 岩石地层中两类盾构掘进岩渣筛分结果

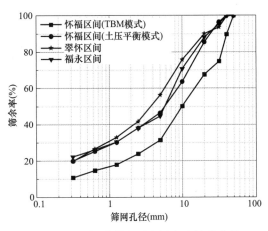

图 9-15 区间隧道岩石地层岩渣筛分曲线

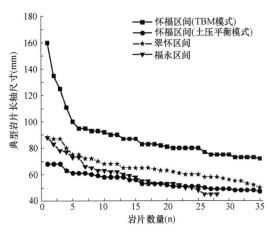

图 9-16 区间隧道岩石地层典型岩片长轴尺寸统计

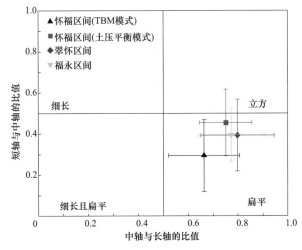

图 9-17 区间隧道岩石地层典型岩片形态分布

参 考 文 献

[1] 陈乔松，刘德智，杨军宁，等. 泥水平衡盾构机刀盘泥饼形成机理及防治技术 [J]. 长沙铁道学院学报（社会科学版），2011（2）：214-215.

[2] 刘建国. 深圳地铁软硬不均复杂地层盾构施工对策 [J]. 现代隧道技术，2010，47（5）：17-21.

[3] 叶康慨. 广州地铁2号线越—三区间盾构施工刀盘适应性分析 [J]. 隧道建设，2002，22（4）：44-46.

[4] 王晖，谭文，黄威然. 广州地铁3号线北延段盾构隧道工程施工技术研究 [M]. 北京：人民交通出版社，2012.

[5] GONG Q M，WU F，WANG D，et al. Development and Application of Cutterhead Working Status Monitoring System for Shield TBM Tunnelling [J]. Rock Mechanics and Rock Engineering，2021，54（1）.

[6] ZHAO J，GONG Q M，EISENSTEN Z. Tunnelling through a frequently changing and mixed ground：A case history in Singapore [J]. Tunnelling and Underground Space Technology，2007，22（4）：388-400.

[7] 郭磊. 复合式盾构应用技术分析 [J]. 现代隧道技术，2005（6）：36-42.

[8] 肖广良. 浅析复合式盾构机的作业模式 [J]. 隧道建设，2002（1）：10-13.

[9] 王俊. 复合式TBM在重庆地铁实践中的关键技术研究 [J]. 现代隧道技术，2011，48（6）：88-93.

[10] 张竹清. 复杂地质条件下轨道交通超长过海区间隧道方案研究 [J]. 城市轨道交通研究, 2017, 20 (6): 25-30.
[11] 谭忠盛, 洪开荣, 万姜林, 等. 软硬不均地层复合盾构的研究及掘进技术 [J]. 岩石力学与工程学报, 2006, 25 (2): 3945-3952.
[12] 李斌汉. 广州地铁工程复合式盾构施工技术研究 [D]. 重庆: 重庆大学, 2006.
[13] 陈伟国. TBM 和 EPB 双模式可转换盾构施工技术在复合地层中的应用 [J]. 路基工程, 2015 (3): 210-212.
[14] 陈勇, 马勤义. 敞开式-土压式双模式 TBM 模式转换分析 [J]. 重庆建筑, 2017, 16 (12): 34-36.
[15] CUCCARONI A, VEYRON P L, LACROIX A, et al. Eastern European High Speed Rail Line: Stretch 47 and Saverne Tunnel. AFTES Conference, Scotland, 2011.

第 10 章　岩石地层盾构施工渣料再利用

盾构掘进过程中将产生大量渣土，亟待规范的环保处理与资源化利用。目前在我国大部分城市的盾构隧道施工中，渣土基本直接弃置处理，不仅占用土地、污染土壤和水域，长期堆积、违规排放还会形成弃渣场滑坡、堵塞航道等安全隐患。开发盾构渣土无害化处理与再利用技术可极大地促进生态文明建设，响应我国绿色施工理念[1-2]。

在国际上，一些国家对工程渣土处置的研究起步较早，主要从渣土源头开展减量化、资源化、无害化及产业化工作，并配套出台了一系列的政策和管理办法。其中德国是世界上首个提出工程渣土回收再利用的国家。1986 年出台的《废弃物限制及废弃物处理法》第一次引入了"源头预防"的理念，并明确了必须优先预防建筑废弃物的产生及对其再生利用的原则。1994 年出台《循环经济和废物管理法》规定废弃物处置的"3R"原则，即减量化（Reduce）原则、再利用（Reuse）原则和再循环（Recycle）原则。美国相当重视对工程渣土的利用与管理，并进行了长达一个多世纪的工程渣土法律规范建设，逐渐形成一系列可操作性强且完整的管理措施及政策法规体系。日本在 20 世纪 90 年代初就要求建筑施工期间产生的渣土废弃物，必须经过"再生资源化设施"进行处理。日本将工程渣土称为"建设副产物"，大力投入建设副产物处理利用的相关技术攻关研究，并形成了整套建设废弃土及泥土改良处理工法。日本还提出"土方银行"的概念，并由中央政府实施强权管控，从而实现了对工程渣土收运的灵活高效运作及管理。

随着《"无废城市"建设试点工作方案》[3]《中华人民共和国固体废物污染环境防治法》[4]《中华人民共和国循环经济促进法》等法规文件的颁布，国内对渣土的处置开始围绕减量化、无害化、资源化展开。部分地铁盾构施工工程中，研究人员根据地质条件开发不同渣土再利用场景。分离压滤是盾构渣土处理的首要环节，通过将软塑、流塑状态的盾构渣土依次输入振动筛、旋流器、压滤机或离心机，层层分离不同粒径固体颗粒留作不同用途，滤后清液也可加以循环利用。

砂卵石地层中产生的渣土经筛分后可获取大量粗颗粒物用作混凝土骨料，南京纬三路过江通道工程中，盾构穿越长距离含有砾砂、卵石和砂岩地层，渣土中大粒径颗粒含量多，张亚洲等[5]按照不同的废弃渣土掺配比获得满足混凝土拌制的砂、卵砾石集料，用于管片场、工区场内道路、堆场硬化以及各工区临时便道施工。云南那邦水电站工程施工中出现骨料短缺，赵志芳与吴晓东[6]研究发现 TBM 岩渣加工后的骨料虽然级配欠佳、粒型较差，但通过加入添加剂可满足混凝土抗压、抗渗、抗冻的设计要求。南京地铁 10 号线越江盾构隧道工程中含有粉砂、细砂地层，李雪等[7]及钟小春等[8]发现泥水盾构渣土经处理后可直接作为注浆浆液的砂源，通过提高胶砂比、灰粉比能够提升同步注浆浆液的抗压、抗剪强度，且初凝时间、流动度、稠度及泌水率等指标均能够满足特殊地段同步注浆浆液要求，但浆液配方应根据土砂比进行调整。此外，盾构渣土经筛分、清洗处理后获得的泥砂曾应用于珠海市洪湾港北片区填筑[9]。

淤泥质粉质黏土地层中产生的渣土，可制备成不同类型的浇筑建材产品，包括砌块、景观砖或石、路缘石、护坡石、护栏等。姜军等[10]提取广州地铁18号线和22号线盾构区间内的淤泥类、黏土类、碎屑岩类土样，按照一定配比形成混合料，无论是制作烧结空心砖或者是实心砖，其成型性能、干燥性能、焙烧性能均较好，烧成试样的石灰爆裂、泛霜试验结果符合要求。王树英等[11]收集杭州地铁10号线的淤泥质粉质黏土地层渣土用于压制免烧空心砖。张磊等[12]利用天津市地铁6号线盾构产生的渣土，掺入粉煤灰、污泥和秸秆制成生料球，经烘干焙烧，最终冷却形成高强高密度等级渣土陶粒。对于黏土含量高的地质条件，以黏性物料为主的泥水平衡盾构渣土可通过添加少量砂性或粉砂性物料、专用改良剂和调理剂等，制备出满足不同要求的种植土产品。另外，黏性渣土经现场分离并加入一定改良添加剂，还可用于制备渣土改良所需要的泥浆，减少泥浆制备所需的膨润土。

系统化的盾构渣土处理及再利用技术，既可高效资源化处置渣土，又能节省天然砂石，对推动落实"碳中和"、响应我国绿色施工理念具有现实意义。本章针对盾构掘进岩石地层产生的岩渣渣料，采用一套渣土筛分处理系统对渣料进行处理，按照颗粒级配进行再利用，形成一套完整的渣土处理及再利用工艺。

10.1 渣料的可利用性评估

盾构掘进岩石地层过程中，滚刀侵入岩体造成岩石内部裂纹扩展密集，相邻滚刀间裂纹贯通或裂纹扩展至自由面产生岩片。破岩产生的岩渣中大粒径角砾及碎石占比较多、颗粒形状不规则。地层条件、掘进参数及刀盘设计参数等都直接影响岩渣的粒径分布。岩石地层中盾构掘进渣料的粒径分布与可利用性密切相关，有必要对掘进岩渣进行可利用性评估。

拟以翠怀区间复合盾构掘进岩石地层的渣料进行处理及再利用为例进行分析。翠怀区间岩石段位于区间中部，左、右线长度共计约600m。开挖岩层为微风化混合花岗岩，岩体节理发育不均，节理的存在会造成渣料的粒径分布差异较大。盾构施工过程中，于岩石地层不同地段收集渣料并进行筛分试验，并与室内滚刀破岩渣料筛分结果比较。

区间隧道埋深浅，岩石段节理发育程度差异大，为保证现场渣料筛分结果可表征整个隧道渣料形态，盾构施工中在不同掘进环号取渣料，每次取样20～30kg。取样点为左线308环、323环、334环和346环，掌子面岩体为中风化—微风化混合花岗岩。取样完成后分别对各取样点渣料及混合渣料进行筛分试验。图10-1为现场取样渣料与破岩试验渣料筛分试验结果，因岩石地层盾构掘进的平均贯入度在4mm左右，故破岩试验取相应贯入度3～4mm渣料的筛分结果。受掌子面岩体节理影响，不同取样点的筛分曲线略有差异。现场渣料筛分曲线皆位于破岩试验筛分曲线上方，说明现场渣料中大块岩片占比较少，而岩粉或小颗粒占比较高。图10-2为渣料混合样筛分试验不同粒径骨料占比。现场渣料的碎石占比很低，特别是中—大碎石的占比仅为6.4%，角砾和砂粒的占比相对较高，分别为42.7%和32.9%，高于室内试验渣料。

渣料筛分后取块度较大的岩片进行尺寸测量，分析渣料的岩片形态，见图10-3和

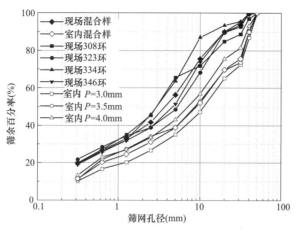

图 10-1 洞内岩渣筛分曲线

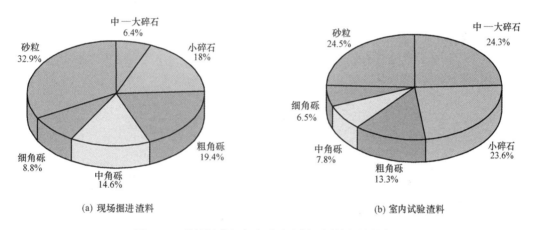

(a) 现场掘进渣料

(b) 室内试验渣料

图 10-2 现场掘进与室内试验渣料不同粒径骨料占比

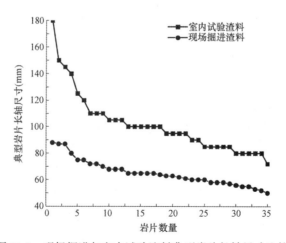

图 10-3 现场掘进与室内试验渣料典型岩片长轴尺寸比较

图 10-4。与室内试验渣料相比，现场掘进渣料的岩片长度普遍更短，块度更小。现场掘进渣料岩片的中轴与长轴比值、短轴与中轴的比值皆小于室内试验渣料。

室内试验所用的滚刀间距、滚刀刃型及贯入度与现场盾构设计参数及掘进参数基本一致，两者渣料粒径分布及形态的差异主要是由盾构出渣系统造成的。复合盾构通过螺旋输土器出渣，土仓内需要堆积一定高度的渣土以满足螺旋输土器的正常出渣。仓内堆积的渣土一方面会被滚刀多次破碎，另一方面渣土出渣过程会破碎渣料。总的来说，室内试验渣料颗粒粒径更大，岩片多为扁平状，棱角多。现场掘进渣料颗粒粒径小，岩片呈短而方形状，棱角少，角砾与砂粒的占比非常高，角砾可直接用于制备豆砾石，砂砾可直接用于制备壁后注浆材料，具有较高的经济性。

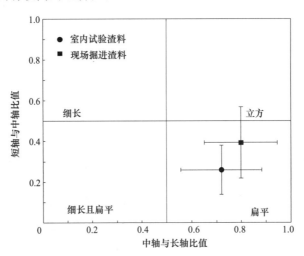

图 10-4　现场掘进与室内试验渣料形状分布

10.2　渣土筛分处理系统应用

10.2.1　渣土筛分处理系统

城市地铁隧道盾构施工中，不同地区或隧道区间的地层条件存在差异，造成渣土的成分有所不同，但其本质是不同级配的岩土颗粒、水与添加剂的混合体。渣土处理及再利用的本质是对不同粒径岩土颗粒的分离，并根据其成分进行再利用。

10.2.1.1　系统组成

渣土筛分处理系统可根据不同地层的渣土进行针对性设计，以满足工程要求。系统主要由匀渣斗、振动筛、洗砂机、细砂脱水筛、中转池及压滤机等部分组成。通过筛分、水洗、回收等工艺提取渣土中的粗细骨料、中细砂，产生的滤液充分沉淀后，通过压滤机压滤成泥饼，实现渣土的干堆、干排及水资源的循环利用。渣土筛分处理系统实物图及示意图见图 10-5 和图 10-6。

系统能达到泥砂分离、泥水分离及固废干排的效果，其中流体基本采用重力自流方式，减少泵的使用，整机功率小，节能环保，处理后的水、泥均能达到国家环保要求。此外，系统可按照渣土组分及需求进行自由组合，可满足不同类型渣土的处理并方便系统维护。

图 10-5　渣土筛分处理系统实物图

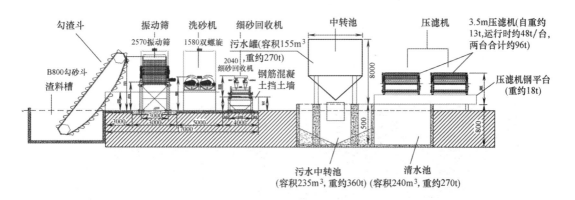

图 10-6　渣土筛分处理系统示意图

10.2.1.2　渣土处理工艺流程

渣土筛分处理系统的工艺流程见图 10-7，按照渣土的粒径分级处理，可生产粗细骨料、粗细砂、泥饼及清水，清水可循环用于设备运行过程中，整个渣土处理过程能够实现全自动化。

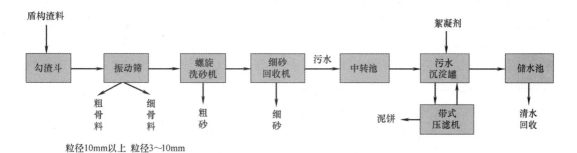

图 10-7　渣土筛分处理系统工艺流程

盾构开挖的渣土通过行吊设备运送至集渣槽，勾渣斗将存储的渣土提升至振动筛的最高处。振动筛是渣土处理系统中的关键设备，包括振动电机、直线振动筛和喷水枪，振动筛有一定坡度，见图 10-8。由振动电机工作产生周期性的惯性力，迫使筛网进行间歇振动,将渣土中的大颗粒与泥砂分离。筛网孔径可按需求进行配置,本系统筛网孔径为3mm。振动过程中渣土在重力作用下向下滑动,喷水枪可清理渣土颗粒表面泥砂。清洗干净的大颗粒渣料滑落至振动筛底部的倾斜筛网中,筛网孔径10mm。通过筛网再次分离可将大颗粒渣料分成粒径大于10mm的粗骨料和粒径在3～10mm的细骨料,并分别存放至渣料槽中,见图10-9。同时,粒径小于3mm的泥砂将进入下一道工序。

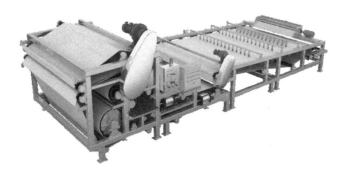

图10-8 振动筛

(a) 粗骨料　　　　　　　　　　　(b) 细骨料

图10-9 筛分后的粗骨料及细骨料

振动筛处理后留下的泥砂将进入双螺旋洗砂机,见图10-10。该设备主要通过内部的螺旋装置对泥砂进行搅拌,因不同相对密度固体颗粒在液体中沉降速度不同,可实现泥砂清洗和筛选功能,具有功耗小、洗净度高等特点。分离后的粗砂从顶端的出料口排出,砂浆水从设备上的出水口排出并流入细砂回收机。细砂回收机与振动筛原理类似,可用于细砂与泥水的分离。分离后的细砂落入渣料槽,泥水进入中转池。

图10-10 双螺旋洗砂机

泥水进入中转池后，通过污水泵将污水提升至高位的污水沉淀罐，利用罐体巧妙的结构，使湍急的水流速度逐渐减缓。通过在污水灌中加入絮凝剂，可使泥水中的悬浮颗粒在重力作用下絮凝沉淀，清水位于污水罐上部，见图 10-11。上部清水溢流到储水池中，在储水池安装清水泵即可回用于洗砂设备生产用水。污水灌底部沉淀的泥浆进入到带式压滤机进行深度脱水，通过反复挤压后，达到最大程度泥、水分离，而滤液回收到污水罐再利用，排出的泥饼含水量极低，见图 10-12。

图 10-11 污水沉淀罐

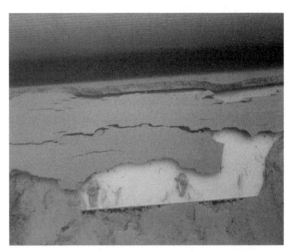

图 10-12 带式压滤机产出的泥饼

10.2.2 系统的工程应用

渣土筛分处理系统主要用于处理翠怀区间复合盾构开挖的渣土。系统运行期间对岩石地层某时段内的筛分处理结果进行统计，其中，粗骨料、细骨料、粗砂、细砂及泥饼的体积分别为 246m^3、270m^3、380m^3、100m^3 和 135m^3。按照粒径分布，其筛分结果见图 10-13。由图可知，粗砂的占比最高，达到 33%，粗骨料和细骨料占比次之，细砂和泥饼占比最少。

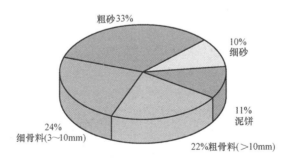

图 10-13 渣土筛分处理系统筛分结果

对于系统的经济效益而言，系统的设备造价及土建费用在 280 万元左右，系统的运行费用，包括人工、水电、装运等费用，约 35 元/m^3。系统生产的粗细骨料、粗细砂粒一方面可以用于充当管片壁后充填所需的豆砾石、混凝土粗细骨料，另一方面还可用于外销，豆砾石价格一般在 400~600 元/m^3，砂粒的价格一般在 100~200 元/m^3。本项目预计处理的渣土总量约为 90000m³，可产生的经济效益约 700 万元。该系统的前期投入较大，成本较高，但对整个生命周期而言，不仅可以产生一定的经济效益，而且可以推进盾构渣土大量资源化利用，实现绿色施工。

10.3 渣料再利用

目前，对于渣料再利用的研究还不太成熟，筛分得到的粗骨料由于形状扁平、棱角较多，虽可用于铺设路基或者混凝土的粗骨料，但实际使用效果一般。细骨料更多用于盾构壁后充填的豆砾石材料，但其性能还有待进一步验证。粗砂可用于充当混凝土细骨料，细砂主要用于水泥砂浆配置。泥饼通过分散剂作用后可用于制备空心砖或者陶瓷等物品。由于本项目的渣土筛分处理系统处理后的粗骨料、粗砂和泥饼主要是外销，细骨料和细砂用于怀福区间隧道建设。本节主要是对细骨料与细砂的物理力学性能进行评估，以判断是否适用于充当豆砾石或配置水泥砂浆。

10.3.1 豆砾石性能评估

盾构隧道施工中管片与隧道洞壁之间存在空隙，地下水或未凝固浆液会对管片产生较大浮力、盾构推进后管片荷载降低等因素都会造成管片上浮。管片上浮易造成管片错台、裂缝、轴线偏移，引发管片防水结构失效，严重影响隧道衬砌结构施工质量。针对岩石地层，工程上常采用豆砾石回填注浆工艺进行管片壁后充填。

豆砾石吹填注浆可分为豆砾石吹填和水泥浆液注浆两个工序。豆砾石吹填采用高压风将豆砾石颗粒吹填进管片与围岩之间的空隙，初期对管片的整体稳定起到约束作用。水泥浆液注浆是将水泥浆液注入豆砾石之间的空隙，使管片、回填灌浆层与围岩三者在结构上形成整体，形成"围岩-结石体-管片"联合受力体系，共同承担隧洞内外荷载。此外，回填注浆层将在管片外侧形成一道封闭的防渗圈，提高隧洞的防渗性能[13]。

豆砾石吹填至管片壁后空隙，受重力和管片压力形成自密实堆积体，水泥浆液顺着豆砾石堆积体颗粒间的空隙注入并将所有空间充满。豆砾石材料性能包括空隙率、颗粒粒径分布、含泥量等，这些性能直接影响到豆砾石结合体的质量。

10.3.1.1 豆砾石性能分析

目前行业内对豆砾石的规格及性能并没有统一标准，部分工程中采用的豆砾石粒径一般在 $5\sim10$mm[1,13]，超径和逊径颗粒含量皆不大于 5%[13-15]。表观密度一般不小于 2550kg/m³，吸水率不大于 1.5%，含泥量不超过 1%，针叶状含量少于 15%[16]。

怀福区间双模盾构 TBM 模式施工段采用壁后豆砾石充填注浆技术，拟采用渣土筛分处理系统处理后得到的细骨料（粒径 $3\sim10$mm）作为豆砾石材料。由于翠怀区间盾构开挖岩体风化不均，系统制备的豆砾石主要来源于中风化和微风化混合花岗岩渣料，简称"中风化豆砾石"和"微风化豆砾石"。中风化混合花岗岩地层中部分岩体被风化，制备的豆砾石含泥量较高，呈现褐色；微风化混合花岗岩地层制备的豆砾石较干净，呈现青色，见图 10-14。

1) 豆砾石颗粒级配

选取微风化和中风化花岗岩渣料制备的豆砾石试样各 10kg，选用筛网孔径为 10mm、

(a) 微风化混合花岗岩渣料制备豆砾石　　　(b) 中风化混合花岗岩渣料制备豆砾石

图 10-14　不同风化程度的混合花岗岩渣料制备的豆砾石

5mm、2.5mm、1.25mm 的方孔径。将筛网置于筛分机上进行筛分试验，试验结束后对各筛网上剩余豆砾石质量进行测量。

豆砾石颗粒的筛分曲线见图 10-15，微风化和中风化豆砾石试样中都不存在粒径大于 10mm 的颗粒，粒径小于 2.5mm 的颗粒占比分别为 12％和 30％，粒径在 2.5～5mm 的颗粒占比分别为 88％和 70％。粒径在 5～10mm 的颗粒占比分别为 20％和 4％。如按照 10mm 超径尺寸，两类豆砾石都不存在超径颗粒，如按照 5mm 逊径尺寸，微风化和中风化豆砾石逊径占比分别为 80％和 96％，按照 2.5mm 逊径尺寸，占比分别为 12％和 30％。通过上述分析可知，两种豆砾石材料的主要粒径分布在 2.5～5mm，相比于一般工程用豆砾石的颗粒粒径偏小。微风化豆砾石的颗粒粒径分布优于中风化豆砾石。

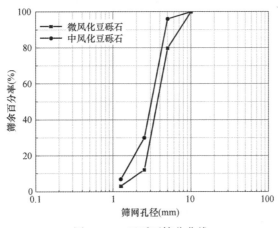

图 10-15　豆砾石筛分曲线

2）豆砾石物理力学指标

表观密度是指材料的质量与表观体积之比。表观体积是实体积加闭口孔隙体积。试验过程如下：（1）将 2kg 试样浸水饱和，然后装入 1000mL 的广口瓶中。瓶中注入饮用水，用玻璃片覆盖瓶口，摇晃广口瓶排除气泡。（2）往瓶中加水至溢出，然后用玻璃片紧贴瓶口水面。擦干瓶外水分后，称出试样、水、瓶和玻璃片总质量 G_1。（3）将瓶中试样倒入盘中，放在烘箱中于（105±5）℃下烘干至恒量，待冷却至室温后称量 G_2。（4）将瓶洗净并重新注水，用玻璃片紧贴瓶口水面，擦干瓶外水分后，称出水、瓶和玻璃片总质量 G_3。表观密度计算公式为：

$$\rho_1 = \frac{G_2}{G_2 + G_3 - G_1} \quad (10\text{-}1)$$

式中：ρ_1——表观密度（g/cm³）；

G_1——试样、水、瓶和玻璃片的总质量（g）；

G_2——烘干后试样的质量（g）；

G_3——水、瓶和玻璃片的总质量（g）。

吸水率指标反应的是颗粒材料自身的吸水性能。试验过程如下：取适量试样置入水中静止 24h，取出试样并摊开，使试样表面的水分均匀蒸发，并立即称量饱和试样质量 G_3。而后，将试样放在烘箱中于（105±5）℃下烘干至恒量，待冷却至室温后称量 G_4。吸水率计算公式为：

$$a_1 = \frac{G_3 - G_4}{G_3} \times 100\% \quad (10\text{-}2)$$

式中：a_1——吸水率（%）；

G_3——饱和试样质量（g）；

G_4——烘干后试样的质量（g）。

压碎指标表示石子抵抗压碎的能力，以间接推测其相应的强度。试验时称取粒径大于 5mm 豆砾石颗粒 M_1 分多次装入试验模具中，并振捣至密实，表面平整。将装有试样的模具放在压力机试验区，盖上压头。试验机在 5min 内均匀地加载到 200kN，而后卸荷。将试验后的豆砾石用孔径为 2.5mm 的筛网筛分，称量筛网剩余试样质量 M_2。压碎指标计算公式为：

$$\delta_1 = \frac{M_1 - M_2}{M_1} \times 100\% \quad (10\text{-}3)$$

式中：δ_1——压碎指标（%）；

M_1——试样质量（g）；

M_2——压碎后试样筛余质量（g）。

松散堆积密度和紧密堆积密度是散粒材料分别在自然堆积和捣实状态下单位体积的重量。测量松散堆积密度过程中，选取容积为 V 的容量筒，称其重量为 M_3。将试样从容量筒上口 5cm 处自由落入筒中，用钢尺平整表面，称出质量。多次试验，测得松散堆积时豆砾石与容量筒的总质量 M_4。测量紧密堆积密度过程中，取相同的容量筒，分层加满豆砾石，振捣、按压至密实，多次试验，测得密实时豆砾石与容量筒的总质量 M_4。堆积密度和紧密堆积密度计算公式为：

$$\rho_0 = \frac{M_4 - M_3}{V} \quad (10\text{-}4)$$

式中：ρ_0——松散堆积密度或紧密堆积密度（g/cm³）；

V——容量筒体积（mL）；

M_3——容量筒重量（g）；

M_4——松散或紧密试样重量（g）。

空隙率根据豆砾石颗粒堆积的方式不同分为紧密堆积空隙率和松散堆积空隙率。空隙率计算公式为：

$$e_0 = \left(1 - \frac{\rho_0}{\rho_1}\right) \times 100\% \quad (10\text{-}5)$$

含泥量参考《建设用卵石、碎石》GB/T 14685—2011，定义为材料中小于0.08mm的黏土、淤泥及细屑的总含量。试验中称取豆砾石试样质量为Q_1，将试样装入清水盆并静置24h，而后用手在水中反复淘洗颗粒，将浑水缓缓倒入1.25mm及0.08mm的筛网上，滤去小于0.08mm的颗粒。反复多次试验后，将1.25mm及0.08mm筛网上剩余试样放入盘中，并放在烘箱中于（105±5）℃下烘干至恒量，待冷却至室温后称量为Q_2；含泥量计算公式为：

$$\omega_0 = \frac{Q_1 - Q_2}{Q_1} \times 100\% \quad (10\text{-}6)$$

式中：ω_0——含泥量（%）；

Q_1——豆砾石试样质量（g）；

Q_2——滤泥后干燥试样重量（g）。

通过上述试验测试，两类豆砾石材料物理力学性能指标见表10-1。

豆砾石物理力学性能　　　　　表10-1

名称	表观密度(g/cm³)	吸水率(%)	压碎指标(%)	松散堆积密度(g/cm³)	松散空隙率(%)	紧密堆积密度(g/cm³)	紧密空隙率(%)	含泥量(%)
微风化豆砾石	2.83	1.56	13.94	1.55	45.13	1.66	41.21	1.89
中风化豆砾石	2.66	1.71	21.14	1.57	41.03	1.65	38.04	2.83

中风化和微风化豆砾石材料的力学性能指标中除了表观密度达到要求，其他指标与一般工程要求存在差距，如含泥量与吸水率等都偏高。可能是因为渣料在筛分处理中未清洗干净，颗粒表面含有泥土。豆砾石材料为滚刀破岩产生，其颗粒内部存在大量破岩形成的裂纹，造成吸水率较高，也直接影响豆砾石材料的压碎指标。相比于中风化豆砾石材料，微风化豆砾石的表观密度、松散及紧密空隙率较高，吸水率、压碎指标及含泥量较低。

10.3.1.2 豆砾石结合体性能

管片壁后豆砾石吹填完成后需要注入水泥浆液，浆液顺着豆砾石堆积体的间隙自由流动。豆砾石材料性能与管片壁后注浆的效果密切相关，不同性能的豆砾石材料所采用的水泥浆液的配比也存在差异。水灰比过小，浆液易分离沉淀，水灰比过大，浆液流动性差。一般而言，通过在管片壁后现场钻芯取样，若豆砾石结合体岩芯试样单轴抗压强度大于15MPa，且岩芯紧实，表明水泥浆液水灰比合适，豆砾石吹填灌浆效果合格[16]。

针对实际工程所用的豆砾石材料，通过试验确定最佳的水泥浆液配比是非常必要的。选用微风化豆砾石为骨料，采用P·O 42.5普通盐硅酸盐水泥为注浆材料，按照不同的水灰比配置水泥浆液，并制备标准混凝土试件进行物理力学性能测定。混凝土试件制作过程如下：

（1）将微风化豆砾石材料从模具上自由落下，铺满后用钢尺压平整；

（2）按照 0.7∶1、1∶1 和 1∶0.65 的水灰比分别配置水泥浆液；

（3）将水泥浆液缓慢倒入模具，浆液顺着豆砾石堆积体的孔隙向底部流动，直至浆液溢出。

水灰比为 1∶0.65 的试件浇筑完成后产生严重的离析现象，试件初凝时间较长。图 10-16 为初凝后的试件，水灰比为 1∶0.65 时，试件上方有大量松散豆砾石，其他两组试件未出现上述现象。试件脱模后发现，水灰比为 1∶0.65 时试件上半部分超过 1/3 区域为蜂窝状，其余两组试件表面空洞较少，见图 10-17。

图 10-16 初凝后混凝土试件（由左至右依次为水灰比 1∶0.65、1∶1 和 0.7∶1）

(a) 水灰比 1∶0.65　　　　　　(b) 水灰比 1∶1　　　　　　(c) 水灰比 0.7∶1

图 10-17 不同水灰比的混凝土试件

通过对混凝土试件密度、空隙率和抗压强度的测定，测试结果见表 10-2。随着水灰比的提高密度和抗压强度大幅度增加，同时空隙率出现大幅度降低。水灰比 1∶0.65 试件的空隙率超过 26%，说明试件内部存在大量空洞，强度无法满足施工要求。水灰比提升至 1∶1 和 0.7∶1 后，空隙率降低，抗压强度超过 15MPa，可满足施工要求。即采用微风化混合花岗岩渣料制备的豆砾石作为管片壁后吹填材料时，水灰比高于 1∶1 后其强度才能达到工程要求。

不同水灰比混凝土试件性能参数 表 10-2

水灰比	密度（g/cm³）	空隙率（%）	抗压强度（MPa）
0.7∶1	2.22	11.16	25.48
1∶1	2.18	13.66	16.33
1∶0.65	2.07	26.36	8.56

10.3.2 注浆浆液材料性能评估

对于无法吹填豆砾石的岩石地层或软土地层一般采用壁后注浆来填充盾构间隙，以控制管片上浮及地面沉降。渣土筛分处理系统得到的细砂主要用于配置水泥砂浆，直接用于怀福区间软土地层和岩石地层的壁后注浆。

为研究系统制备的细砂能否满足注浆要求，需要对配置后的水泥砂浆进行性能评估。根据以往施工经验分别配置不同水泥浆液以满足软土地层和岩石地层注浆要求。软土地层水泥浆液设计要求见表 10-3，水泥砂浆配比及物理力学参数见表 10-4。

软土地层水泥浆液设计要求 表 10-3

浆液种类	稠度（mm）	初凝时间（h）	28d 抗压强度（MPa）
单液砂浆	80~120	3~10	≥2.5

软土地层水泥砂浆配比及物理力学参数 表 10-4

水泥（kg/m³）	砂（kg/m³）	粉煤灰（kg/m³）	膨润土（kg/m³）	水（kg/m³）
231	785	439	69	416
稠度（mm）	初凝时间（h）	表观密度（kg/m³）	养护条件	28d 抗压强度（MPa）
106	8.68	1940	标准养护	4.2

注：水泥砂浆 28d 抗压强度由 3d 抗压强度按照公式 $f_{28}=f_3(\lg28/\lg3)$ 换算得到，3d 抗压强度为 1.4MPa。

岩石地层水泥浆液设计要求与软土地层一致，水泥砂浆配比及物理力学参数见表 10-5。

岩石地层水泥砂浆配比及物理力学参数 表 10-5

水泥（kg/m³）	砂（kg/m³）	粉煤灰（kg/m³）	膨润土（kg/m³）	水（kg/m³）
185	853	485	69	398
稠度（mm）	初凝时间（h）	表观密度（kg/m³）	养护条件	28d 抗压强度（MPa）
95	9.12	1990	标准养护	3.3

注：水泥砂浆 28d 抗压强度由 3d 抗压强度换算得到，3d 抗压强度为 1.1MPa。

通过测试发现，软土地层和岩石地层的水泥砂浆皆满足设计要求，即系统制备的细砂能用于水泥砂浆材料。

参 考 文 献

[1] 刘恒，周学彬，张宇，等. 深圳市地铁盾构渣土利用与处置技术路径及管理策略优化研究 [J]. 工程管理学报，2021，35（2）：50-55.
[2] 陈观连. 地铁盾构渣土合理化处置探讨 [J]. 中外建筑，2019，213（1）：208-209.

[3] 国务院办公厅关于印发"无废城市"建设试点工作方案的通知 [J]. 中国对外经济贸易文告, 2019 (9): 3-8.

[4] 盛华仁. 全国人大常委会执法检查组关于检查《中华人民共和国固体废物污染环境防治法》实施情况的报告——2003 年 6 月 25 日在第十届全国人民代表大会常务委员会第三次会议上 [J]. 中华人民共和国全国人民代表大会常务委员会公报, 2003 (4): 421-428.

[5] 张亚洲, 夏鹏举, 魏代伟, 等. 南京纬三路过江通道泥水处理及全线路废弃土再利用技术 [J]. 隧道建设, 2015, 35 (11): 1229.

[6] 赵志芳, 吴晓东. TBM 开挖料用作混凝土骨料的试验研究及应用 [J]. 云南水力发电, 2013 (3): 9-11.

[7] 李雪, 黄琦, 王培鑫, 等. 粉细砂地层泥水盾构渣土回收利用及性能优化 [J]. 建筑材料学报, 2019, 22 (2): 137-145.

[8] 钟小春, 左佳, 刘泉维, 等. 地层中粉细砂在盾构壁后注浆中的再利用研究 [J]. 岩土力学, 2008, 29 (1): 293-296.

[9] 仲维华. 盾构渣土为原料的吹填工程施工技术研究 [J]. 铁道建筑技术, 2021 (5): 6.

[10] 姜军, 尹宝党. 盾构渣土制作新型墙材研究探析 [J]. 砖瓦, 2019 (3): 45-48.

[11] 王树英, 占永杰, 杨秀竹, 等. 淤泥质粉质黏土地层盾构渣土免烧空心砖固化机理与质量评价 [J]. 北京工业大学学报, 2021, 47 (7): 710-718.

[12] 张磊, 张鸿飞, 荣辉, 等. 700～900 密度等级渣土陶粒的研制及其性能 [J]. 建筑材料学报, 2018, 21 (5): 107-114.

[13] 于舒雅. 豆砾石形态特征量化分析与回填灌浆模拟试验研究 [D]. 成都: 成都理工大学, 2018.

[14] 丁华兴, 谢俊, 张飞, 等. 双护盾 TBM 空推段豆砾石回填灌浆技术研究 [J]. 江西建材, 2020 (4): 3.

[15] 罗俭, 彭林峰. TBM 施工豆砾石回填与灌浆施工质量 [J]. 湖南水利水电, 2018 (5): 37-40.

[16] 梁国辉. 兰州水源地项目 TBM 豆砾石回填灌浆施工技术研究 [D]. 兰州: 兰州理工大学, 2018.